JN033505

ミクロ経済学入門

［第2版］

金 栄緑・坂上 紳 編著

日本評論社

はしがき

大学ではじめて経済学に接する人を想定して書き下ろしたトリアーデ経済学3部作シリーズの1つとして、『ミクロ経済学入門』が発刊されたのは2015年のことでした。「政治・経済」と代表される高校での「経済学」の学びと大学で専門として学ぶ「経済学」との間の架け橋となることをコンセプトとしたこの〈トリアーデ経済学シリーズ〉は、経済学の入門書として幅広く受け入れられ、多くの学生に支えられて今日に至っています。

第2版は、第1版の基本コンセプトをそのままに、読みやすく、理解しやすい工夫を凝らし、内容と章立てを見直しました。

(1) 高校までの数学の教育内容を踏まえ、可能な限り数学を用いた説明を減らし数学が苦手な学生でも理解しやすいよう平易な言葉で丁寧に説明しました。

(2) 全体の内容において選択と集中を行い、章立てと説明の順番を入れ替えるなど読みやすく理解しやすい工夫を施しました。

(3) 経済政策の効果分析など応用経済の分野でよく使われる「余剰分析」の説明を補強しました。

(3) 第6章、第7章、第8章の市場の失敗、不完全競争の市場分析では、現代経済学の潮流である行動経済学、ゲーム理論の説明を強化した新しい内容になっています。

(4) 第10章、第11章は専門性を高めた内容に改訂しています。

その他、各章ごとの練習問題、コラムなどは一部改訂、経済データなどもアップデートされました。

一部内容の改定はあったものの、〈トリアーデ経済学シリーズ〉の1つとしての本書の基本的精神は、第2版においても引き継がれています。以下、第1版の編集代表の慶田收現熊本学園大学名誉教授の「はしがき」を一部再掲します。

…「トリアーデ」が「三つで一組のもの」(大辞林、第3版)という意味があるように、『経済学ベーシック』、『ミクロ経済学入門』、『マクロ経済学入門』の３冊を一組にして経済学の基礎を学べる点が特徴です。連携の方法として『経済学ベーシック』に関連する箇所を、本文で指示したりあるいは脚注をつけるなどして、これまでに学んだ用語や概念の再確認を行うとともに、新たに学ぶことへの道筋を工夫しました。『経済学ベーシック』は私たちの身の回りの経済の諸側面を説明しました。引き続き『ミクロ経済学入門』では、その身の回りの経済の中で活動する消費者（家計）や生産者（企業）に焦点をあて消費行動や生産行動を明らかにするとともに需要と供給に関して市場を分析します。本書は今日の経済を意識しながら、しかも構成において工夫を凝らしました。

第１に今日のグローバル化した経済のなかで、経済学の基礎であるミクロ経済学を学ぶのに相応しい話題・内容を選んだことです。他の学問と同様に、経済学でも経済問題・課題に直面する中で、新たな学問領域が形成されています。ミクロ経済学の入門書といえども、新たな研究領域と無関係ではありません。かつてはゲーム理論がミクロ経済学で扱われることは稀でした。けれどもゲーム理論の対象とするのが日常生活のいたるところで見かけられるゲーム的状況（経済主体の行動が互いに影響し合う状況）のために、今日ではミクロ経済学でゲーム理論を扱うことは標準になっています。ゲーム理論そのものはゲーム的状況のなかで最適戦略を明らかにする学問なので、経済学特有の理論ではなく社会学や政治学などの分野でも応用されています。経済の分野でゲーム的状況が観察されるのは寡占市場です。本書では、ゲーム理論を単に個別の１つの章としてではなく、今日的な視点からその理論の説明とともに、ゲーム理論にもとづいた寡占の説明をします。

また完全競争の世界では、完全情報の条件によって経済主体は必要な情報を知りえて、合理的な経済活動をおこなうことが想定されています。しかしながら、現実の世界は不確実なことであふれています。例えばベンチャーを起業して１年後にどれほどの利益が得られるかは、ある程度予想できるとしてもせいぜい確率的にどのような額になるのかを知ることができるくらいです。また、日常の財の取引では、価格や品質などの情報量に関して売り手と買い手の間に差があり、そのような場合には、多くの情報をもつ人に有利に取引が働いたり、市場そのものがいびつになったりする可能性があります。本書では、こうした不確実性がある場合や経済主体間で情報に偏りがある場合をとりあげ、どのように解決すべきかを説明します。

長い間デフレ的経済状況にあえいだ日本経済では、労働市場の問題として雇用や失業率をはじめとするマクロ経済指標が重要性を増してきています。労働市場については、従来ミクロ経済学では労働サービスの供給については消費者行動の中で、その需要については生産の派生需要として個別に扱われてきました。本書では今日の労働市場の重要性を受けて労働市場のミクロ経済分析として１つにまとめて説明します。

また今日の経済を見渡すと、一国の経済活動（消費活動や生産活動）は国のなかで完結せず、海外との関係を考えなくては成り立たないほどグローバル化しています。経済が発展するほど海外との取引はますます重要性を増すという状況です。経済学の基礎を学ぶ段階から国際貿易を理解することは重要で、応用科目の国際経済学や国際貿易論につなぐという点で１つの章を設けました。

第２にミクロ理論を説明する場合、中・上級レベルの書籍では数式展開による説明が一般的ですが、本書はミクロ経済学を初めて学ぶ読者を対象とした入門書としてできる限り数式による説明を省きました。入門レベルの書では、前提条件とこれから導かれる結果を理解することは重要です。このため初学者が抵抗感なく読み進めることができるようにすべての章にわたって図を併用した説明をしました。ただし、導かれる結果を簡潔に示すことが理解につながるとか、経済学の概念をより正確にとらえる場合には、必要最低限において数式を用いています。数学の苦手な人や高校で学習した数学をもう一度確認したい人のために、本書で用いられる数学に関する説明を最後の章に設けました。数式が何を表すのか、何を意味するのか、定義が何なのかを知りたいときに活用してください。

第３にミクロ経済学の書き出しの順序と構成を工夫しました。個人の最適化行動から組み立てられるミクロ経済学の論理からすると、消費の理論や生産の理論が先に来て、そのあとに市場の説明になります。けれども本書では、序章のあと第１章には市場における需要と供給、それから得られる市場均衡の分析を配置し、つづいて第２章に需要と供給の弾力性を置きました。そのあとに消費の理論（第３章)、生産の理論（第４章）を配置しました。このように市場の説明を先に配置したのは高校で習う「現代社会」や「政治・経済」の市場の項目からの継続性からです。これらの教科では市場の説明はありますが、なぜ需要曲線が右下がりで供給曲線が右上がりになるのか、消費者行動や生産者行動の説明はありません。

ミクロ経済学への取り組みの親しみやすさ、取り付きの容易さという点を考慮して市場に関する説明を第1章に置きました。第2章で説明する弾力性は、需要や供給の態様を知るうえでの重要な情報で、応用経済学のさまざまな分野で使用される概念のために市場のつぎの第2章に置きました。はじめてミクロ経済学を学ぶ人には第1章と第2章で関心を持ってもらい、第3章、第4章では、なぜ需要曲線が右下がりで、供給曲線が右上がりになるのか、その背後にある消費者と生産者の行動を説明しています。第1章では市場均衡とはどのようなものかを学びますが、第5章では競争的市場均衡が持つ性質：効率性・厚生を余剰の概念を用いて説明します。この第5章までの内容が競争的市場の理想形である完全競争のもとでの経済主体の行動と市場の説明になります。

第6章以下の章は、市場の失敗と応用ミクロ経済学に関する内容です。第6章では市場の失敗の1つでもある不完全競争の市場形態と独占を扱い、簡潔に独占的競争を説明します。続いて第7章で先に説明した寡占とゲーム理論を説明します。第8章では外部性を環境問題と関連付けて説明し、第9章では私的財のように市場で取引することが難しい公共財を扱います。第10章で不確実性と情報の非対称性の問題を扱い、第11章で労働市場をミクロ経済学の視点から分析し、第12章でグローバル化した経済では切り離せない国際貿易を説明します。最後の第13章では本書で用いられる数学の説明をしています。…

（章立てを含め一部省略、修正した箇所があります）

本書をテキストとして使用する場合には、おおよその目安は次のように考えることができます。前期と後期のそれぞれ2単位の科目として講義する場合、前期に序章から5章までと第13章、後期には第6章から第12章まで分けることができます。

初版が発刊されてから6年、「読みやすく」「理解しやすく」をモットーに社会と経済学の変化に対応した形で、第2版の改訂を行いました。新型コロナウイルス感染症のパンデミックから1年以上の時間が過ぎ、大学では遠隔授業で学修機会の確保という「コロナ禍」での改訂作業でした。

はじめてミクロ経済学を学ぶ学生の皆さんには新しい科目のために戸惑いがあるかもしれませんが、この『ミクロ経済学入門』を通して経済学の基礎をしっかりと身に着けてほしいと、執筆者一同願っています。

最後になりましたが、企画、校正などにおいて一方ならぬお世話になりました日本評論社第２編集部の小西ふき子氏と若栗泰人氏に深く感謝いたします。

令和３年５月

編集代表　金　栄緑

目　次

目　次

序 章　ミクロ経済学とは

現代経済学の流れをつくった経済学者の一人であるアルフレッド・マーシャルは、『経済学原理』(1890年) の冒頭において、“経済学は、日常生活を営んでいる人間に関する研究である”と述べています。“経済学とは何か”という問いには、さまざま答えがありますが、マーシャルの答えは、最も単純明快で適切です。経済学は物質や宇宙を対象とする自然科学ではありません。また、人間の思想や感情を扱う哲学でもありません。

マーシャルが言っている「日常生活を営んでいる人間」とは何を指しているのでしょうか。私たちの日常生活の最も基本的なことは、誰かが作ったものを使う(消費)、またそれを手に入れるために仕事 (生産) をすることでしょう。すなわち、消費と生産が日常生活なのです。無人島で自給自足の生活をしているロビンソン・クルーソーであっても、生産・消費は欠かせないことです。

ロビンソン・クルーソーが住む無人島に、もう１人が漂流してきた場合、２人の生活には、交換という経済活動が始まります。大げさにいうと市場が成立するのです。人間が増えると取引は複雑になり、分業や交換のためにお金が登場し、市場の形も変わっていきます。

社会や地域の人々が生産者あるいは消費者として財・サービスを取引することの意味や機能を理解することはミクロ経済学の重要な課題です。また生産者と消費者が市場でどのような取引をするのかが分析の基本になります。これがミクロ経済学で扱う範囲です。政府は消費者、生産者及び市場にどのような役割をするのかもミクロ経済学の範囲になります。

0.1 ミクロ経済学とは

消費者と生産者は、どのような行動をするのか。生産されたものは、市場でどのように交換されるのか。これを分析するのがミクロ経済学です。

消費者は、財またはサービスを市場で買い消費します。そのとき、消費者は、消費することで得られる満足度という「効用」を最大にするような行動を取ります。簡単に言えば、欲しいものをできるだけ安く購入しようとします。一方、生産者は、財（サービス）を生産し、市場に供給します。生産者は、利潤を最大にするような行動をします。

市場では、価格はシグナルとして財を高く売りたい生産者による供給量と安く買いたい消費者の需要量を調整します。その結果、市場での取引を通して得る交換の利益がそれぞれ生産者と消費者にとって最大になります。

“なぜ水は安くてダイヤモンドは高いのか”という質問は、誰でも答えられるような、経済学の専門的な問題ではないと思うかも知れません。しかし、この質問は、経済学の理解の上で最も重要な問題です。

みなさんの答えは、水はたくさんあるが、ダイヤモンドは極めて限られているからというものでしょう。限られていることを経済学では「希少性」があるといいます。しかし、希少性だけでは価格の高い低い理由を説明できません。“ここにある私のサインは、世界で１つしかありません。これはダイヤモンドより高いですか”と再度質問すると、今度は「必要性」または、欲しい人が多いか少ないかという答えが返ってきます。

ここまでは、使う人（消費者）の観点ですが、生産者の立場から考えるとどうでしょうか。ものを生産する際にかかるコストは、価格にどのように反映されるのでしょうか。

経済学には、さまざまな学説があり、時代や学説によっていくつかの学派に区分しています。ここでは、価格はどのように決まるのかという点で経済学の学派と歴史について簡単に説明します。

アダム・スミス（1723～1790)、デヴィッド・リカード（1772～1823)、トマス・ロバート・マルサス（1766～1834)、ジョン・スチュアート・ミル（1806～1873）までを古典学派といいます。**古典学派**の経済学者は、ものの価格はその価値によって決まると考えました。アダム・スミスは、価値には使用することで得られる便益の大きさである「使用価値」と生産する際に投入された費用である「交換価値」があると考えました。その後リカードは、価値の基準として使用価値より交換価値の方が明確であると考え、ものの価値を生むのは投入された労働の量であるとする労働価値説を創りあげます。この労働価値説は、マルクス経済学のベースになります（カール・マルクス 1818～1883)。価格の決定に関して古典学派経済学者は生産・供給の面を強調したのです。

古典学派経済学に対する新しい経済学を体系的に展開したのは、ウィリアム・スタンレー・ジェボンズ（1835～1882)、カール・メンガー（1840～1921)、レオン・ワルラス（1834～1910）です。この３人の経済学者は、イギリス、オーストリア、スイスで独立的に、しかしほぼ同時に、古典学派経済学の労働価値説や費用価値説などに対して効用と需要の役割を強調した経済理論を樹立します。この経済理論は、限界効用、限界生産力などの「限界」の概念を駆使したということで**限界革命**と呼ばれています。

限界革命を推進した３名の学者が価格の決定に関して、需要面での限界効用の役割を強調したのに対して、ケンブリッジ学派の創始者であるアルフレッド・マーシャル（1842～1924）は、需要と供給はハサミで紙を切るときのハサミの二つの刃のように重要であると論じました。需要と供給の双方の均衡によって価格が決まるということです（根岸隆『経済学の歴史』東洋経済新報社、1997年を参照)。

価格は、人々がその財に対する欲求から生じる需要の強さと生産費用である供給の強さの相互作用によって決まることです。

生活に必要不可欠である水は、その使用価値が極めて高いですが、人々の水に対する欲求（需要量）に対して簡単に手に入るくらいに供給量が十分あるので価格は安くなります。逆にダイヤモンドは、水に比べ使用価値はそれほど高くないですが、人々の欲しいという欲求（需要量）に対して希少性の程度が極めて高く供給量が少ないために価格は高くなるのです。世界に１つしかない私のサインの場合、希少性はあるのですが、使用価値がほとんどなくこれを欲しいとする人がいない（需要量がほとんどない）ので、希少性のために供給量が少ないといえども価格は安くなるわけです、それどころか、必要とする人がないのでゼロ円になります。つまり、財の使用価値のために生じる人々の欲求（需要量）に対して希少性が強ければ供給量が相対的に少なくなるために価格は高くなり、逆に希少性が弱ければ供給量が相対的に多くなるために価格は安くなります。人々の欲求（需要量）と供給量が一致するときに価格が決まり取引が成立します。第１章で説明するように、ミクロ経済学では価格に対して買い手が望む数量を表す需要曲線と売り手が希望する数量を表す供給曲線が交わる点で、取引がなされる均衡価格と均衡数量が決まり、これを市場均衡といいます。

古典学派経済学に対して**近代経済学**と呼ばれる今日の経済学、とくに、ミクロ経済学は限界革命とマーシャルによって始まったことになります。

0.2　ミクロ経済学の基本的な考え方

■総（total）、平均（average）と限界（marginal）

消費者の効用最大化、生産者の利潤最大化というミクロ経済学での分析を考えるとき、必要なものは価格、効用、費用と利潤です。ミクロ経済学分析においては、効用、費用、利潤などを総（合計）・平均・限界という概念を使って分析します。ここでは、生産の費用と売上げ、利潤を使って簡単に説明します。

ある生産者が1,000円をかけて10個の缶コーヒーを生産したとしましょう。このとき、総生産量は缶コーヒー10個、総費用は1,000円になります。缶コーヒーの価格が１個110円の場合、総売上げは1,100円、総費用は1,000円ですので、売上げから費用を引いた残り100円がこの生産者の利潤になります。価格と生産量が与えられている場合、総費用の大きさによって利潤の大きさが決まります。総費用が総売上げの1,100円より高くなれば、この生産者の利潤は赤字になり生産をやめることになります。

次は、平均です。平均費用は、缶コーヒーの総費用を総生産量で割ったもので、缶コーヒー１個あたりの費用を表します。すなわち、缶コーヒーの平均費用は100円です。この平均費用は、生産量のレベルによって変わりますが、その変化は限界費用と密接に関係しています。

限界という言葉は、日常生活でも使うものですが、経済学で使う限界は普段の意味と異なっています。限界（marginal）とは追加的１単位という意味を表しますが、明確に理解するのはなかなか難しいです。しかし、ミクロ経済学全体において、「限界」は最も重要な役割をしていますので、早いうちに理解をする必要があります。

10個での缶コーヒーの限界費用とはもう１個の缶コーヒーを生産する際にかかった総費用の増加分のことです。１個の追加生産に115円がかかった場合、限界費用は115円になります。この場合、総生産量は11個、総費用は1,115円、平均費用は101.4円になります。缶コーヒーの価格は110円ですので、生産者の利潤は、「1,210円－1,115円＝95円」になります。この生産者は、95円の利潤を獲得するために11個を生産すべきでしょうか。10個の生産をした場合の利潤が100円でしたが、11個の生産では95円になり、生産を増やしたことで利潤が減少した結果になります。したがって、この生産者は利潤が最大となる10個の生産を決めます。生産を１個増やしたことで増える売上げは価格の110円ですが、追加生産にかかる限界費用は115円です。価格より限界費用が高い場合、追加生産は利潤を減少させることになります。すなわち、利潤を最大にする合理的判断をする生産者は、価格より限界費用が高い場合には、その追加生産をやめるのです。

■逓増と逓減

ミクロ経済学では、一定、逓減、逓増という概念が重要な意味をもちます。この概念は、何かが増えたときに結果が徐々に減少する、あるいは徐々に増加するのかを表します。次に説明するように、機械の投入台数の増加に対して生産量の変化をみるとき、**逓増**や**逓減**というのは、生産量の変化がただ増える（減る）のではなく、徐々に増える（減る）ということを表します。

１台の機械で10個の生産ができるのであれば、もう１台の機械を使った場合20個が生産できます。３台の場合は30個です。このケースでは、機械を１台追加したことにつれて、増える生産量は10で一定です。すなわち、10ずつ一定に増えます。この場合、機械の限界生産物は一定と言います。

一方、機械を１台使うとき10個の生産、２台にしたら20個、３台のときは35個、４台のときは55個の生産ができるケースはどうでしょうか。最初の１台の生産量は10でしたが、２台目は15、３台目は20個となり次第に１台ごとの生産量は増えていきます。徐々に増えていく、すなわち、逓増になりこの場合を収穫逓増と呼びます。

しかし、１台のとき10個の生産、２台のときには20、３台のときには28、４台のときには34の生産ができるケースもあります。このケースでは、機械を１台ずつ追加することで増える生産量は、10、８、６のように徐々に減少していきます。

この場合は収穫逓減になります。

機械を追加することで、全体の生産量は増えましたが、追加的に増える生産量には、一定、逓増と逓減の３つのパターンがあります。

同じく、消費量が増えることで、増加する効用の増分も一定、逓増、逓減といった３つのパターンがありますが、消費に関しては、消費の量を増やすことで増える効用は次第に小さくなるという「限界効用逓減の法則」というものがあります。

以上のように生産と消費の分析において、限界費用や限界効用が一定、逓増、逓減のどのケースかによって生産や消費のパターンが異なる結果になります。

■ミクロとマクロ、合成の誤謬

ミクロ経済学では、個人や企業の行動を分析し、市場の需要と供給の分析をします。これに対してマクロ経済学は、一国全体の国民経済にかかわる集計的な経済数量をもって、国民所得、雇用、景気、経済成長などの分析を行います。

個々の個人と企業の行動の結果が集計されて一国全体の経済の動きになりますので、ミクロ経済学とマクロ経済学を区分する必要がないと思うかも知れません。しかし、ミクロ的議論とマクロ的議論とでは、異なった結論に導かれることになる場合があります。問題によってはミクロ的議論とマクロ的議論のどちらが重要かを決める必要もあります。

ある家電メーカーの経営者がスマートフォンの大きな需要があるので、設備投資の拡大を決定した場合を考えましょう。大きな需要があるので、増産体制を整えるのは正しい決定です。しかし、すべてのメーカーがこのような設備投資を拡大した場合、供給量が増加し、価格が下落、投資を拡大した分の利益を得る保証はなくなります。

このように、一部分について正しいということが、全体としても正しいとは限りません。このようなことを**合成の誤謬**と呼びます。

個々の経済主体と１つの財の市場のみを取り上げて分析した結果（ミクロ経済学）を経済全体に適用する（マクロ経済学）際には注意する必要があります。ミクロ経済分析では正しくてもマクロ経済では違う結果をもたらす場合があるからです。

■一物一価の法則

第１章で説明される完全競争市場経済を考えてみましょう。商売でお金を稼ぐための方法は、安く仕入れて高く売ることでしょう。価格の差を利用して利益を得ることを**裁定取引**と呼びます。裁定（arbitrage）とは、利鞘（りざや）を稼ぐことです。

山奥の村で、港より魚の価格が高いのであれば、港から魚を仕入れ山奥で売ると利益を得ます。人々が裁定取引によって稼ぐことができることを知ったとき、完全競争の経済ではたくさんの人がその商売に参加するようになります。山奥の村に、たくさんの供給者が現れ、たくさんの魚が供給されると、価格が安くなり、港との価格の差がなくなっていきます。

完全競争の市場経済では、価格が高すぎる、あるいは安すぎると考える売り手や買い手は自由に市場に参入あるいは退出することができるので、最終的に、同じ財は同じ価格で取引されることになります。これを**一物一価の法則**と呼びます。

完全競争市場では、財の取引には輸送費はかからないと想定していて一物一価の法則が成立します。同様に高い輸送費がかからないと考えられる国内市場の取引では一物一価の法則が成立しますが、国際取引では、輸送費は無視できないほどに大きいので必ずしも一物一価の法則が成立するとは限りません。国際経済学を他の経済学と分けて考える必要がある１つの理由です。

■市場均衡とパレート最適

経済の基本的な仕組みとして財の生産量や価格を中央当局が決定するという計画経済の考えがありますが、今日の世界のどの国々も市場経済であるといっても過言ではありません。市場経済では売り手と買い手が自由に数量を決め、需要と供給に応じて価格が決まります。競争的市場のもとで成立する市場均衡はどのような状態でしょうか。経済学でいう「均衡」は、コンビニやスーパーマーケットのレジの行列の例を使って説明することができます。

買い物を終えた買い物客が、短い列を探して並ぶか、より短い列に移動するのは普通にみられる風景です。誰が何の指示をしなくても、レジの列の長さは同じになります。すべてのレジの列が同じ長さになったとき、並んでいる人は違う列に移動する理由もなく、移動しても何の利益もないはずです。

市場均衡は、レジの列の長さが同じになるような状態と似ています。市場均衡では、市場の参加者である売り手と買い手の利益が最大になります。一方が何か違う行動をしても自分の利益は上がらない状態です。

市場の状態を評価する１つの考え方があります。ある状態で、自分の利益を上げるためには、他方を犠牲にするしかない場合があります。この「相手の利益を減少させることなく、自分の利益を増加することが出来ない状態」は**パレート最適**と呼ばれ、イタリアの経済学者ビルフレド・パレート（1848〜1923）によって考案されました。

限られた資源の配分を考える場合、経済学では「無駄のない状態」としての「効率」を前提としていますが、パレート最適はこれ以上改善の余地のない無駄のない状態であるので、「効率的」であるともいわれます。

■部分均衡分析と一般均衡分析

高校の「政治・経済」や経済の入門書でおなじみの、需要曲線と供給曲線のグラフによる市場の分析は、１つの財に対する需要と供給からなる均衡価格と均衡数量を表しています。

ある財の需要と供給は、その財の価格と関連する財の価格や消費者の所得、嗜好または、生産の技術、生産要素の価格などさまざまな要因と密接に関係しています。しかし、その他の要因をすべて考慮した分析は、そう簡単ではありません。また、そのような分析をする必要がない場合もあります。

経済学では、「その他の事情を一定とする」という概念があります。一定とするということは、与えられている条件で変化がないということです。経済学では、これを「与件」と呼びます。このように、他の事情を一定として、当該財の需要量と供給量を分析することを**部分均衡分析**と呼びます。部分均衡分析はマーシャルによって用いられた方法です。

それに対して、すべての財の価格と需要、供給を同時に分析する方法を**一般均衡分析**と呼びます。一般均衡分析は、生産物市場と生産要素市場の関連を分析することで、経済全体の資源配分と所得分配が説明できます。この一般均衡分析は、ワルラスが考案した方法です。

また、部分均衡分析で、一定としていた他の事情すなわち、与件が変化したときに、均衡がどのように変化したのかを分析することを**比較静学**と呼びます。

0.3　合理的行動と選択

経済学では、合理的人間を想定します。ここでいう合理的人間とは、経済的行動において合理的であるという意味をもちます。たとえば、借金をしてでも買いたいものを購入したり[1)]、必要もないものをむやみに買ったりするような消費者は、合理的人間ではありません。よって、ミクロ経済学では、自分の予算制約の条件のもとで効用を最大にするためには、どのような行動をするのかを分析します。

生産者は、利潤を最大にする行動を取ります。第４章の長期の生産にあるように、利潤が赤字なのに生産を続ける生産者は、合理的ではありません。しかし短期的には生産を停止しても費用が発生するので、たとえ利潤が負であっても、生産を続けることで損失を小さくことができるときには、生産者は生産を続けることが合理的です。いずれの場合も、生産者は利潤を目的にして行動します。利潤を目的としてではなく、趣味で財を生産する人の行動は、ミクロ経済学では分析対象になりません。

生産者も消費者も合理的に行動するということは、選択として現れます。高校を卒業して就職をするか大学に進学をするか。コーヒーとお茶どちらを飲むか。新規社員の採用を増やすか去年並みにするか。何をどのくらい生産するかなど経済活動は選択そのものです。

２つのなかから１つを選択するということは、当たり前なことですが、２つを同時に取ることができないからです。言い換えれば、１つを選択することはもう１つを放棄することです。

資源の希少性があるので、消費者と生産者は無駄のない選択をするのです。各経済主体は自分の効用や利潤を最大にする行為をすることを通して、限られた資源を使用し、結果として無駄のない選択をしていることがわかります。

１つを選択することによってもう１つを放棄または犠牲にしなければならない関係を**トレードオフ**（trade-off）といいます。

福岡の博多から熊本までの新幹線を設計する際に、新幹線のスピードと途中で

1）借金して購入することは、必ずしも非合理であるとは限りません。消費を１つの期間で完結した消費ではなく、商品が高額で多期間にわたって消費するような場合、例えば住宅ローンを組んで新築住宅を購入するような場合などは合理的でありえます。

停まる駅の数の関係を考えましょう。停まる駅の数が多くなると利用する際に便利で利用者も増えます。しかし停まる駅の数が多くなると新幹線のスピードは遅くなります。利用の便益を取ると新幹線のスピードを放棄することになります。

経済が不景気のなか長期展望のもとで企業の発展のための更なる設備投資は、不景気を乗り越えるために内部留保（配当として分配されない利潤の蓄え）を切り崩すために企業経営を危うくさせるかもしれないということもトレードオフの例になります。また、マクロ経済学の範囲になりますが、失業率を減らすこととインフレの関係は、トレードオフの典型的な例です。

トレードオフは二律背反した選択なので、二者のうち一方の選択は他方を捨てることを意味します。これは一方を選択してそれ以外の考えられる選択肢を捨てることに相通ずる考え方です。一方を選択したものの費用を考える際に、その費用を放棄した選択肢からの利益で測る考え方があります。これを機会費用といい、経済学では費用を捉えるうえでの重要な概念です。

■本書の構成

本書は、大きく「消費と生産の理論」、「市場の理論」と「応用ミクロ経済学」の３つで構成されています[2)]。

序章では、ミクロ経済学の考え方を中心としたいくつかの事柄を項目にして説明しています。最後の第13章では、ミクロ経済学で使う数学を補論としてまとめています。数学が苦手な学生であっても、理解できる内容になっています。入門のミクロ経済学はもちろん、これから勉強していく経済学の専門科目の勉強にも必要な最小限の内容になっています。

第１章から第４章は需要と供給、消費者と生産者についての分析、その後、第５章完全競争市場での市場均衡と経済厚生に進みます。第６章と第７章は、不完全競争の市場分析です。第８章と第９章は、市場の失敗として環境問題と公共財について説明があります。その後の第10、11、12章は応用ミクロ経済学としての内容になっています。

2）本書は、トリアーデ経済学シリーズの『経済学ベーシック［第２版］』、『ミクロ経済学入門［第２版］』、『マクロ経済学入門［第２版］』の一部です。『経済学ベーシック［第２版］』は、経済学の入門書として高校の「政治・経済」で学んだ内容との連携を重視したものです。

本書の構成

序章　ミクロ経済学とは
〈序章　経済学とはなにか〉

生産と消費の理論

第１章　需要と供給
第２章　弾力性とその応用
第３章　消費量の決定
第４章　生産者の理論
〈第１章　経済学とはなにか〉
〈第２章　市場の効率性〉

市場の理論

完全競争

第５章　市場と経済厚生
〈第２章　市場の効率性〉

不完全競争

第６章　不完全競争と独占
第７章　寡占とゲーム理論
〈第９章 ゲーム理論〉

応用ミクロ経済学

第10章　不確実性と情報
〈第15章 行動経済学〉
第11章　労働市場のミクロ分析
〈第11章 労働問題〉
第12章　国際貿易
〈第７章 国際貿易と為替〉

市場の失敗

第８章　外部性と環境問題
第９章　公共財
〈第６章 公共経済〉

第13章　補論：ミクロ経済学で使う数学

※　下段の〈　〉は、『トリアーデ経済学１　経済学ベーシック［第２版］』の章

コラム　「合理的行動をする経済主体」とは

本書の第７章では、「ゲーム理論」が説明されています。ここでは、「最後通牒ゲーム（ultimatum game）」という面白いゲームを紹介します。

この最後通牒ゲームのルールは簡単です。ゲームに参加する人は、ＡさんとＢさんの２人です。Ａさんに１万円を渡して、ＡさんとＢさんの取り分を決めるゲームです。提案をする人はＡさんです。Ａさんは1,000円単位でＢさんに分ける金額を提案します。例えばＡさん8,000円：Ｂさん2,000円のような提案です。もちろんすべてをＢさんに渡す提案も可能です。Ａさんの提案をＢさんが受け入れた場合、２人はＡさんが提案した金額とおりにもらえます。しかし、ＢさんがＡさんの提案を拒否した場合には、２人は何ももらえないというゲームです（やり取りは１回で終了します＝最後通牒）。

このゲームの結果はどうなるでしょうか。このゲームの理論的な解説は、「ゲーム理論」の時間で詳しく勉強することとして、実際、私が学生と実験した経験の話をします。

Ａさんが１万円全部を取ってＢさんに０円渡すという提案は、Ｂさんが拒

否するので、Ａさんがこのような提案をすることはありません。また、Ｂさんに全額を渡す提案をするＡさんもいません。ほとんどのケースで、5,000円ずつ分ける提案がなされました。

しかし、理論的な正解は、Ａさん9,000円、Ｂさん1,000円となります。Ｂさんは1,000円であってもこれを拒否する理由がないからです。これには、「合理的な行動をする人間」という条件があります。しかしながら、なぜ学生たちは、半分ずつの提案をし、それを受け入れるのでしょうか。実際に実験してみると、Ａ：9,000円、Ｂ：1,000円の提案は、Ｂさんが拒否する場合も多いです。

理論的解ではなく、半分ずつ分けるとの答えが多いのは、ゲームに参加した２人が友だちであるから、という説明もできるでしょう。また、２人の関係によって、異なる結果にもなります。経済学で前提としている「合理的に行動する経済主体」これは、理論であって正しいですが、必ずしも実際の経済で正しく実現されるものではありません。理論と実際を分ける必要があります。

１万円ではなく100万円にした場合、実際の答えは変わるかも知れませんが、理論的には、１万円も100万円も同じです。

第1章　需要と供給（市場の理論）

序章ではミクロ経済学の考え方やその歴史について学び、ミクロ経済学の基本的な考え方について見ていきました。本章では、ミクロ経済学の根幹となる需要と供給のモデルの基礎について学び、市場で価格がどのように決まるかを学びます。最初に、需要・供給モデルが前提とする完全競争市場の成立要件についてみていきます。続いて、需要と需要量を定義し、その違いについて確認します。同様に、供給と供給量についても整理し、最後に需要量と供給量が等しくなる市場均衡と、需要や供給の変化によりおこる市場均衡の変化についてまとめます。

1.1　完全競争市場

財・サービスが取引される市場によって、私たちの生活は豊かになります。例えば、新しいスマートフォンを購入したければ、携帯電話の販売店や家電量販店に行けば簡単に購入できますし、インターネットを通じて購入することも簡単に出来るようになっています。スマートフォンやカバーなどの関連商品にはさまざまな種類やデザインがありますが、そこから自分の好みに合ったものを自由に購入することが出来ます。しかし、もし市場がなければ、このように多様なスマートフォンを安値で容易に購入することはできないでしょう。スマートフォンに利用される液晶や集積回路やバッテリーやカメラなどの部品はそれぞれ高性能であり別々の国で生産されて市場で取引されています。さらに、その組み立ても海外の工場で行われ、スマートフォンを動かすソフトウェアも膨大な労力によって開発・改善されています。もし市場がなければ個人でスマートフォンを手に入れることは不可能になるでしょう。もちろん食品や衣服など多くの財について、私たちは市場を介して手に入れています。以下では、この市場についてみていきたいと思います。

経済学では、売り手と買い手が価格に基づいて交換を行う場を市場（market）と呼びます。市場では、価格がシグナルとなり、売り手は価格に応じて売りたいだけ財を売り、買い手も価格に応じて買いたいだけ財を買います。経済学で取り扱う市場の種類は、食品、衣服、携帯電話、不動産など無数にあり、青果市場や魚市場のようにせり人と仲買人が直接取引する市場のみを表すわけではありません。

売り手と買い手の間に財・サービスの価格や取引量についての潜在的関係が成り立てば市場と呼べるので、もちろんインターネットショッピングも市場に含まれます。

さまざまな市場がありますが、以下ではミクロ経済学を考える上で最も基本的な市場として**完全競争市場**（perfectly competitive market）を考えます。完全競争市場は以下の4つの性質を持つとします。

(1)　売り手も買い手も多数存在する。

(2)　市場への参入も退出も自由に行われる。

(3)　市場で取引される財・サービスは同質である。

(4)　買い手も売り手も財・サービスに係わる情報はすべて共有している。

これらの性質についてそれぞれ見ていきましょう。(1)の意味は、多数の買い手や売り手がいる場合、個々の取引量の割合は市場全体と比べて非常に小さくなるので、取引量を通して価格への影響力を持つことはできなくなります。つまり、完全競争市場では、どの経済主体も自分たちの意思で売買する価格を決めることができない**価格受容者**（price taker：プライステイカー）となります。(2)は、市場は誰もが自由に出入りできる「開かれた場」であることを示しており、これにより潜在的な売り手や買い手も市場に参加することが可能となります。ただ、現実の市場では(2)が満たされないことも多く、例えば市場の参入を阻む要因として「規模の経済」「巨額の投資」「流通チャネルの開拓費用」が挙げられます。(3)は市場では同じ財・サービスはすべて同じ品質であり、区別されないことを求めます。例えばりんごの場合、誰が作ったものでも全く同じりんごであると仮定します。このため、価格のみが取引の指標となり、買い手も売り手も価格のみを見て買う量や売る量を決定します。(4)は、価格や材質などの財・サービスのすべての情報が売り手や買い手に共有されていることを示します。この条件があることにより、時点と場所が指定されると必ず1つの財には1つの価格しかつかないという一物一価の法則が成立します。もしある財に複数の価格がついているときには、情報を持つ経済主体は安い方を購入して高い価格で売り元手なしに儲けるという裁定取引が可能なため、結局は1つの価格になります。

これからみていく需要・供給モデルは、(1)から(4)の条件を満たす完全競争市場を説明することに非常に優れたモデルです。理想的な競争を表す完全競争市場は現実の市場と比べると異なる点もみられますが、現実の市場の近似としてこのフレームワークを使って傾向を予測することは可能なので、まずは完全競争市場のもとで需要・供給モデルを見ていきます。

1.2　需要と需要の決定要因

■需要と需要の法則

需要（Demand：*D*）は、財・サービスへの購入意思と支払能力を表します。つまり、財を買いたいと思い、かつ買うことが可能ということです。**需要量**(quantity of demand)は、ある価格のもとで、買い手が購入意欲を持ち、かつ購入することの出来る財・サービスの大きさを表します。つまり価格が決まると需要より需要量が決まる関係になります。以下では消費者の需要についてみていきますが、企業も労働などに需要をもつことに注意してください。また、消費者の需要も、消費者個人がもつ需要と、市場全体での需要では異なります。市場全体の需要は、個人の需要の合計で表されます。本章では、市場全体の需要に注目します。

ミクロ経済学では、需要における価格と需要量の関係を数学的に関数として表現し、それを**需要関数**（demand function）と呼びます。**需要表**（demand table）はこの需要関数を表で示したもので、**図1－1**のりんごの例のように財の価格と需要量が表されています。この需要表より、りんごの価格が50の時は需要量は300で、価格が250に上昇すると需要量は150に減少することがわかります。需要関数を縦軸に価格、横軸に需要量（数量）で表した曲線を**需要曲線**（demand curve）と呼びます。図1－1は需要表を用いて書かれた需要曲線の例です。このりんごの需要曲線を見ると、右下がりであり、価格が下がるほど需要量が増えるという関係があることがわかります。このような価格と需要量の負の相関関係は、**需要法則**（law of demand）と呼ばれますが、この法則は、価格以外の所得、他の財・サービスの価格、人口などの他の要因はすべて一定という仮定のもとで

図 1 - 1　りんごの需要表と需要曲線

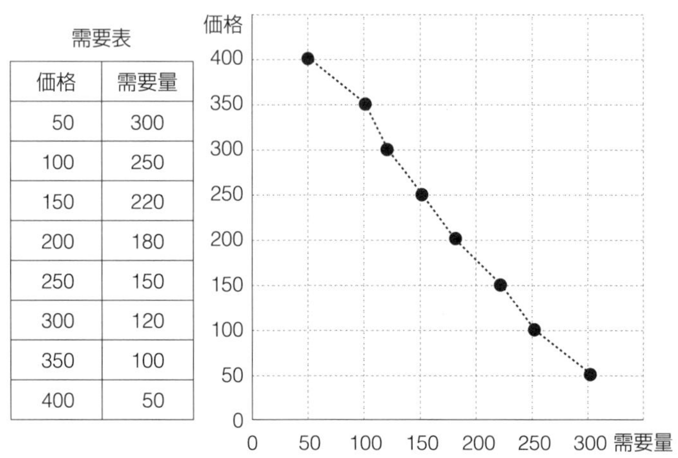

価格	需要量
50	300
100	250
150	220
200	180
250	150
300	120
350	100
400	50

成り立つ点に注意してください。

■需要量の変化と需要の変化

価格が変化すると需要法則に従って需要量も**図 1 - 2**のように変化します。このとき需要曲線自体は変化しません。また、何らかの理由で需要そのものが変化したときには**図 1 - 3**のように需要曲線そのものがシフトします。以下ではこの 2 つの違いをみていきます。

(1)　需要量の変化：需要曲線上の動き（図 1 - 2）

価格が p_0 から p_1 に下落すると、需要量は q_0 から q_1 に増加します。この変化は同じ需要曲線 D 上の点 a から点 a' への動きなので、需要関数は変化していません。

(2)　需要の変化：需要曲線のシフト（図 1 - 3）

価格以外の要因で需要が変化することで、需要曲線 D_0 が右にシフトして需要曲線 D_1 になります。これにより、同じ価格 p のもとで点 a から点 b に移動し、需要量も q_0 から q_1 に増加します。

■需要の決定要因

需要量の変化は価格の変化によって引き起こされます。一方で、需要曲線のシフトで表される需要の変化は価格以外の要因の変化によって生じます。この要因には

図１－２　需要量の変化

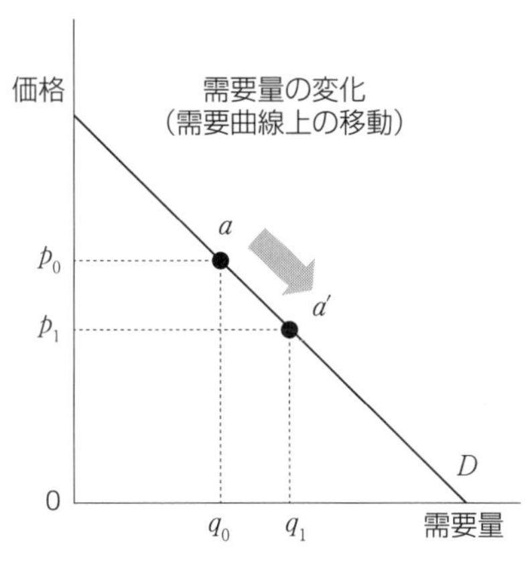

図１－３　需要の変化

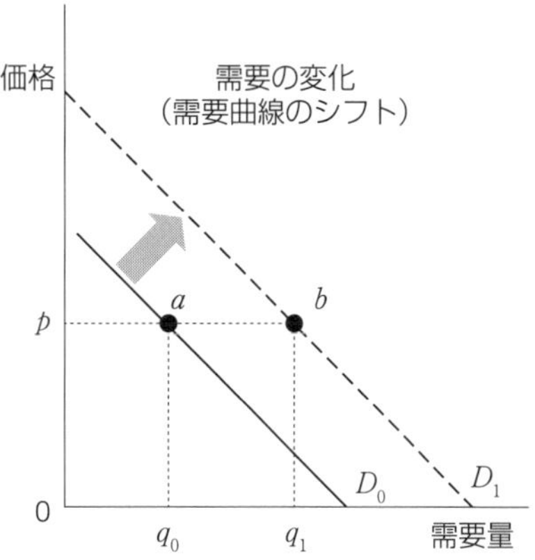

さまざまなものが考えられますが、以下では例として４つの要因として、(1)所得、(2)関連する財の価格、(3)消費者の嗜好・流行、(4)人口をそれぞれ取り上げます。

(1) 所得

消費者の可処分所得は財・サービスの需要を変化させます。多くの財では、可処分所得が増加すると、それによって消費量は増加して需要曲線が右にシフトします。このような財を上級財と呼びます。ただ、一部の財では可処分所得が増加すると消費量が減少して需要曲線が左にシフトすることもあります。このような財は下級財と呼ばれ、例としてはビールに対する発泡酒など品質のより低い財があります。これらについては第２章で詳しく取り扱います。

(2) 関連する財の価格

他の財の価格が変化するとき、需要も変化することがあります。例えばマーガリンとバターのように、同じ目的に使われるという共通点がある類似した財の場合、バターの価格が上がるとバターの代わりにマーガリンの消費量が増加します。このような財を代替財と呼びます。また、逆に、マンションと家具のように、マンションの価格が下がるとマンションが売れるようになり、それに合わせて家具の消費量も増加するような財は補完財と呼びます。代替財と補完財については第２章で詳しく取り扱います。

(3) 消費者の嗜好・流行

需要の変化は、消費者の好みの変化や流行によっても引き起こされます。日本では、戦後、主食として米の代わりにパンを食べる家庭が増加しました。また、テレビやインターネットで取り上げられて話題になった財の消費量が伸びることもたびたびみられます。

(4) 人口

人口の増加は消費が伸びる大きな要因であり、多くの財の需要曲線を右シフトさせます。一方で、近年の日本のように少子高齢化を伴う人口減少は消費の低下による需要の低下を招き需要曲線は左シフトすることになります。

1.3 供給と供給の決定要因

■供給と供給の法則

供給（Demand：D）は、売り手が持つ生産・販売の意思と生産能力と定義されます。つまり、売り手が財を売りたいと思い、さらにその財を作るなどして調達できるということです。**供給量**（quantity of demand）は、ある価格のもとで、売り手が生産して販売することのできる財・サービスの大きさを表します。価格が決まると供給より供給量が決まります。売り手は主に企業ですが、労働市場のように消費者が労働を供給することもあります。本章では企業の供給に注目します。また、企業の供給と、その合計で表される市場全体の供給も異なりますので、本章では、市場全体の供給に注目します。

需要と同様に、供給における価格と供給量の関係は**供給関数**（demand function）で表されます。**供給表**（demand table）は供給関数を表で示したもので、**図1－4**のように財の価格と供給量が記されています。供給関数を縦軸に価格、横軸に供給量（数量）で表した曲線を**供給曲線**（demand curve）と呼び、図1－4はその例となります。供給曲線を見ると、右上がりであり、価格が上がるほど供給量が増えるという関係があることがわかります。このような価格と供給量の正の相関関係は、**供給法則**（law of demand）と呼ばれ、人口などの他の要因はすべて一定という仮定のもとで成り立ちます。

■供給量の変化と供給の変化

需要と同様に、以下では供給量の変化と供給曲線のシフトで表される供給の変化の違いについてみていきます。

図１－４　りんごの供給表と供給曲線

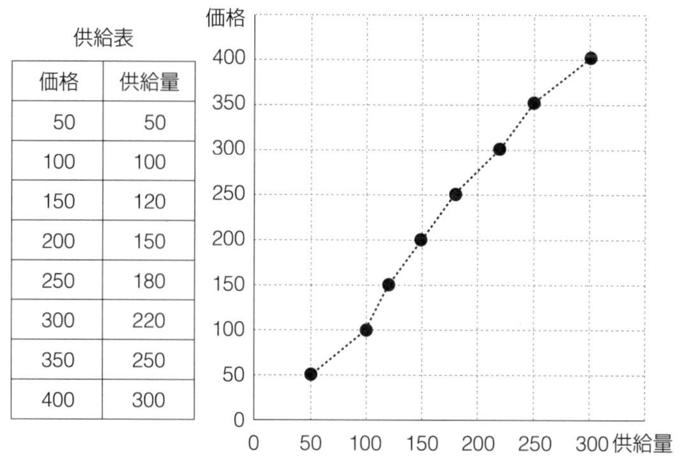

供給表

価格	供給量
50	50
100	100
150	120
200	150
250	180
300	220
350	250
400	300

図１－５　供給量の変化

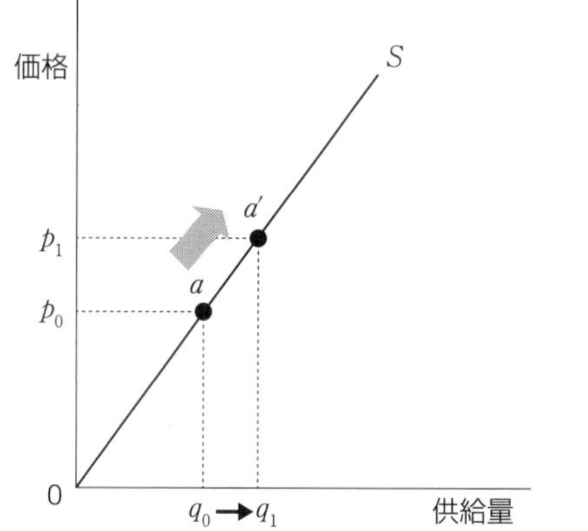

図１－６　供給の変化

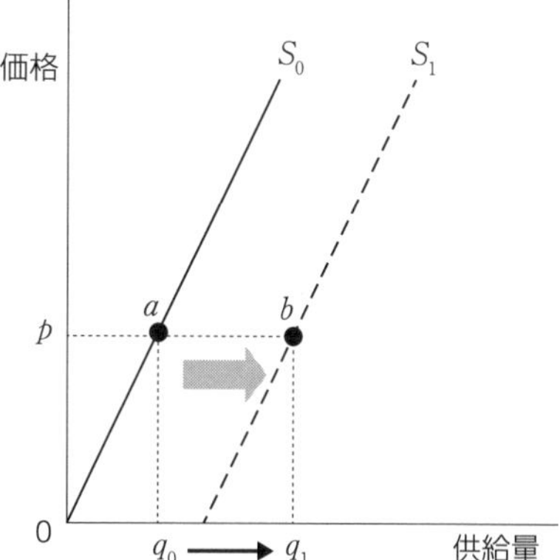

(1)　供給量の変化：供給曲線上の動き（図１－５）

価格が p_0 から p_1 に上昇すると供給量は q_0 から q_1 に増加します。この変化は同じ供給曲線 S 上の点 a から点 a' への動きなので、供給関数は変化していません。

(2)　供給の変化：供給曲線のシフト（図１－６）

価格以外の要因で供給が変化することで、供給曲線 S_0 が右にシフトして供給曲線S_1になります。これにより、同じ価格pのもとで点aから点bに移動し、供給量もq_0からq_1に増加します。

■供給の決定要因

供給量の変化は価格の変化によって引き起こされ、供給の変化は価格以外の要因の変化によって生じます。この要因について、以下では(1)生産費用、(2)技術進歩、(3)将来の景気への期待、(4)生産者数の4つをそれぞれ取り上げます。

(1) 生産費用（生産要素価格）

財を生産するためには労働や機械や燃料などさまざまな投入を必要とします。そのため、賃金上昇、利子率上昇、原油価格上昇など生産要素価格が上昇するとき供給曲線は左にシフトし、生産要素価格が下落したときは供給曲線が右にシフトします。これら費用については第4章で詳しく取り扱います。

(2) 技術進歩

技術進歩は生産の増加を促す場合があります。例えばインターネットなどの情報通信技術の導入により、サービス業の生産は増加します。このように技術進歩が起きたとき供給曲線は右シフトします。

(3) 将来の景気への期待

供給の変化は、景気の変化等によっても引き起こされます。例えば景気が良く将来の財の価格が上がると期待されるとき、供給は増加し、供給曲線は右シフトします。一方で、半年後の増税など将来の景気後退が予想される場合は、増税前には供給が増加して供給曲線が右シフトしますが、増税後は供給が減少するため供給曲線が左シフトしてしまいます。

(4) 生産者数

企業の市場への新規参入が増えるなどして生産者数が増加すると、売り手の増加により供給曲線は右シフトします。一方で企業が市場から退出するなどして生産者数が減少すると供給曲線は左シフトします。

1.4　市場均衡の決定と均衡点のシフト

■市場均衡

これまで需要と供給についてみてきましたが、これにより市場での買い手と売

図1－7　市場の均衡

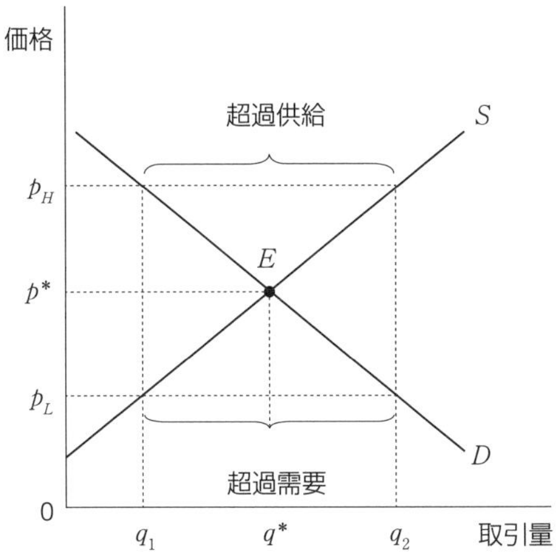

り手の取引を表すことが出来ます。買い手の財・サービスへの購入意思と支払能力を表す需要曲線と、売り手の生産・販売の意思と生産能力を表す供給曲線を同じ１つの図で表すと、交点は**図１－７**のように１点で表されます。この点は、市場全体で需要量と供給量がある価格のもとで等しくなっていることを表しています。このように、ある与えられた価格のもとで買い手と売り手の取引量が等しくなっている状態を**市場均衡**（market equilibrium）と定義され、市場均衡における価格を**均衡価格**（図では p^*）、取引量を**均衡取引量**（図では q^*）と呼ばれます。また、需要曲線と供給曲線の交点 E（q^*, p^*）は**均衡点**（Equilibrium：E）となります。

■市場の価格調整メカニズム

均衡とは、一般にさまざまな物事の間につりあいがとれている状態を指します。市場均衡は需要と供給のバランスがとれている状態です。市場でこのバランスがとれてないときは不均衡と呼ばれ、そのとき市場は均衡に向かって調整されていきます。この調整の１つに価格調整メカニズムがあります。以下では、市場の価格が均衡価格よりも低い場合と高い場合それぞれについて、図１－７を用いて説明していきます。

(1) 均衡価格よりも価格が低い場合

価格が均衡価格 p^* よりも低い p_L のとき、需要量 q_2 は供給量 q_1 を q_2-q_1 だけ上回り、品不足が発生します。この量を超過需要と呼びます。品不足の原因は需要過多と供給不足なので、このとき品不足の解消のために価格が上昇していきます。これにより、買い手は価格上昇で消費を控えて需要量を減らし、売り手は生産増により供給量を増加させるため、結果として超過需要が減少していきます。この価格調整は超過需要がプラスな限り続いて価格が上昇し続けるので、最終的には価格が均衡価格まで上昇し、このとき超過需要はゼロとなります。

(2) 均衡価格よりも価格が高い場合

価格が均衡価格 p^* よりも高い p_H のとき、供給量 q_2 は需要量 q_1 を q_2-q_1 だけ上回る品余りが発生します。この量を超過供給と呼びます。品余りの原因は供給過多と需要不足なので、品余りの解消のために価格が下落していきます。これにより、買い手は価格下落で消費を増やして需要量を増やし、売り手は生産減により供給量を減少させるため、結果として超過供給が減少していきます。この価格調整は超過供給がプラスな限り続き、価格が下落し続けるので、最終的には価格が均衡価格まで下落し、このとき超過供給はゼロとなります。

■需要の変化が市場均衡に及ぼす影響

市場均衡では、完全競争市場では買い手も売り手も価格受容者なので、均衡価格のもとで均衡取引量を選び、均衡点から動きません。しかし、何らかの要因で需要や供給が変化するときには、曲線のシフトにより均衡点も変化します。均衡点は需要曲線と供給曲線の交点で決まるため、需要や供給の変化は市場均衡に複雑な変化を及ぼします。以下では、まず需要のみが変化した場合について見ていきます。

(1) 需要の増加：右にシフト（図1-8）

人口の増加により需要が増加すると需要曲線が D_0 から D_1 に右シフトします。これにより均衡点も E_0 から E_1 に変化するため、需要量は q_0 から q_1 に変化します。このとき供給曲線は変化していませんが、均衡価格が p_0 から p_1 に上昇しているため、それに合わせて供給量も q_0 から q_1 に増加しています。つまり、人口の増加は、需要曲線を右シフトさせて、財・サービスの均衡価格を上昇させ、均衡取引量を増加させることがわかります。

図１－８　需要曲線の右シフト

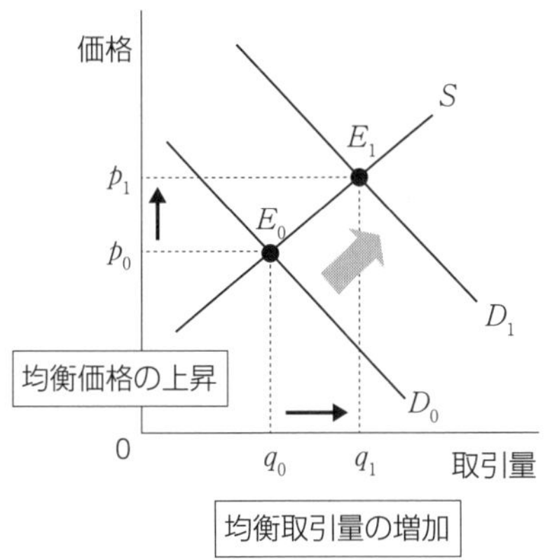

図１－９　需要曲線の左シフト

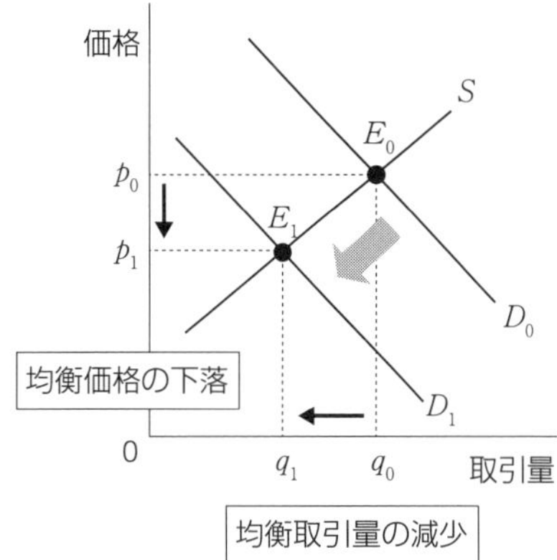

(2)　需要の減少：左にシフト（図１－９）

少子高齢化により人口が減少すると、需要の減少により需要曲線が D_0 から D_1 に左シフトします。このとき均衡点は E_0 から E_1 に移動し、需要の増加とは逆に、均衡価格は p_0 から p_1 に下落し、均衡取引量は q_0 から q_1 に減少します。つまり需要の減少は需要の増加と逆の効果をもたらします。

■供給の変化が市場均衡に及ぼす影響

次に、供給曲線のみが変化する場合をそれぞれみていきます。均衡点の変化が、需要の変化と異なる動きとなる点に気を付けてください。

(1)　供給の増加：右にシフト（図１－10）

生産技術進歩により、供給が増加し、供給曲線は S_0 から S_1 に右シフトします。このとき供給量は q_0 から q_1 に動き、均衡価格は p_0 から p_1 に下落するため、需要量が q_0 から q_1 に増加します。つまり、生産技術進歩により、供給曲線の右シフトで均衡価格は下落し、均衡取引量は増加します。

(2)　供給の減少：左にシフト（図１－11）

原材料費の上昇により、供給曲線は S_0 から S_1 に左シフトします。この結果、均衡点は E_0 から E_1 に移動し、供給の増加とは逆に、均衡価格は p_0 から p_1 に上昇し、均衡取引量は q_0 から q_1 に減少します。つまり供給の減少は供給の増加と

図1-10　供給の変化と市場の均衡（右下方シフト）

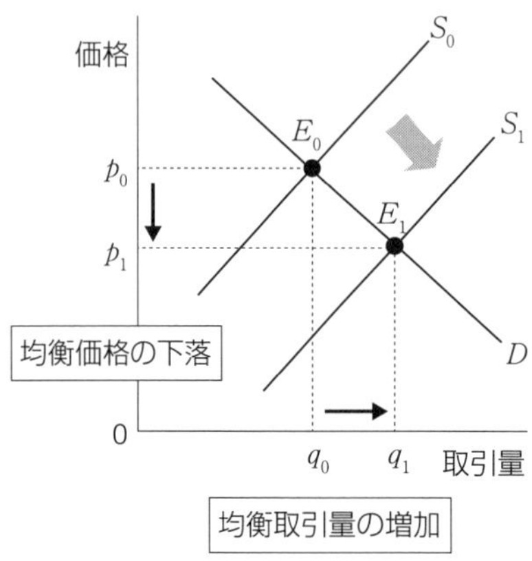

図1-11　供給の変化と市場の均衡（左上方シフト）

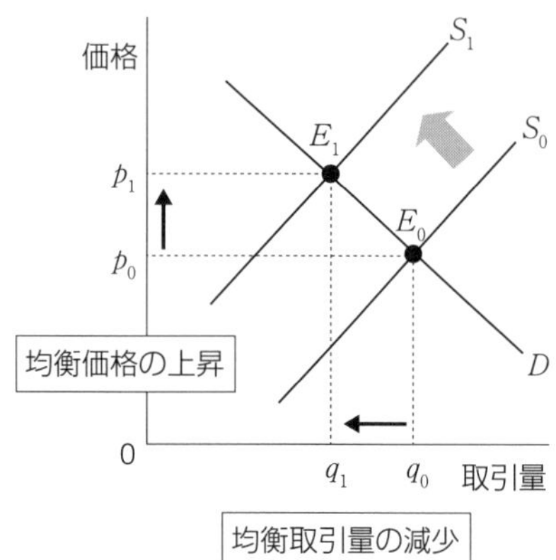

逆の効果をもたらします。

このように4つの場合についてみましたが、需要と供給のいずれかが変化しただけで、供給量もしくは需要量の変化が生じるため、均衡点が動き、均衡価格と均衡取引量が共に変化します。

本章で取り扱った需要・供給モデルでは、需要曲線と供給曲線から市場均衡が決まり、価格や取引量が決まります。このとき、価格が変化することで需要量や供給量は変化し、さらに、需要曲線や供給曲線がさまざまな要因から影響を受けてシフトすることも紹介しました。ある市場についての現実の経済問題をこのような需要・供給モデルで表す場合、その市場に関連する要因を特定化し、需要曲線や供給曲線の形状をおおまかに知ることで、現実の市場についての分析を行い、おおまかな傾向をつかむことが可能となるでしょう。さらに、例えば少子高齢化対策などの政策が市場にどのような影響を与えるか予測することにもつなげられるかもしれません。このように、需要・供給モデルはシンプルで、さまざまな問題に対して応用できる基本的なモデルなので、国際貿易論や労働経済学などさまざまな応用分野の経済学にも使われています。

【練習問題】

問1　価格を p とする。需要関数 $D = 20 - 0.5p$、供給関数 $S = 2p - 5$ のときの均衡価格と均衡取引量をそれぞれ計算しなさい。（ヒント：市場均衡では $D = S$）

問2　以下の表にある市場において、示されたような変化が起こった場合、需要曲線、供給曲線にはどのような動きあるいはシフトが起きるか。①から⑥に適当な答えを選択肢から選びなさい。

選択肢：(a) 曲線上の動き (b) 曲線の右シフト (c) 曲線の左シフト

需要曲線

市場	変化	解答
普通車の市場	消費者の所得が上昇した	①
バナナの市場	バナナを食べると痩せるという「バナナ・ダイエットブーム」が到来した	②
パソコンの市場	去年に比べてパソコンの価格が下落した	③

供給曲線

市場	変化	解答
普通車の市場	高性能工場ロボットの投入により生産性が上昇した	④
バナナの市場	バナナの輸入に対する検疫規制が厳しくなった	⑤
パソコンの市場	パソコン市場から撤退する企業が相次いだ	⑥

第2章 弾力性とその応用

消費税率の１％引き上げによって税収が約2.7兆円増える場合、税率を５％から10％に５％引き上げると、いくらの税収が増えるでしょうか。１％の引き上げで2.7兆円が増えるので、５％の引き上げは2.7兆円×５＝13.5兆円ほど税収が増えると答えるでしょう。数学の計算では正しいかも知れませんが、経済学では、価格が上がれば需要量が減り、下がれば需要量が増えるという、**需要の法則**を考える必要があります。消費税率が上がるということは価格が上がることを意味します。税率が１％上がった場合、需要量はどの程度変化するのかを考えなければなりません。

本章は、消費者と生産者行動の理解、市場の分析などミクロ経済分析において重要である弾力性について説明します。

2.1 需要の価格弾力性

価格の変化に対して需要量がどの程度変化するかを表すのが、**需要の価格弾力性**（price elasticity of demand：E_d）です。需要の価格弾力性は価格の変化率と需要量の変化率の比率で定義されます。

$$E_d = -\frac{\text{需要量の変化率}}{\text{価格の変化率}} = -\frac{\Delta q/q}{\Delta p/p} = -\frac{p}{q}\cdot\frac{\Delta q}{\Delta p} \tag{2.1}$$

E_dは需要の価格弾力性、qは需要量、pは価格を表しています。変化率のなかにあるΔ（デルタ）は変化分を意味します。すなわち、需要量の変化分Δqは「新しい需要量－元の需要量」、価格の変化分Δpは「新しい価格－元の価格」となります。したがって式(2.1)は、

$$E_d = -\frac{\dfrac{(\text{新しい需要量}-\text{元の需要量})}{\text{元の需要量}}}{\dfrac{(\text{新しい価格}-\text{元の価格})}{\text{元の価格}}} \tag{2.2}$$

になります。需要の価格弾力性の式(2.1)、(2.2)にマイナス（－）を付けるのは、「価格が下がれば需要が増え、高くなると減る」という需要の法則に関係しています。すなわち、価格の変化に対して需要の変化は通常逆の方向になり（ΔqとΔpの符号は逆)、もしマイナス（－）を付けずに需要の価格弾力性を定義すると、値はマイナスになります。これを避けるために、変化率の比にマイナスを付けて需要の価格弾力性を定義して値がプラスになるようにします。その他の意味はありません。

また、変化分ではなく変化率をもって需要の弾力性を計算する理由は、単位に影響されない指標を求めるためです。たとえば、100円の缶コーヒーが10円上がったときと、300万円する自動車の価格が10円上がったときでは、変化分は同じ10円ですが、需要量に与える影響は大きく違います。この場合では、異なる２つの財の間の価格弾力性の比較はできません。財の単位が異なる場合も同じです。鉛筆を１本単位にするか、１ダースにするかによっても需要の価格弾力性は変わります。同じ財であっても、価格と財の単位によって価格弾力性が違うのであれば、比較、分析はできなくなります。しかし、変化分ではなく変化率を用いれば、単位に影響されない需要の価格弾力性が計算できるようになります。

需要の価格弾力性は、ある財の価格が１％変化したときに、需要量が何％変化するかを表すものです。ここで、ある自動販売機で、缶コーヒーが100円のとき１日50個の缶コーヒーが売れたが、増税で缶コーヒーが110円になって１日の需要量が40個になった場合を考えてみましょう。価格の変化率は、(110－100)/100＝0.1、需要量の変化率は、(40－50)/50＝－0.2ですので、$E_d=-(-0.2)/0.1=2$になります。$E_d=2$が意味するのは、缶コーヒーの価格が１％上がったとき、需要は２％減少するということです。

財によってその需要の価格弾力性は異なります。たとえば、お米の価格が１kg 200円のとき、20kgを消費した人が、お米の価格が20円上がり（10％上昇)、消費が19kgに減少した（５％減少）場合の需要の価格弾力性は0.5になります。

例のように、価格の変化に対して大きく反応する財（缶コーヒー）と変化が少

図2-1　需要の価格弾力性と需要曲線の形状

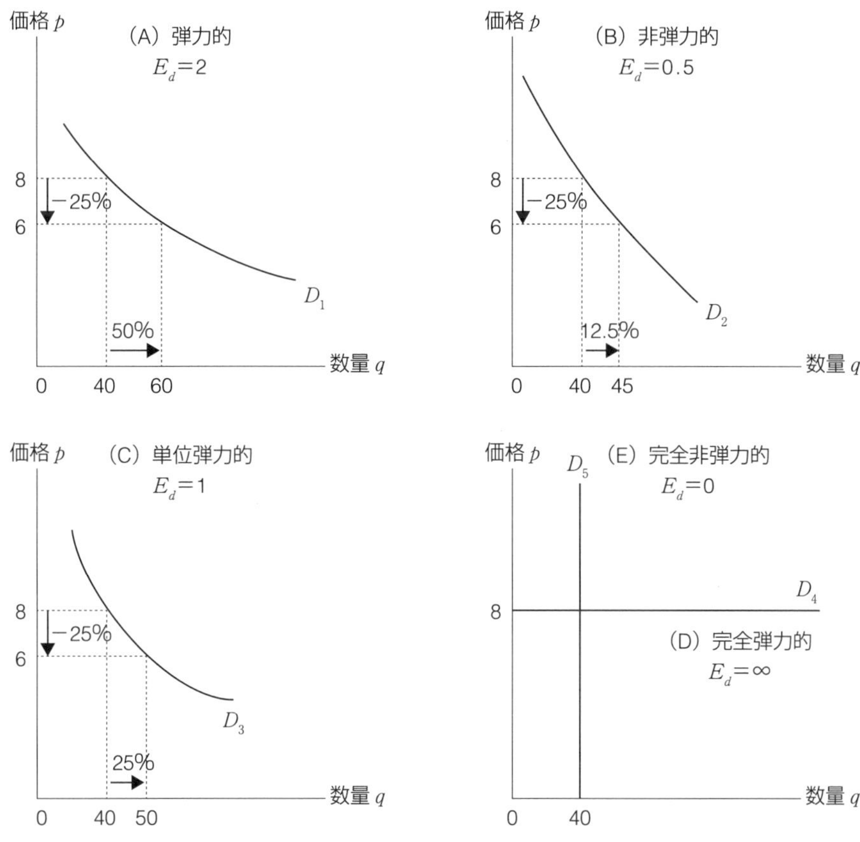

ない財（お米）があります。価格の変化率より需要の変化率が大きい（$E_d>1$）場合を需要は**価格弾力的**であるといいます。逆に、価格の変化率より需要の変化率が小さい（$E_d<1$）場合を**価格非弾力的**といいます。

極端なケースとしては、価格の変化に対して全く反応しない完全非弾力的($E_d = 0$)、価格の変化に対して無限に大きく反応する完全弾力的なケースがあります（$E_d = \infty$）。また、価格の変化率と需要の変化率が同じである場合を単位弾力的といいます（$E_d = 1$）（**図2-1**）。

缶コーヒーの価格が100円から110円に上がって需要量50個から40個に減った場合の価格弾力性は、$E_d = 2$ですが、逆に110円から100円になって需要量が増え

た場合の弾力性は $E_d = 2.75$ となります。このように、価格弾力性は、価格が上昇する場合と下落する場合で異なる値になります。価格弾力性が価格の変化の方向によって異なる値になると、経済分析においては、厄介なことになります。このような問題を解決する方法としては、中間点の方法という計算方法があります。中間点の方法は、変化の方向に関係なく同じ値の弾力性が得られる点と、区間ではなく需要曲線上の１点での弾力性が得られる点で有効に使われます。中間点の方法は、価格と需要量を２点間の平均値をもって変化率を計算します。

$$中間点の E_d = -\frac{\dfrac{(q_2 - q_1)}{(q_2 + q_1)/2}}{\dfrac{(p_2 - p_1)}{(p_2 + p_1)/2}} \tag{2.3}$$

ここで、p_1、p_2 と q_1、q_2 はそれぞれ各時点での価格と需要量を意味します。例の缶コーヒーの価格が100円から110円に上昇し、需要量が50個から40個に減少したときの、中間点の価格弾力性は2.33となります。

2.2　需要の価格弾力性の決定要因

では、財によって価格弾力性が異なる理由は何でしょうか。それは、価格の変化に対して敏感に反応する財とあまり反応しない財があるからです。缶コーヒーの場合、価格が上がったら飲むのをやめるか他の飲み物を選択する可能性が高いです。すなわち、価格が変化するとその財の需要量が大きく変わるので、価格弾力性は１より大きくなります。一方、お米の場合は、缶コーヒーと同じではありません。お米は、主食でありお米に代わるものはないので、お米の価格が上がっても下がっても需要量はそれほど変わりません。価格の変化に対して需要量が大きく変わらないすなわち、価格の弾力性は１より小さくなります。

以上のように、当該財が生活に不可欠な**必需品**の場合は、価格弾力性は１より小さくなり（$E_d<1$：非弾力的）、必需品ではない**贅沢品**（**奢侈品**）の場合は、価格弾力性は１より大きくなります（$E_d>1$：弾力的）。

次に、需要の価格弾力性の決定要因としては、**代替財**（本章2.4節と第１章を参照）の存在があります。缶コーヒーやケイタイ電話のようにある財の価格が上

図２－２ 需要の価格弾力性測定

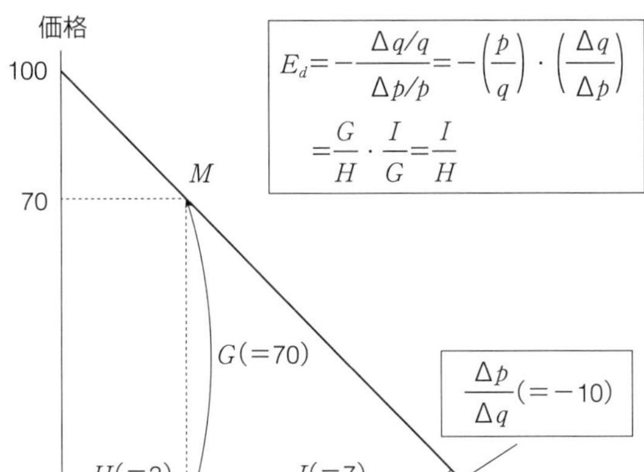

がると、その財の消費をやめ、他の財に代替できる財があればあるほど価格弾力性は大きくなります。一方で、お米やガソリンのように代替するものがない場合の価格弾力性は小さくなります。

需要の価格弾力性は、価格の変化に対して需要量の変化を分析するものとして重要な役割をしています。消費税が増税されるとどの程度の消費が減少するのか。お店が10%のセールをした場合、売り上げはどの程度伸びるのか。財が必需品なのか贅沢品なのか、などその応用幅は広いです。

2.3　価格弾力性と総収入の関係

価格が下がれば需要量が増えるという需要の法則から、お店の方は価格を安くすれば売り上げが伸びると考えるかも知れませんが、必ずしもそうではありません。価格の変化率に対する需要量の変化率である価格弾力性と売り上げとは密接に関係しています。

価格弾力性と売り上げの関係をみるために、直線の需要曲線を想定します。**図２－２**は、$p = -10q + 100$ を示した需要曲線です。この需要曲線の傾きは（$\Delta p/\Delta q = -10$）です。図２－２の M 点（$p = 70$、$q = 3$）の価格弾力性を求めましょう。

図2-3　需要の価格弾力性と総収入の関係

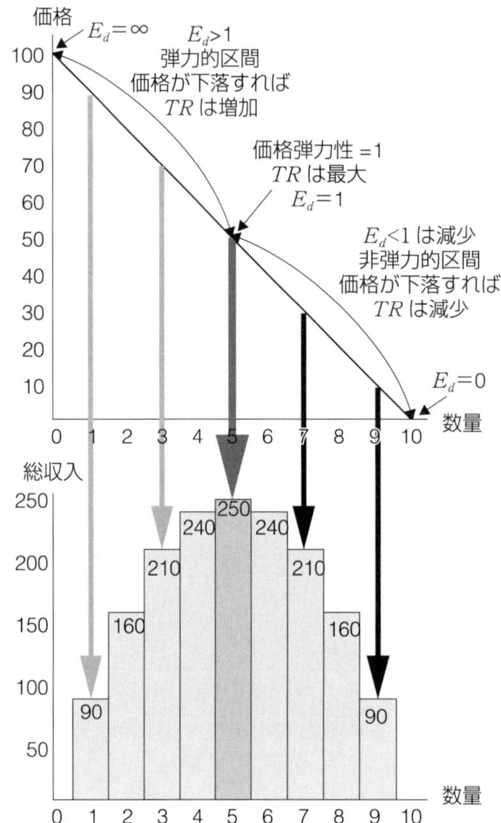

価格 p	数量 q	総収入 TR	価格弾力性 E_d
100	0	0	∞
90	1	90	9
80	2	160	4
70	3	210	2.3
60	4	240	1.5
50	5	250	1
40	6	240	0.7
30	7	210	0.4
20	8	160	0.3
10	9	90	0.1
0	10	0	0

式(2.1)の $E_d = -(p/q)\cdot(\Delta q/\Delta p)$ から、右辺の第1項（p/q）は M 点での数量と価格の比ですので、図2-2の G と H の長さに対応します（$= G/H$）。第2項は、需要曲線の傾きの逆数です。図2-2のような直線の需要曲線の場合、その傾きは、G と I の比に対応します（$= G/I$）。結果的に M 点での価格弾力性 $E_d = (G/H)(I/G) = I/H\ (= 7/3)$ となります。

売り上げとは、財の買い手が支払い、売り手が受け取る金額のことで、経済学では**総収入**（Total Revenue：TR）といいます。総収入は、財の価格に数量を掛けて計算します（$TR = p\times q$）。

価格と需要量に対応する TR は、**図2-3**の下のグラフで表しています。総収入は価格が90から下がっていくにつれて、90→160→210と増加し、価格が50の場合 $TR=250$ で最大になります。価格が50より低くなっていけば TR は240→210→160のように減少していきます。価格の変化と総収入の変化の間にはどのような関係があるのでしょう。

需要曲線が直線の場合、需要曲線の中点では価格弾力性が１となり、その左上の区間では価格弾力性が１より大きく（弾力的）、右下の区間では非弾力的になります（図２－３）。

価格弾力性が１より大きい（弾力的）場合には、価格の変化率より需要量の変化率が大きいので、価格が下がると総収入は増加します。しかし、弾力性が１より小さい（非弾力的）ときには、価格の変化率より需要量の変化率が小さいので、価格が下がると総収入は減少します。すなわち、お店が売り上げを伸ばすためにセールをしても必ずしも総収入が伸びることにはならない場合があるということです。価格弾力性が１より小さく非弾力的であれば、価格を上げた方が総収入の増加になります。

2.4　需要の所得弾力性と交差弾力性

需要量に影響を与える最も重要な要因は、価格ですが、所得もまた重要な要因の１つです。消費者の所得が変化したときに需要量はどの程度変化するのかをみるのが、**需要の所得弾力性**（income elasticity of demand：E_y）です。考え方は価格弾力性と同じですが、基準になるもの（式の分母に対応するもの）が所得となります。所得弾力性の計算式は、

$$E_y=\frac{需要量の変化率}{所得の変化率}=\frac{\Delta q/q}{\Delta y/y} \tag{2.4}$$

となります。ここで、E_y は需要の所得弾力性を、y は所得を表しますが、式にマイナスが付いてないことが需要の価格弾力性の式(2.1)と異なる点です。なぜなら、所得が増加したときに需要量が増える財と減る財があるからです。よって、所得弾力性はマイナスからプラスの値をもちます。

所得が増えて豊かになり、需要量が増えるとき、所得弾力性はプラスになります。逆に、所得が増えると需要量が減る場合、所得弾力性はマイナスになります。

所得が増加し需要量が増加する財を**上級財**（または**正常財**）といい、所得が増加するにつれて需要量が減る財を**下級財**（または**劣等財**）といいます。

新幹線のグリーン車を考えましょう。所得が増えればグリーン車の需要量は増えますが、所得が減ると需要量は減ります。この場合、グリーン車は上級財、普通車は下級財になります。このように、下級財は上級財に対する概念であることに注意しましょう。

また、所得弾力性がプラスである上級財は、所得弾力性の値が１より大きいか小さいかによって必需品と贅沢品に区分されます。生活に不可欠な必需品は、所得が増えても需要の量はそれほど大きく増えないものです[1)]。所得が２倍になってもご飯を２倍以上に食べる人はいないと思います。したがって必需品の所得弾力性はプラスで１より小さくなります（所得非弾力的）。なお、所得の変化に対して需要量が変わらない場合（$E_y = 0$）を、中級財（または中立財）といいます。

価格や所得以外に、需要の量に影響を与える要因としては、当該財と関連する他の財の「価格」があります。エンジンオイルの需要量はガソリンの「価格」と密接に関係しています。または、コカ・コーラとペプシコーラもお互いの需要量に影響を与えています。このように、その他関連する財の「価格」の変化が当該財の需要量にどの程度影響を与えているのかをみるものを**交差弾力性**（cross elasticity of demand：E_z）といいます。交差弾力性は価格弾力性と若干違う考え方が必要なので注意してください。交差弾力性は、

$$E_z = \frac{\text{当該財の需要量の変化率}}{\text{関連する他の財の価格の変化率}} = \frac{\Delta q/q}{\Delta p_z/p_z} \tag{2.5}$$

によって計算します。ここで、E_z は交差弾力性を、p_z は関連する財の価格を示します。ここで、エンジンオイル（当該財）の交差弾力性を分析する際に関連する財としてガソリンを考えましょう。ガソリンの価格が上昇すると、交差弾力性の式(2.5)の分母の部分「$\Delta p_z/p_z$」はプラスになります。ガソリンの価格が上昇するとガソリンの需要量は減少します。ガソリンの需要量が減少することは、自

1）家計の収入が下落するほど、家計の消費支出に占める食費の割合が上昇するというエンゲル法則（エンゲル係数）も食料のような必需品が、所得非弾力的であることから理解できます。

図2-4　弾力性のまとめ

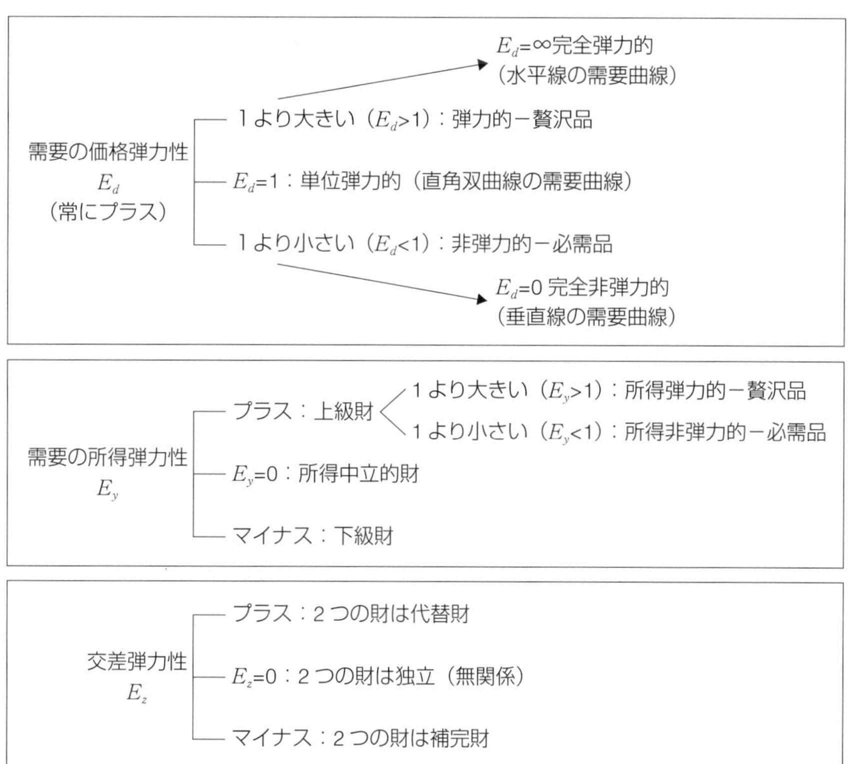

動車の走行距離が減ることを意味しますので、その分エンジンオイルの需要量も減少することになります。これは、式(2.5)の分子の部分「$\Delta q/q$」がマイナスになることを意味します。したがってエンジンオイルのガソリンに対する交差弾力性はマイナスとなります。

もう1つの例は、コカ・コーラの交差弾力性を分析する際にペプシコーラの価格を使う場合です。ペプシコーラの価格が上がって、コカ・コーラの価格はそのままのとき、ペプシコーラの価格の変化率はプラスになり、ペプシコーラの需要量は減少します。消費者はペプシコーラの代わりに価格がそのままであるコカ・コーラを飲むようになります。したがって、コカ・コーラの需要量は増えます(変化率はプラス)。その結果、コカ・コーラとペプシコーラの交差弾力性はプラスになります。

ガソリンとエンジンオイル、スマートフォンとアプリのように、相互に補完しあう２つの財を**補完財**といい、交差弾力性はマイナスになります。一方、コカ・コーラとペプシコーラ、スマートフォンのiPhoneとアンドロイドのように同じ用途をもつ財で互いに競争関係にある２つの財を**代替財**といい交差弾力性はプラスになります。

２つの財が代替財である場合、通常２つの生産者はライバル関係になり、補完財であるときには協力関係になります（**図２－４**）。

2.5　供給の価格弾力性

価格の変化によって需要量が変化する程度を示す需要の弾力性があるように、価格の変化によって供給量も変化します。需要量も供給量も価格の関数であるからです。ここからは、価格が変化した場合、供給量はどの程度変化するのかを示す**供給の価格弾力性**（price elasticity of supply：E_s）について説明します。

供給の価格弾力性は需要の価格弾力性と同じ考えをします。すなわち、供給量の変化率（$\Delta q_s/q_s$）の価格の変化率（$\Delta p/p$）に対する比で、

$$E_s = \frac{\text{供給量の変化率}}{\text{価格の変化率}} = \frac{\Delta q_s/q_s}{\Delta p/p} = \frac{p}{q_s}\cdot\frac{\Delta q_s}{\Delta p} \tag{2.6}$$

となります。価格が上昇すると供給量は増加するという**供給の法則**に従い、価格と供給量は同じ方向に変化します。したがって需要の価格弾力性のようにマイナスを付ける必要はありません（常にプラスになります）。

需要の価格弾力性と同様に、供給曲線から供給の価格弾力性を確認してみましょう。**図２－５**は、$p=1/2q_s+2$ の供給関数を示した供給曲線です。この供給曲線の傾きは（$\Delta p/\Delta q_s=1/2$）です。図２－５の N 点（$p=7,\ q_s=10$）での価格弾力性を求めましょう。図２－５ではグラフでの説明のため横軸をマイナス方向に伸ばしています。詳細な説明は、需要の価格弾力性と同様なので省略しますが、結果は、

$$E_s = \frac{\Delta q_s/q_s}{\Delta p/p} = \left(\frac{p}{q_s}\right)\cdot\left(\frac{\Delta q_s}{\Delta p}\right) = \frac{J}{K}\cdot\frac{L}{J} = \frac{L}{K} \tag{2.7}$$

図２－５　供給の価格弾力性

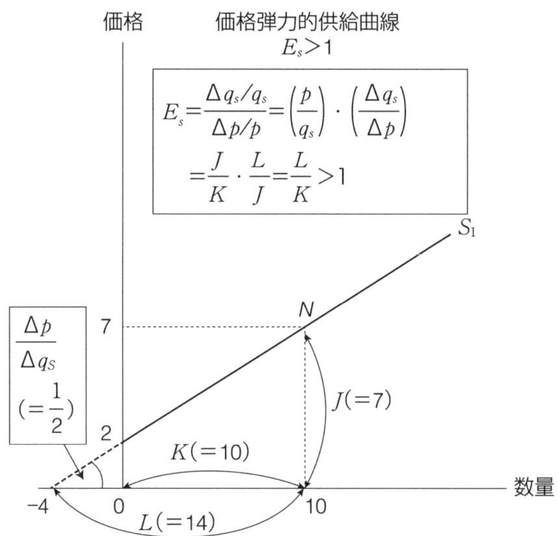

となります。N 点での供給の価格弾力性は、14/10＝1.4となりますので、供給の弾力性は１より大きく弾力的になります。

同様にして、**図２－６**は、供給の価格弾力性が１（単位弾力的）の場合（A）と弾力性が１より小さい（非弾力的）場合（B）を示しています。また、供給の価格弾力性が０である完全非弾力的な供給曲線は垂直線、弾力性が∞となる完全弾力的な供給曲線は水平線の形状になります（需要の場合と同じです）。

供給の価格弾力性を決める要因は何でしょうか。弾力性とは価格の変化率に対する数量の変化率であることを考えると、答えはそれほど難しくありません。価格の変化に対して供給量をすぐに増やしたり減らしたりすることが可能な財は、弾力性が大きくなり、困難な財は小さくなります。

スマートフォンを生産するための原材料が十分にあってその生産もすぐ可能である場合、スマートフォンの生産は価格の変化に対してすぐ反応し、生産量を増やしたり減らしたりすることができます。この場合、供給の価格弾力性は大きくなります。しかし、牛肉の場合、牛の肥育に数年かかるので生産量の調整はそう簡単ではありません。

供給の価格弾力性を決める要因には、投入物の利用・調達が可能であるかと生

図2-6　供給の価格弾力性と供給曲線の形状

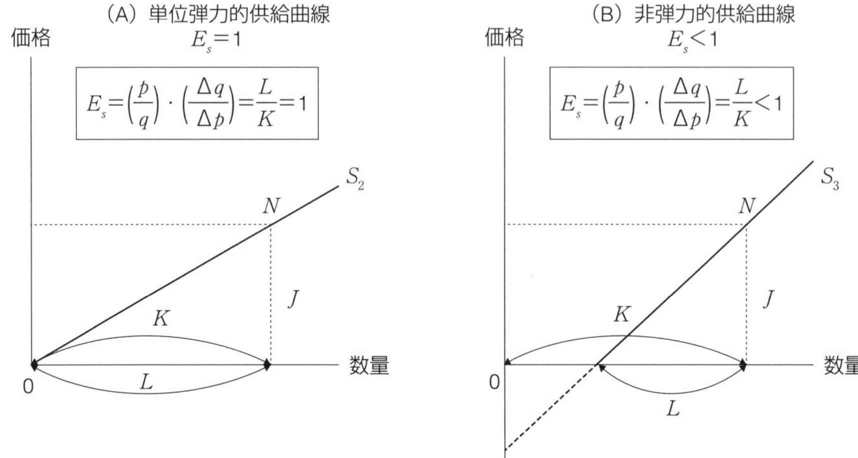

産にかかる時間という2つの要因が挙げられます。一般的に、工業生産物は弾力的、農産物は非弾力的であると考えられます。

2.6　弾力性の応用―税の負担

消費税のように財にかけられる税は、消費者である買い手が負担すると考えるかも知れませんが、生産者である売り手も負担します。

ここでは、税は誰が負担するのか（**課税の負担の帰結**）を、価格弾力性の応用として説明します。

図2-7は、需要関数 $D=-0.8p+170$、供給関数 $S=p-10$ を示しています。課税前の市場均衡（E）は、均衡価格＝100、均衡数量＝90です。ここで、政府が財1単位あたりに27円の**従量税**（t）を課するとします。すると、これまで100円で90単位を供給していた生産者は、100円＋27円（税額）＝127円で90単位を供給することになります。その結果、供給曲線（S）は税額分（$t=27$円）上方にシフトします（S から S_t へ）[2)]。供給曲線がシフトした結果、課税後の市場均衡（E_t）は、均衡価格115円、均衡数量78単位となります。課税の結果、均衡価格は

2）消費税のような価格に対して課税する従価税の場合、供給曲線が従量税のケースのように平行移動はしません。しかし、その後の結果は同じです。

図2－7　価格弾力性と税の負担

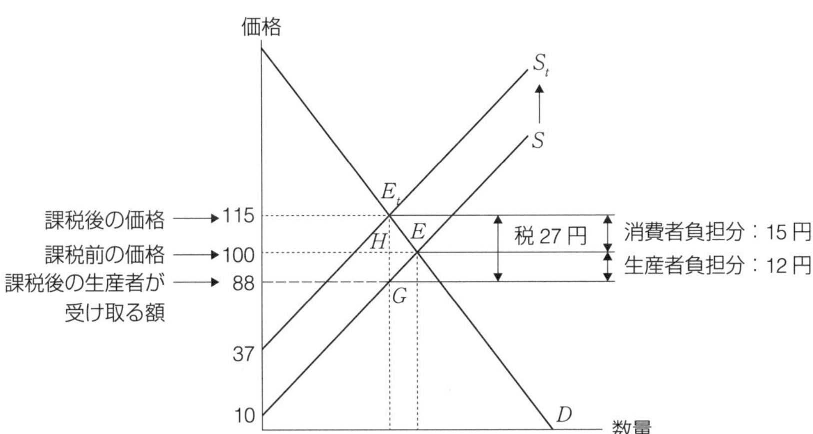

100円から115円に15円上昇し、均衡数量は90単位から12単位減少し78単位となります。

財の1単位あたり課税分の27円は、買い手と売り手のどちらが負担するのでしょうか。または、両方とも負担するのであればどちらの負担が大きいでしょうか。

買い手は財1単位あたり、課税前100円払ったのが課税後115円となったので、15円多く払うことになります。一方、売り手は1単位あたり、課税前100円受け取ったのですが、課税後115円で売り、27円を税として納めるので実際に受け取る金額は88円になります。課税前より12円の減少となります。買い手が多く払う分の15円を買い手が1単位あたりに負担する税額といい、売り手の減少分である12円を売り手が1単位あたりに負担する税額といいます。すなわち、「買い手の負担税額15円＋売り手の負担税額12円＝27円」となります。この例では、買い手の負担が売り手の負担より大きくなっています。

それでは、課税の負担分を決める要因は何でしょう。税額の負担分の割合は、需要曲線の傾き（絶対値）の供給曲線の傾きに対する比です。これは価格弾力性を用いて説明できます。

図2－7において、買い手の税の負担分は HE_t、売り手の税の負担は HG として表せます。ここで、数量の変化を表す EH は買い手と売り手において同じです。ここで、HE_t/EH は需要曲線の傾きの絶対値、HG/EH は供給曲線の傾きに

なります。したがって、

$$\frac{\text{買い手の負担額}}{\text{売り手の負担額}}\left(=\frac{HE_t}{HG}\right)=\frac{\text{需要曲線の傾き}}{\text{供給曲線の傾き}}\left(=\frac{HE_t/EH}{HG/EH}\right) \quad (2.8)$$

となります。さらに式(2.1) $E_d=-(p/q)\cdot(\Delta q/\Delta p)$ と式(2.6) $E_s=(p/q_s)\cdot(\Delta q_s/\Delta p)$ から、2つの弾力性の比 E_s/E_d をとると、(2.8)の左辺の式になります。図2-7の E 点で確認すると、需要の価格弾力性＝8/9、供給の価格弾力性＝10/9で、他方（買い手の負担額／売り手の負担額）は5/4です。したがって、式(2.8)は以下の結果になり、税の負担分の割合は、

$$\frac{\text{買い手の負担額}}{\text{売り手の負担額}}\left(=\frac{15}{12}=\frac{5}{4}\right)=\frac{\text{供給の価格弾力性}}{\text{需要の価格弾力性}}\left(=\frac{10/9}{8/9}=\frac{5}{4}\right)$$

となります。

すなわち、需要の価格弾力性が低く、また供給の価格弾力性が高いとき買い手の税の負担は大きくなります。たとえば、タバコやお酒にかかる税は、買い手の負担分が大きいと考えられます。

食料品といった必需品と贅沢品に異なる税率をかける軽減税率方式を考える場合、税収の見込みや税の負担などの分析に価格弾力性は重要な要素となります。また、軽減税率方式の論点の1つである必需品と贅沢品の区分においても、需要の価格弾力性は答えを出しています。

【練習問題】

問1　需要関数が、$D=100-2p$（D＝需要量　p＝価格）で与えられるとします。

(1) 現在、価格は10です。価格が40％下落したら需要量は何％増加するのか。

(2) 価格が下落した場合、売り手の総収入は、どのように変化するのか。

問2　Aスポーツ新聞の価格が100円から120円になったとき、K新聞の需要量が500から550になりました。Aスポーツ新聞とK新聞は代替財か補完財なのか。

第3章　消費量の決定

日常の買い物を振り返ると、所得あるいは小遣いからの予算をもとに自分の欲しいものを購入しています。しかも、予算が無駄にならないようにできる限り納得いくような購入を心がけるはずです。この章では、このように自らの好みに従って合理的に判断する消費者の消費行動を学びます。主な内容として消費量がどのように決定されるのか、その消費量が所得の変化や価格の変化に対してどのように決まるのかを説明します。現実の消費では多くの財やサービスを消費しますが、議論を簡単にするために2種類の財の消費を考えます。

3.1　効用と消費[1)]

消費者が財・サービスの消費によって得る満足度を**効用**（utility）と呼びます。消費からの満足度が大きければ、それに応じて効用は大きいといえます。人間の主観的判断である満足度は数値で表すことはできないと考えられるため、効用は極めてあいまいな概念です。しかし、ミクロ経済学ではしばしば、効用を価格の単位で表し分析することで消費者の行動を説明しています。このように、効用を数量のように大きさとして測定し、異なる財の効用を加え合わせることができる数値で表す考え方を**基数的効用**（cardinal utility）と呼びます。序章の説明にある限界革命をもたらしたメンガー、ワルラス、ジェヴォンズが考案したものです。

一方、それぞれの財の消費からの効用が数値で表現できないとしても、2つの消費パターンを比較すると、どちらがより好ましいのか、同じくらい好ましいのかという序列に関しては判断できるという考え方もあります。このような効用の

1）『トリアーデ経済学1　経済学ベーシック［第2版］』第2章を参照してください。

判断の仕方を**序数的効用**（ordinal utility）といい、それは効用を好ましさの順序の判断だけでよいとする考え方です。現代の消費理論では、序数的効用の考え方が使われるようになりました。

■効用関数

効用は消費者が消費するあらゆる財とサービスによって得られます。例えば、コーヒーを1杯飲んだときの効用を10、2杯飲んだときの効用は19、3杯の効用を27とすると、1杯飲むよりは3杯飲んだ方が効用は高くなります。すなわち消費の量が増えると総効用は増加するということです。しかし、最初1杯目の効用は10で、2杯を飲んだときの効用は19ですので、2杯目の効用の増分は9になります。同じように3杯目のコーヒーの増分は8になります。このように、ある財の消費量を1単位追加消費することによって増える効用の増加分を**限界効用**（Marginal Utility：*MU*）と呼びます。また、この例のように消費量が増加するにつれて限界効用が徐々に小さくなることを**限界効用逓減の法則**といいます。これは、2杯目のコーヒーは、最初の1杯目ほどはおいしくないという消費者の主観的感情を表したものです。

ここで、コーヒーとケーキの2種類を組み合わせた消費を考えましょう。**表3-1**のように、消費によって得られる総効用が各効用の合計から計算できるとした場合、コーヒー4杯と3個のケーキの消費の組み合わせAから得られる総効用は、4杯のコーヒーの効用が34、ケーキ3個の効用が48ですので、82（=34+48）になります。一方、コーヒー2杯と3個のケーキの消費の組み合わせBの場合は、67=19+48になります。このとき消費者は、消費Aの効用（=82）が消費B（=67）のそれより大きいと判断して消費Aを消費することになります[2)]。

では、私たちは財の消費を考えるときに財の効用の値をとらえているでしょうか。コーヒー1杯の効用が10、ケーキ3個の効用が48というように効用を数値としてとらえないとしても、消費Aと消費Bという2つの消費の組み合わせを比較すると、どちらがより好ましいのか（効用が大きいのか）、同じくらい好ましいのかという序列に関しては判断しているはずです。このような効用の判断の仕方が序数的効用です。序数的効用では、上述のコーヒーとケーキの消費の例をと

2）これが基数的効用のもとでの消費の決定です。

表3－1　2財の総効用と限界効用の例

数量	コーヒー		ケーキ	
	総効用	限界効用	総効用	限界効用
1	10	10	18	18
2	19	9	34	16
3	27	8	48	14
4	34	7	58	10
5	40	6	66	8
6	45	5	70	4
7	49	4	72	2

ると、消費Aが消費Bより好ましいので、「消費Aは消費Bより選好される」とか、「消費Aの効用は消費Bの効用より大きい」と表現します。

3.2　無差別曲線とその性質

消費量を決定するうえで、財の消費による効用の大きさ（または順序）を判断できることが必須です。これを可能にするのが無差別曲線です。この節では無差別曲線とはどのようなものか、次節でこの曲線に付随する限界代替率とそれに関する性質を説明します。

■無差別曲線

第1節のコーヒーとケーキの消費では消費Aは消費Bより選好されました。では、この例のように2財の数量が異なれば、必ずどちらかの消費が選好されることになるのでしょうか。日常的な体験として異なる財の消費量の組み合わせは異なるけれども、優劣つけ難くどちらも同じくらい好ましいという経験はないでしょうか。例えば、1杯のコーヒーと7個のケーキの消費の組み合わせCを考えたら、Cの消費は、消費A（コーヒー4杯とケーキ3個）と同等に好ましいというケースもあります。経済学では「同等に好ましい」ことを「互いに無差別である」といいます。無差別な関係にある消費の組み合わせは曲線を形成し、これは**無差別曲線**（indifference curve）と呼ばれます[3)]。

図3-1a　無差別曲線

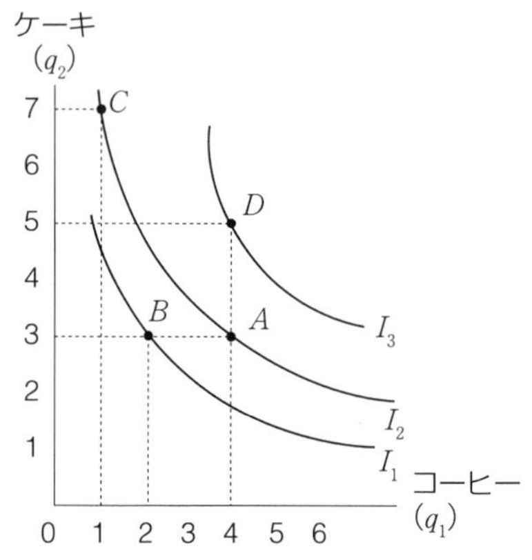

図3-1b　矛盾する選好

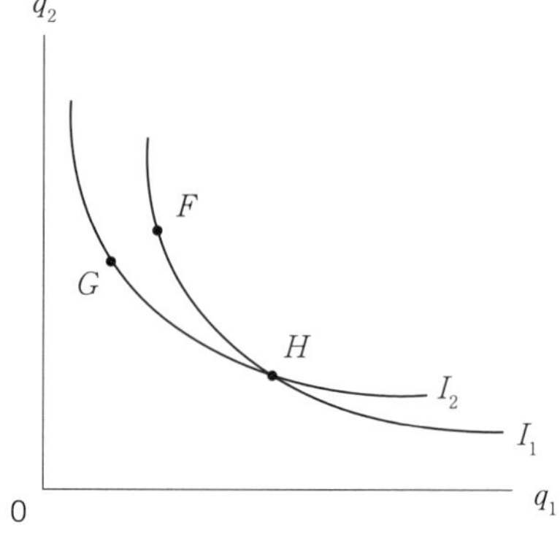

■無差別曲線の性質

典型的な無差別曲線としては**図3-1a**のような曲線があり、曲線の性質を次のようにまとめることができます。

①右上の無差別曲線ほど効用が大きい

②無差別曲線は右下がりになる

③異なる無差別曲線は交わらない

④無差別曲線は原点に対して凸である

①から③の性質は、合理的な消費者による好みの示し方（選好）によるものです。性質①は、点Aと点Dを比較すると、点Dのほうがケーキの消費量が多いために点Dが選好されます[4)]。②の性質については、①の性質から点Aの右上の消費点は点Aより好ましく、左下の消費点は2財の消費量がともに少ないために点Aより好まれません。このためAと無差別な消費点はAより右下か、あるいは左上になければなりません。性質③は、もし無差別曲線が交わるとしたらどうなるかを考えるとわかります。**図3-1b**の点Fと点Gを直接に比較すると

3）表3-1で例示した1個2個のような離散型データの場合は、図3-1aのような曲線の無差別曲線にはならない。本文では、1と2の間にも無数のデータをもつ連続型のデータを想定しているため、無差別曲線として表すことができる。

4）序数的効用のもとでは効用関数で決まる効用の大きさそれ自体にはさほど重要性はなく、効用の数値間の大小関係が重要になります。言い換えると、無差別曲線がより右上にあるかどうかの位置関係が重要になります。

点 F の消費量が点 G より多いので点 F が選好されます。ところが点 H で2つの無差別曲線は交わっています。点 H は無差別曲線 I_1 上にあるので、点 H は点 F と無差別です。また点 H は I_2 上にあるので点 H は点 G と無差別です。点 H を経由して消費の好ましさを考えると、結局、点 F と点 G は無差別になります。点 F が点 G より好ましいにもかかわらず、点 F と点 G が無差別になったのは、無差別曲線 I_1 と I_2 が交わると考えたからです。したがって無差別曲線は交わることはありません。性質④は、多くの財に関して好みの示し方としてそうなります。ここでは性質④を仮定して、その根拠を第3節で説明します。

3.3　限界効用と限界代替率

図3－1 aには3本の無差別曲線しか描かれていませんが、すべての消費の組み合わせに対して無差別曲線が対応するので、無数に無差別曲線があることに注意しましょう。無差別曲線には右上に位置するほど好ましいという性質①がありました。そこで好ましさの度合いを数値で表すために、無差別曲線に効用の値を矛盾なく割り当てていきます。すると効用と消費の間に対応関係が作られます。2財の数量 q_1 と q_2 に対して効用水準 u が決まるという関係を**効用関数**（utility function）といいます。

$$u = u(q_1, q_2)$$

表3－1の効用の数値例は2財の消費に関する基数的効用の値でしたが、以下では、序数的効用としても表3－1のようにあったとします。第1節の**限界効用**を詳しく説明しますと、消費量の変化が効用に対する貢献度になります。第1財の限界効用 MU_1 は、

$$MU_1 = \frac{\Delta u}{\Delta q_1}\left(=\frac{du}{dq_1}\right) \tag{3.1}$$

と表されます。正確な定義としては、他財（ここでは第2財）の消費を変えずに第1財だけを1単位増やすことによる効用の増加分のことです。同様にして第2財の限界効用 MU_2 も定義されます。

図3－1 aで消費 B から消費 A への変化による MU_1 を求めてみましょう。消

費 B（$u=67$）から消費 A（$u=82$）への変化による効用の増加は $\Delta u=15$ です。第2財の消費量は変化せずに（ケーキ3個のまま）、第1財だけのコーヒー2杯から4杯に2杯分変化します（$\Delta q_1=2$）。式(3.1)より、第1財の限界効用は、$MU_1=(\Delta u/\Delta q_1)=(15/2)=7.5$ になります。

図3-1 aでは、点 C から点 A に消費を変更しても、点 C と点 A は同じ無差別曲線上にあるので、2つの財の消費量は異なるけれども同じ効用水準を維持しています。点 C から点 A への変更ではコーヒーを3杯だけ増やし（$\Delta q_1=3$）、ケーキを4個だけ減らしたことになります（$\Delta q_2=-4$）。同じ効用水準を維持するためには、1つの財の消費を増やしたら他方の財の消費を減らす必要があります。このような、交換してもよいと考える2財の比率を**限界代替率**（Marginal Rate of Substitution：*MRS*）と呼びます。限界代替率は同じ無差別曲線上で第1財の変化分 Δq_1 を1だけ増加（減少）させたときに第2財の変化分 Δq_2 をどれだけ減少（増加）させることができるかを表したものです（$-\Delta q_2/\Delta q_1$）。

ここで、点 A から点 C へ変更しても効用は変化しないことから、

$$MU_1 \cdot \Delta q_1 + MU_2 \cdot \Delta q_2 = 0 \tag{3.2}$$

の式が無差別曲線上の2点において成立することになります。このことは、点 A から点 C への移動において、財1は Δq_1 だけ変化する一方、財2は Δq_2 だけ変化しますが、効用は変化しないことを示しています。よって、限界代替率 MRS は、

$$MRS = -\frac{\Delta q_2}{\Delta q_1} = \frac{MU_1}{MU_2} \tag{3.3}$$

となり、限界代替率 MRS は2つの財の限界効用 MU の比に等しいということになります。この限界代替率は、無差別曲線の傾きに等しくなります。

点 A と点 C の間の限界代替率は $-\Delta q_2/\Delta q_1=1/2$ となります。この意味は、コーヒーを4杯だけ増加させるときケーキを2個分だけ減らせることを表します。言い換えれば、コーヒー1杯はケーキ0.5個分に相当する、あるいはコーヒー1杯はケーキ0.5個分の価値があるといえます。したがって限界代替率は第1財の1単位が第2財の何単位に等しいかという、消費者にとっての心理的な交換比率を表しています。

■限界代替率の性質

限界代替率は2財の消費についての心理的な交換比率でした。この限界代替率の大きさは、消費者がどの点で消費をしているのかに依存します。財の消費量が多いときと少ないときでは、次の1単位からの満足度には大きな違いがあります。例えば、図3-1aの点Aと点Cを比べてみましょう。点Cのように、コーヒーの量が少ないとき、コーヒーを追加したときの満足度（効用）は大きいので、これに代わる必要なケーキ量は多いでしょう。ところが点Aのように、コーヒーを十分に飲んだあとの追加のコーヒーからの満足度は小さくなります。したがって、これに代わるケーキの数量は極めて少なくなります。このように、無差別曲線に沿ってコーヒーの量を増やしていくほど、減らせるケーキの量は小さくなります。これを**限界代替率逓減の法則**（law of diminishing marginal rate of substitution）といいます。これは、コーヒーの消費量が増えるほどコーヒーの効用は低下し、ケーキの効用は増加するという限界効用逓減の法則があるからです。

この限界代替率逓減の法則によって、第1財の消費量の増加に従って無差別曲線の傾きが緩やかになります。その結果、無差別曲線の性質④原点に対して凸の形状が導かれます。

3.4　予算線と効用の最大化

■予算線

消費者は、限られた予算の範囲で自ら欲しいものを手に入れています。合理的消費者ならば予算の範囲内で効用を最大にするような消費を決定します。これを**予算制約**と呼びます。以下では、所得がそのまま予算になるとして説明を進めます。

Aさんが1週間の予算として予算$I=1,000$円をコーヒーの消費とケーキの消費にあてたとしましょう。コーヒーの価格$p_1=100$円でケーキの価格$p_2=200$円だとすると、2財を購入できるための支出額は、

$$100q_1+200q_2\leq 1000$$

になります。これを図示するために、上式が等号の場合に式を変形すると、

$$q_2 = -\frac{100}{200}q_1 + \frac{1000}{200}$$

になります。この式は、**図3-2**の右下がりの直線として示されます。この右下がりの直線は**予算線**（budget line）または**予算制約線**と呼ばれ、予算をすべて使い尽くすような消費を表します。図3-2でA、B、Eの3つの点の購入の組み合わせを考えてみましょう。点Aは2杯のコーヒーと3個のケーキの組み合わせです。その購入額は800円（＝100×2+200×3）となり購入可能となります。点Eも同様の計算をすると購入額は1,000円になります。一方、点Bの組み合わせでは、1,400円（＝100×4+200×5）となり、予算オーバーで購入不可能になります。したがって、直線の左下の三角形の影領域が予算内で購入可能な消費の範囲になります。一般的な予算制約は、

$$p_1 \cdot q_1 + p_2 \cdot q_2 = I \tag{3.4}$$

となります。式(3.4)を書き換えると、予算線の式

$$q_2 = -\frac{p_1}{p_2} \cdot q_1 + \frac{I}{p_2} \tag{3.5}$$

になります。予算線に関して理解すべき点は、切片がI/p_2、傾きの絶対値は両財の価格比p_1/p_2であることです。

■効用最大化による消費の決定

消費者の効用最大化による消費の決定を考えましょう。消費者の目的は予算の範囲内で効用を最大にすることです。所得の範囲内で可能な消費は図3-2の三角形の領域です。そのなかで効用を最大にする消費を見つける手がかりを与えるのが無差別曲線です。そこで無差別曲線と予算線を**図3-3**のように1つにまとめます。

図3-3の予算Iで実行可能な消費は、予算線上の点または左下の三角形の領域の点です。予算線より右上にある消費点Bは選択対象から外れます。では、実行可能な消費点のなかでどの消費が効用を最大にするのでしょうか。無差別曲線は右上の曲線ほど大きい効用をもたらすという性質があります。点A、点Eは予算の範囲内で購入することができますが、最も効用が大きい消費点は点E

図3-2　予算線

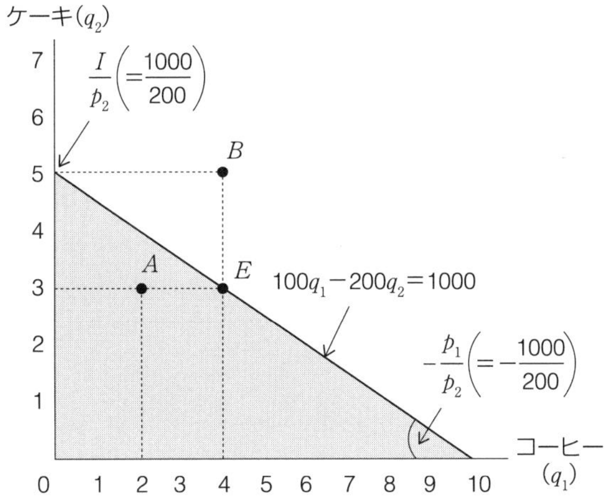

図3-3　消費の決定

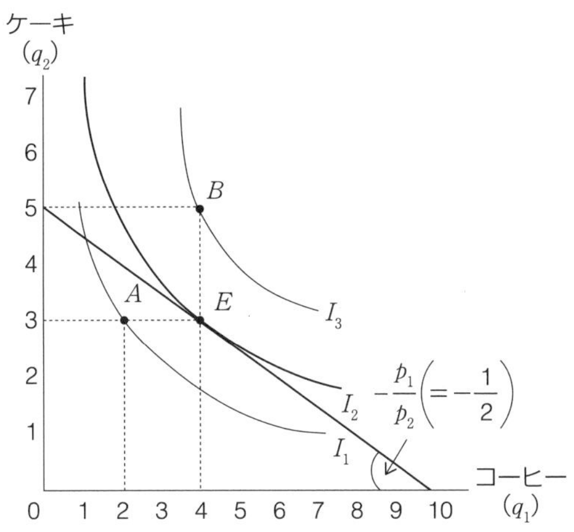

になります。なぜならば、点 E は予算の範囲内で最も右上にある無差別曲線（I_2）上の点だからです。予算内で効用を最大にするという意味での最適消費は点 E での消費になり、この状態を**消費者均衡**（consumer equilibrium）といいます。

この例では、1,000円の予算で、４杯のコーヒーと３個のケーキの消費の組み合わせが効用最大化による消費者均衡になります。

■消費者均衡の条件

消費者均衡点 E は予算線上にあることから、予算を全部使い尽くすときに得られることがわかります。すなわち式(3.4)が満たされることです。また、図3-3から点 E は無差別曲線が予算線にちょうど接するときの消費点であることがわかります。これから無差別曲線の傾きと予算線の傾きが等しくなります。両者の傾きをプラスにしたものを式で表現すると、効用最大化の条件は

$$MRS = \frac{p_1}{p_2} = \frac{MU_1}{MU_2} \tag{3.6}$$

が成り立つこと、すなわち、限界代替率 MRS は2つの財の価格比に等しくなることです。また、限界代替率には第3節でみたように2財の限界効用の比に等しいという性質から、式(3.5)の右辺と表すこともできます。これは2財の限界効用比が2財の価格比に等しくなることです。以上から、効用を最大にする消費は式(3.4)と式(3.6)を使って求められます。

3.5　所得の変化と価格の変化

前節の分析によって、消費者にとって消費財の価格がわかると、自らの予算のもとで消費者均衡が決まることが示されました。では、何かの理由で消費者の所得が変化し、そのため予算が変わったとしたらどうでしょう。また、予算は変わらないけれども、価格が変化したらどうでしょう。予算や財の価格が変わると、予算線は移動したり、傾きが変化したりします。その結果、消費者均衡点は移動します。はじめに所得（予算）が変化する場合、次に価格が変化する場合を考えます[5)]。

■所得の変化

財の価格は変化しなくて所得 I だけが変化したら予算線はどのように変化する

5）経済学では、与件が変化したときに、経済均衡がどのように変わるのかの分析を比較静学と呼びます。

図３－４ａ　２財とも上級財のケース

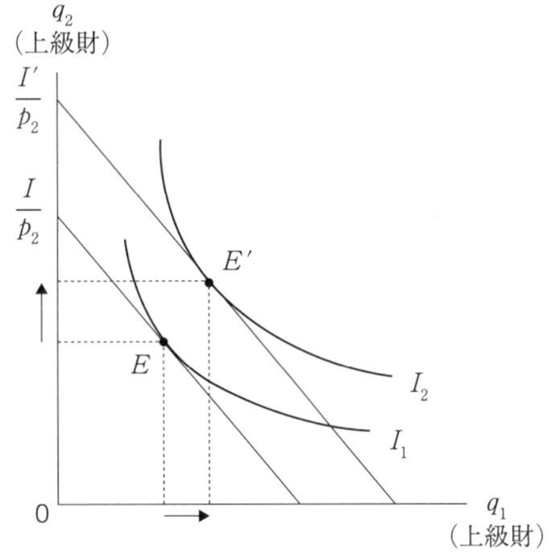

図３－４ｂ　上級財と下級財（第１財）のケース

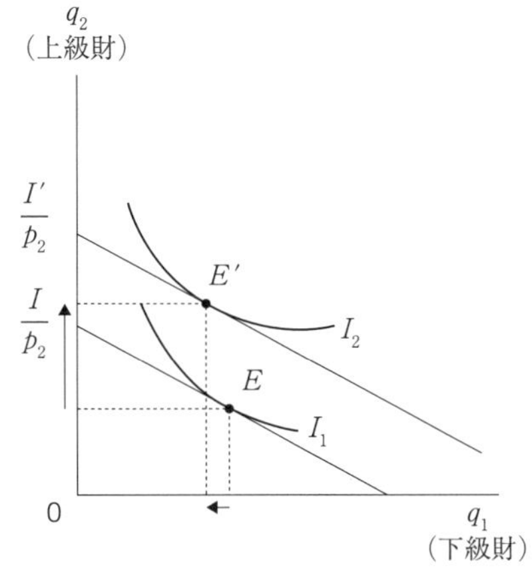

でしょうか。所得が増加するケースで考えます。予算線の式(3.5)から、所得の変化は、傾き（p_1/p_2）は変化せず、切片（I/p_2）だけが変化することがわかります。したがって、所得が増加すると切片の値だけが大きくなり、予算線は図３－４ａまたは図３－４ｂのように右上にシフトします。

所得が変化した結果、消費者均衡点は点Eから点E'にシフトします。所得が変化することで消費者均衡も変化しますが、２財の消費量はどのように変化するのでしょうか。一般的に、所得が増えたら今まで以上に多くの数量を購入しようと考えられます。これを図示したのが図３－４ａで、新消費者均衡点E'は右上にシフトしています。このように、所得が増加することで消費も増える財を**上級財**（または**正常財**）と呼びます。

ところが消費財はこのような財ばかりではありません。所得が増加する結果、消費が減少する財もあります。このような財を**下級財**（**劣等財**）といいます。図３－４ｂは第１財が下級財であるケースです。この現象は消費対象の財が同じような目的で消費される場合に見られます。例えば、ブランドの服と安価なノーブランドの服に対する消費です。学生の間は親からの小遣いあるいはアルバイトからの予算のためにノーブランドの服を多く買っていたのが、社会人となって稼ぐ所得が増えたことでブランドの服を多く買うようになるケースです。このとき「ノーブランドの服」が下級財で、「ブランドの服」が上級財です。横軸の財が下級財で縦軸の財が上級財ならば、消費者均衡点は点Eから左上の点E'にシフトします（図3-4 b）。

■価格の変化

つぎに所得は変化せずに価格が変化する場合を考えましょう。議論の単純化のために、第1財の価格p_1だけが下落する場合を取り上げます。予算線のなかで第1財の価格が関わるのは、傾き（$-p_1/p_2$）だけです。よって第1財の価格のみがp_1からp_1'に下落すれば、予算線の傾きが緩やかになります（$|p_1/p_2|>|p_1'/p_2|$）。

財1の価格が下落することで、財1と財2の消費量はどのように変化するのでしょうか。**図3-5**を用いて確認してみましょう。財1の価格がp_1からp_1'に下落すれば予算線の傾きが緩やかになります。これによって所得は同じでも購入可能な財の組合せの範囲は拡大し、消費者均衡点も図3-5のようにEからE'へシフトします。

このとき価格が需要に及ぼす効果を2つに分けることができます。**代替効果**（substitution effect）と**所得効果**（income effect）です。①代替効果は効用水準を維持しつつも価格下落によって相対的に安くなった財へ需要をシフトさせる効果です。②所得効果は第1財価格が下落することで購入可能な財の量が増えるという意味での実質所得の増大による需要の変化です。

代替効果は効用を一定に保つときの数量の変化なので、図3-5では同一の無差別曲線上の点Eから点Aへの変化になります。同じ効用を維持するためには、安くなった財への消費量は増加し、相対的に高くなった他方の財の消費量は減らさなくてはなりません。すなわち、相対的に高くなった財から安くなった財への代替がおこります。これが代替効果であり、価格が下落した財の消費量は増加し、同時にもう一方の財の消費量は必ず減少します。

一方、点Aから新消費者均衡点E'への変化は、実質所得の増加による効果を表しています。所得効果は、上級財の場合には消費量の増加、下級財の場合には減少するという両方の効果となります。

図3-5は、第1財、第2財の両方とも上級財である場合を示しています。上級財である第1財の価格が下落して、第1財の消費は、代替効果で増加し、さらに所得効果で増加します。一方、第2財の消費は、代替効果で減少しますが、所

図3-5　第1財の価格が下落した場合

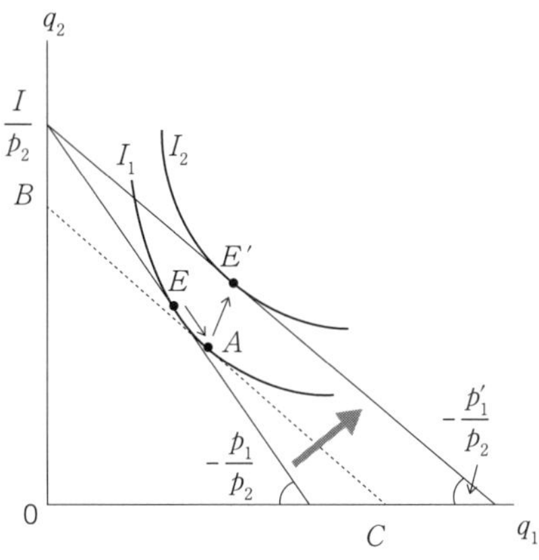

得効果で増加します。財2の価格効果は、代替効果と所得効果の大きさによって決まることになります。

3.6　消費者ごとの需要曲線と市場需要曲線

前節の分析の図3-5のように、第1財の価格が下落すると第1財の需要量は、代替効果と所得効果によって増加することになります（第1財が上級財の場合）。このように、価格の変化による消費者均衡点の変化から各価格における需要量をそれぞれ計算することができます。この価格と需要量の組み合わせを縦軸に価格、横軸が数量の図にプロットすることで右下がりの需要曲線が得られます。これが消費者の需要曲線です。

市場は多数の消費者が参加することで形成されますので、市場全体の需要量は市場に参加するすべての消費者の需要量の合計になります。議論の単純化のために2人の消費者からなる市場を考えましょう。**図3-6**の消費者1と2の需要曲線はそれぞれ D^1 と D^2 です。消費者1の需要量を q^1、消費者2の需要量を q^2、市場全体の需要量を q^* と表します。価格が p^* ならば市場全体の需要量は

$$q^* = q^1 + q^2$$

図 3-6　市場需要曲線の導出

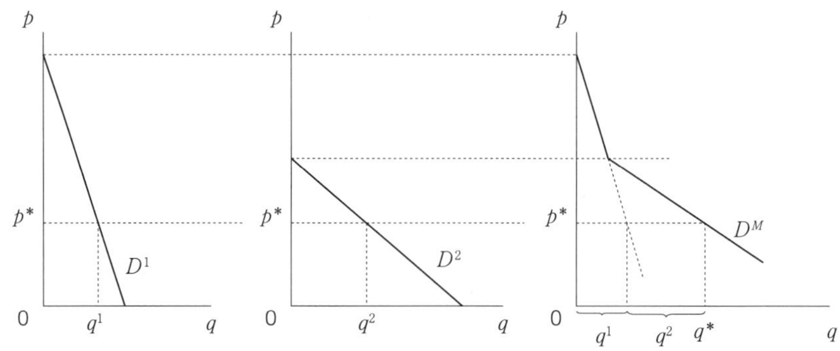

となります。2人の消費者の需要曲線を横軸方向に合計すると図3-6の右の図のような右下がりの**市場需要曲線**（D^M）が得られます。

【練習問題】

問1　以下の説明の「　　」に適当な用語入れなさい。

1）無差別曲線の接線の傾き（絶対値）を「　a　」という。効用を最大にする消費者均衡点では、「　a　」は「　b　」に等しくなる。

2）所得が増加したら需要が減少する財を「　c　」と呼ぶ。

3）標準的な無差別曲線は、「　a　」逓減の法則があることから原点に対して「　d　」である。

問2　ある消費者の2財XとYに関する効用関数が $u = xy$（u：効用、x：財Xの数量、y：財Yの数量）、所得（予算）が100で、財Xの価格が5、財Yの価格が10であるとします。このとき効用を最大にする財Xと財Yの消費量を求めなさい。ただし、財Xの限界効用 MU_X はY、Y財の限界効用 MU_Y = Xとします。

＊この章は、第1版の第3章の内容をベースにして改訂したものです。

コラム　無差別曲線の形状

無差別曲線は通常、原点に対して凸の形をとりますが、財の性質によって違った形状をとります。DIYなどで使うボルトとナットを考えてみましょう。ボルトとナットは、2つがセットで使われるものです。1本のボルトにナットが2個、3個あっても、結局1個しか使えず、使える組み合わせは1組だけです。靴も同じ例です。靴は両足で1セットですので、片方だけの数量が増えても意味がありません。このように、ある2つの財において、両方の財の数量が一定の比率で消費され、両方とも同じ比率で増加しなければ効用が増えないような財を完全補完財といいます。2財が完全補完財の場合、無差別曲線はL字形になります（図参照）。また、完全補完財の無差別曲線の場合には、価格に関係なく最適な消費点はL字曲線の角点になります。

図　完全補完財の無差別曲線

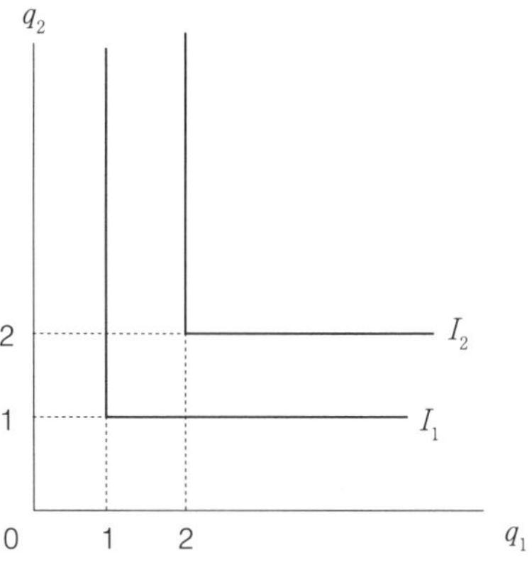

一方、お金も財と考えて、1000円札と5000円札の2財の関係を考えてみましょう。1000円札5枚は5000円札1枚と交換できます。この交換比率は量に関係なく常に一定です。このとき2財は完全代替の関係となり、限界代替率は一定です。よって、無差別曲線は右下がりの直線の形状をとります。

その他、2つの財の間には何の関係もないような場合を中立財と呼び、効用はある特定の財のみの数量によって変化します。このときの無差別曲線は水平（または垂直）の直線となります。

第4章　生産者の理論

本書の姉妹書である『トリアーデ経済学1　経済学ベーシック［第2版］』の第2章3節では、利潤を最大にしようとする生産者の限界費用が生産量の増加に伴い増加するので、供給曲線が右上がりになることを学びました。これに続き、本書第4章では、最大利潤を追求する生産者の最適な行動について学びます。

まず、本章での分析対象となる生産の全体像について考えます（4.1節）。次に、生産過程を、生産要素の投入量と生産量の関係として捉えます（4.2節）。そして、この関係から生産量と生産費用の関係を求め（4.3節）、価格が与えられたときに利潤を最大にする生産行動を考え、個別の供給曲線から市場の供給曲線を導出します（4.4節）。

4.1　生産と生産者

財やサービスを作り出す行為を**生産**、そのような行為をする経済主体を**生産者**、生産された財やサービスを**生産物**といいます。生産に必要な原材料や部品、機械、土地、労働などを**生産要素**、その使用量を**投入量**と呼びます。

生産者は、第一次産業や第二次産業に分類される経済主体だけを指すわけではありません。例えば、小売業はメーカーが作った製品を消費者が選べるようにするというサービスを、自衛隊は国防というサービスを生産していると捉えることができます。また、同じ生産要素を使っていても、生産物が財であったりサービスであったりすることがあります。例えば、畑を使った生産物が、野菜であれば財ですが、農業体験であればサービスです[1)]。

1）財やサービスについては『トリアーデ経済学1　経済学ベーシック［第2版］』p. 6で復習してください。

生産者は数多くの意思決定をしています。「何を、どのように、いくつ、どこで作るか」、「売値をどうするか」、「どのような販売ルートを採るか」などです。

分析しようとする事象が複雑である場合、その事象を可能な限り単純化することで、分析しやすくなります。そこで、この章では次のように生産を単純化することとします。

①生産を、生産要素の投入量と生産物の量（生産量）の関係として捉える。

②投入する生産要素を労働（L）と資本（K）の2種類とする。

③生産者の目的（行動基準）を、利潤の最大化とする。

④市場は完全競争市場とする。

4.2 生産関数：生産要素の投入量と生産量の関係

この節では、生産関数について学びます。

生産要素の投入量とその投入量で実現可能な最大の生産量との関係を示すものを**生産関数**といいます。生産要素が労働（L）と資本（K）の場合、それぞれの投入量（L, K）と生産量（Q）の関係は、生産関数

$$Q = F(L, K)$$

で表されます。

■可変的生産要素と固定的生産要素

生産量を増やすためには、生産要素の投入量を増やす必要があります[2)]。生産要素によっては、すぐに増やせるものと、増やすためにはある程度の時間が必要なものがあります。

ある期間の中で、投入量を変更できる生産要素を**可変的生産要素**、投入量を変更できない生産要素を**固定的生産要素**といいます。

期間の取り方によって、生産要素は可変的生産要素にも固定的生産要素にもなります。例えば、資本の一例である工場を新設するためには2年掛かるとしましょう。このとき、2年未満の期間では、資本は固定的生産要素とされます。しか

2）生産方法の改善によっても生産量を増やすことができますが、ここでは生産方法は同じ状況での変化を考えています。

図４-１　生産関数 $Q = F(L, K_0)$ のグラフ

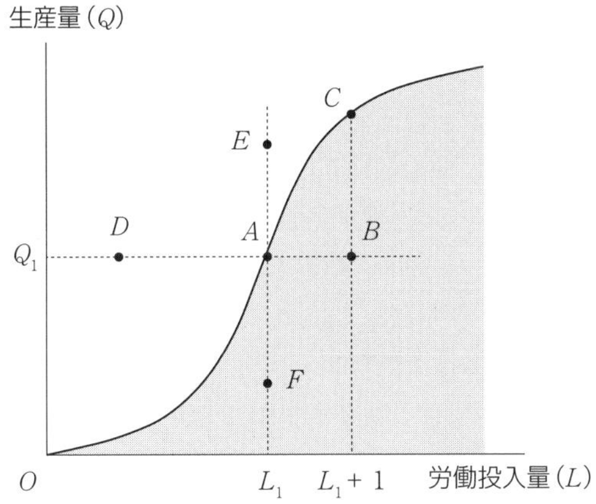

し、期間を２年以上とするなら、資本は可変的生産要素です。

このことから、すべての生産要素が可変的生産要素となるような期間を**長期**、１つでも固定的生産要素が存在する期間を**短期**と区別しています。

■可変的生産要素が１種類の場合の生産関数

労働が可変的生産要素で資本が固定的生産要素の場合の生産関数は、

$$Q = F(L, K_0)$$

で表されます。ここでの K_0 は、資本の投入量が一定であることを示します。

この生産関数のグラフが**図４-１**です。グラフを読み解きながら、生産について考えてみましょう。このグラフ（実線の曲線）の特徴は、①原点から始まる、②右上がり、③曲線はＳ字に似た形、の３点です。

①は、“労働投入量がゼロなら生産量はゼロ”を意味しています。②は、“労働投入量を増やすと生産量が増える”、“より多くの量を生産するためには、より多くの労働を投入しなくてはならない”ということです。③は、労働投入量を１単位増やすときの生産量の増加分（**限界生産物**[3]：Marginal Product、*MP*）が、労働投入量が増えるに従い、徐々に大きくなる状況（限界生産物逓増、図４-１の *OA* 部分）から徐々に小さくなる状況（限界生産物逓減、図４-１の *A* より右

側部分）に変化することを示しています。

折り紙で連続して鶴を作るとき、１分ごとにできあがる数[4]を想像してみてください。最初は少ないでしょうが、コツを掴むなどの理由で徐々に数が増えるでしょう。しかし、作り続けていると疲れて能率が落ちるでしょうから、限界生産物は小さくなることでしょう。これが、グラフの特徴③が示していることです。

図４-１の影の部分は、実現可能な労働投入量と生産量の組み合わせを示しています。労働投入量 L_1 を効率的に利用して生産できる最大生産量を Q_1 としましょう。点 A がこの組み合わせ（L_1, Q_1）を示します。点 A を基準にして、点 E と F を比較すると、労働投入量は同じですが、生産量が点 F、A、E の順に大きくなっています。点 A の示す生産量を超える生産はできませんから、点 E は実現不可能な点です。点 F の生産量は Q_1 より小さいので実現可能です[5]。点 D と B は、点 A と生産量が同じ点です。労働投入量は点 D、A、B の順に大きくなっています。点 A のもう１つの解釈は、“Q_1 を生産するための労働投入量の最小値が L_1 である”ですから、L_1 未満の労働投入量を示す点 D は実現不可能です。点 B は L_1 を超える労働を投入しているので実現可能です。

■労働も資本も可変的生産要素の場合の生産関数

このときの生産関数は、

$$Q = F(L, K)$$

で表されます。資本（機械設備）の限界生産物も、先に見たように、労働と同じように変化するので、そのグラフは**図４-２**のように描くことができます。

高さが生産量を示し、立体の曲面を生産曲面といいます。このグラフで実現可能な生産要素投入量と生産量の組み合わせを示す点は、生産曲面とその下側網掛け部分です。

資本投入量の軸にある K_0 から始まる曲線が図４-１のグラフです。

3）図４-１では、労働投入量を L_1 から１単位増やしたときの限界生産物の大きさを BC の長さで表しています。限界生産物の大きさは、生産関数の接線の傾きの大きさで表されます。労働を増加させたことを明示するときには、“労働の”限界生産物（Marginal Product of Labor）といい、MP_L と表記します。

4）この値が限界生産物です。

5）点 F は、必要以上に休憩した結果かもしれません。

図4－2　生産関数 $\boldsymbol{Q = F(L, K)}$ のグラフ

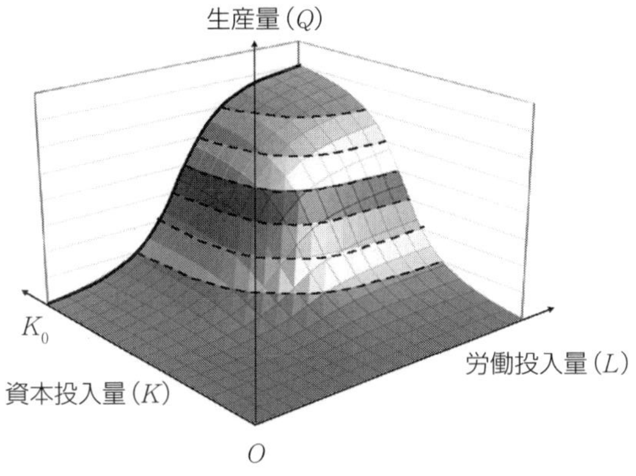

図4－3　等量曲線と技術的限界代替率、規模に関する収穫

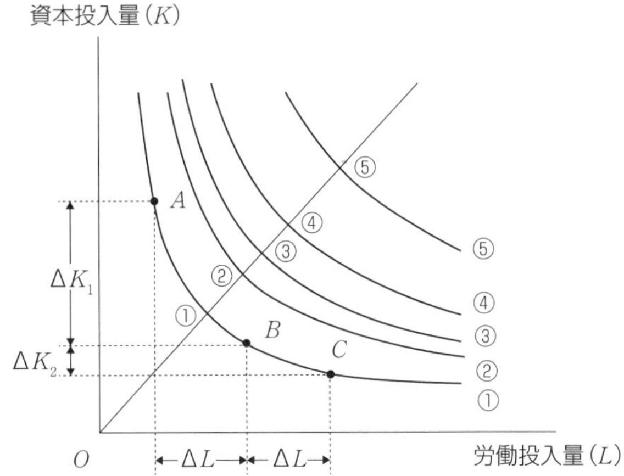

■等量曲線と技術的限界代替率

図4－2の点線は等しい生産量をもたらす生産要素の組み合わせを表し、**等量曲線**または**等生産量曲線**といいます[6)]。図4－2を真上から見た等量曲線のグラフが図4－3です。等量曲線の位置が生産量の大きさを表し、右上に位置する方

6）地形図の等高線にあたるものです。

が大きな生産量であることを示します。

次に、生産量を変化させないような生産要素投入量の変化に注目します。生産量を変化させない、ある生産要素投入量の変化量と他の生産要素投入量の変化量の比を**技術的限界代替率**（Technical Rate of Substitution：*TRS*）といいます。ここで話題としている例での技術的限界代替率は、資本投入量の変化量を ΔK、労働投入量の変化量を ΔL として、$\Delta K/\Delta L$ と表せます。

図4－3にある3点 A、B、C は、同一の等量曲線（①）上にありますので、どの点で生産しても生産量は変わりません。そこで、労働投入量の変化分 ΔL を1として、A から B への変化と B から C への変化を技術的限界代替率で比較します。図4－3より、A から B に変化するときの TRS は ΔK_1、B から C に変化するときの TRS は ΔK_2 であること、そして、ΔK_1 より ΔK_2 の方が小さいことがわかります。A から B、B から C への変化は労働投入量の増加ですから、労働投入量が増加するに従い、技術的限界代替率は逓減することが示されます。他の生産要素についても同じことが言えますので、これを**技術的限界代替率逓減の法則**といいます。なお、技術的限界代替率は等量曲線の接線の傾きです。よって、等量曲線が図4－3のように描ける場合、労働投入量を増やすに従い、接線の傾きが小さくなっていることからも、この法則を確認することができます。

技術的限界代替率についてもう少し詳しく考えてみましょう。

A から B への変化は次のように捉えることができます。

①労働投入量を ΔL だけ変化させた。そのことにより、生産量は「$\Delta L\times$ 労働の限界生産物」だけ変化する。

②資本投入量を ΔK_1 だけ変化させると生産量は「$\Delta K_1\times$ 資本の限界生産物」だけ変化する。

③生産量には変化がないから、2つの変化分を合計「$\Delta L\times$ 労働の限界生産物」＋「$\Delta K_1\times$ 資本の限界生産物」＝0である。

③の $\Delta L\times MP_L+\Delta K_1\times MP_K=0$ を変形して、$\Delta K_1/\Delta L=-(MP_L/MP_K)$ が得られます。これは、A から B への変化だけに限定したことではなく、一般的にいえることですから、技術的限界代替率は限界生産物の比に等しい[7)]といえます。

7）厳密には絶対値をとっています。

■規模に関して収穫逓減・一定・逓増

資本投入量と労働投入量の割合を一定に保ちながらその投入量を変化させる[8)]とき、生産量はどのように変化するでしょうか。

このような投入量の変化は、図４－３の原点から右上に伸びる直線上の変化として表され、直線の傾きが投入量の割合を示しています。また、この直線は、図４－２で、生産曲面上を原点から真っ直ぐに進む変化を平面で表したものです。

図４－３で、この直線と等量曲線の交点の変化を比較してみましょう。隣の等量曲線との生産量の差は等しいとします。イメージしやすいように生産量の変化分を10とします。

交点①から③までは等量曲線の間隔が徐々に狭くなっています。これは、②から10だけ増産するために必要な追加の生産要素投入量は、①から10だけ増産するために必要な追加投入量より少なくなっているということです。逆に、交点③から⑤までは等量曲線の間隔が徐々に広くなっています。これは、④の状態のときに、③から10だけ増産するために必要な追加投入量と同じ量を追加投入しても、増産量は10に満たないということです。

精緻な解説は上級のテキストに委ねますが、交点①から③は生産要素投入量を t 倍すると生産量がそれ以上に増加しています。このような状況を**規模に関して収穫逓増**といい、生産量が増えるに従い等量曲線の間隔は徐々に狭くなります。交点③から⑤は、生産要素投入量を t 倍しても生産量が t 倍未満しか増加しない状況で、これを**規模に関して収穫逓減**といい、等量曲線の間隔は徐々に広くなります。グラフにはありませんが、生産要素投入量を t 倍すると生産量が t 倍になる状況を**規模に関して収穫一定**といい、等量曲線の間隔は一定です。

4.3　生産量と生産費用の関係

前節では、生産要素の投入量と生産量の関係について学びました。この節では、生産量と生産費用の関係について学びます。生産要素の投入量を金額で捉えたものが生産費用ですから、生産量と生産費用の関係は、前節の生産関数と密接な関係があります。

8）お菓子の柿の種のように１袋に入っているピーナツと柿の種の割合が決まっているような生産要素のパックを、何袋投入するかという状況を思い浮かべてください。

図 4－4　総費用曲線、平均費用、平均可変費用、限界費用

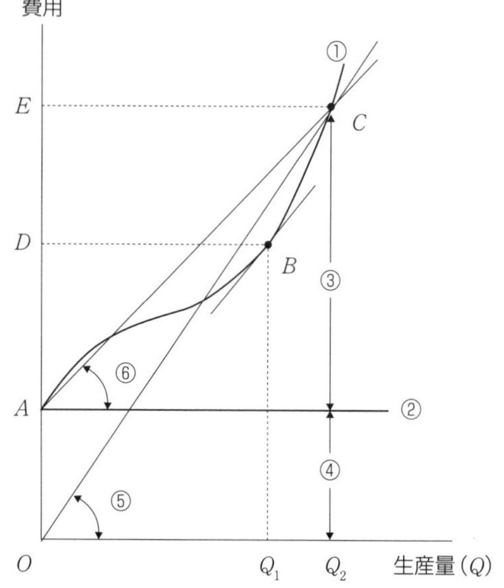

■生産要素と費用の対応

生産要素は可変的生産要素と固定的生産要素に分類されます。これに対応して生産費用も可変費用と固定費用に分類されます。生産量の変化に伴い投入量を変化させられる生産要素が可変的生産要素で、その金額が**可変費用**（Variable Cost：*VC*）です。一方、生産量の大きさにかかわらず投入量が一定である生産要素が固定的生産要素で、その金額が**固定費用**[9)]（Fixed Cost：*FC*）です。そして、両者の合計が**総費用**（Total Cost：*TC*）です。

■総費用曲線：生産関数が $Q = F(L, K_0)$ のとき

総費用を、生産量との関連を明示した関数として表すなら

$$TC(Q) = VC(Q) + FC$$

となります。固定費用は生産量には左右されないので、"*FC*"としています。**図**

9）固定的生産要素が存在する期間を短期としました。固定費用は固定的生産要素にかかる費用なので、固定費用が存在するのは短期です。

4－4がそのグラフで、可変費用のグラフと固定費用のグラフを合成したものです[10)]。

まず、固定費用のグラフについてです。それは図4－4の直線②です。固定費用は、どの生産量においてもその額が一定の（＝固定された）費用です。図4－4は費用の大きさは高さで表すので、固定費用の大きさを図4－4の OA とすると、どの生産量でも OA の高さを示す直線②が固定費用のグラフといえます。

生産量が Q_2 のときの総費用は、両矢印④で表される固定費用と両矢印③で表される可変費用の合計、Q_2 から点 C までの高さで表されます。つまり、直線②に可変費用のグラフを加えると総費用のグラフが得られます。

可変費用のグラフを求めます。図4－1を紙に書き、次の3つを行ってください。

1）図4－1の横軸名を費用と書き換える。

・例えば、労働投入量が10時間で時給が1000円としましょう。このとき、労働10時間の費用は「10時間×時給」ですから、10時間を1万円に変更することができます。他の労働投入量についても同じようにすると、図4－1の横軸は費用（平均費用）に変更できます。

2）図を反時計回りに90°回転させる。

3）紙を裏返す。

このようにして得られたグラフの横軸を直線②に重なるように置くと、図4－4が得られます。このことから、総費用曲線（曲線①）の形は、生産関数によって決まることがわかります。ここで留意してほしいのは、図4－1の網掛け部分が、図4－4では総費用曲線の上側にあることです。これは、総費用曲線が各生産量を実現するための最小値を示す曲線ということを意味します。つまり、総費用曲線上の各点は、費用最小化の生産をしたときの、生産量と総費用の組み合わせを示しています。

■費用を最小化する生産：生産関数が $Q=F(L, K)$ の場合

労働も資本も共に可変的生産要素である場合、ある生産量をもたらす労働と資本の投入量の組み合わせは複数あります。この中から費用が最も小さい組み合わ

10）図4－4には次の節で学ぶことも描かれており、この節では説明しない記号があります。

図 4 - 5　等量曲線と等費用線

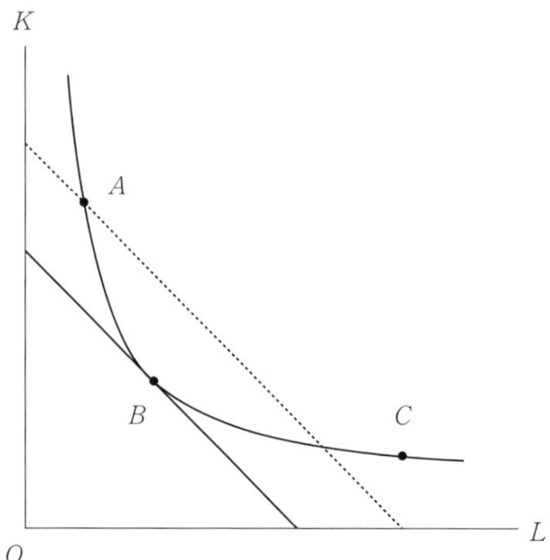

せを選んで生産することが、費用を最小化する生産です。これをグラフで示します。

ある生産量をもたらす生産要素の投入量の組み合わせを示すグラフは等量曲線です（図 4 - 3）。そして、費用が等しい生産要素の投入量の組み合わせは、次のようにして得られる**等費用線**で示されます。

労働と資本の投入量を L、K、それぞれの価格を賃金率（w）、レンタル価格（r）とすると、総費用は $TC = wL + rK$ で示され、これを変形して

$$K = -\frac{w}{r}L + TC$$

が得られます。この式のグラフが等費用線で、その傾きは生産要素の価格比です。

図 4 - 5 にある曲線が等量曲線、2つ（実線と点線）の直線が等費用線です。この図の点が生産要素投入量の組み合わせを表します。

図中の3点（A、B、C）は、同じ等量曲線上にありますから、どの点で生産しても同じ生産量を得られます。

等費用線の位置が総費用の大きさを表し、より右上に位置する等費用線ほど、より高額な総費用であることを示します。図中の2つの等費用線を比べると、実

線よりも点線の等費用線の方が、より高額な総費用を示します。ですから、3点（A、B、C）を、総費用の大きい順に並べると、"C、A、B"となります。

以上から、点Bが示す生産要素投入量の組み合わせを使って生産することが、費用を最小化した生産であることがわかります。そこで、点Bで起きていることを調べてみましょう。点Bでは等量曲線と等費用線が接しています。これは、点Bでの等量曲線の接線が等費用線である、つまり、等量曲線の接線の傾き（技術的限界代替率）と等費用線の傾き（生産要素の価格比）が等しい、ということです。

以上より、すべての生産要素が可変的生産要素である場合、費用を最小にする生産では、「技術的限界代替率（＝限界生産物の比）＝生産要素の価格比」が成り立っているといえます。

4.4　完全競争市場での利潤を最大にする生産量

この節では、完全競争市場における利潤を最大にする生産量（q^*）を求めます。生産関数は図4-1の$Q=F(L, K_0)$とします。期間は短期です。完全競争市場において市場参加者は価格を所与として行動しますから、各生産者が決められる事項は生産量だけです。**利潤**（π）は、市場価格と生産量の積（$p \times Q$）である**総収入**（Total Revenue：TR）から総費用を差し引いたものです。

利潤を最大にする生産量（Q^*）を求めるステップは次の通りです。最初に、生産量との関係から最大利潤（π^*）を求めます。次に、π^*が正（黒字）か負（赤字）かを調べ、最後にπ^*が負の場合に生産を続けるかどうかの判断について考えます。

そこで、この各ステップで使用する限界費用や平均費用、平均可変費用を先に説明します。

■限界費用、平均費用、平均可変費用、平均固定費用

限界費用（Marginal Cost：MC）は、生産を1単位追加するときの総費用の増加分です。生産量が変化するときに変化するのは可変費用ですから、限界費用は平均費用の増加分です。

平均費用（Average Cost：AC）は、総費用を生産量で除したTC/Qで、生産

図 4－6　限界費用曲線、平均費用曲線、平均可変費用曲線

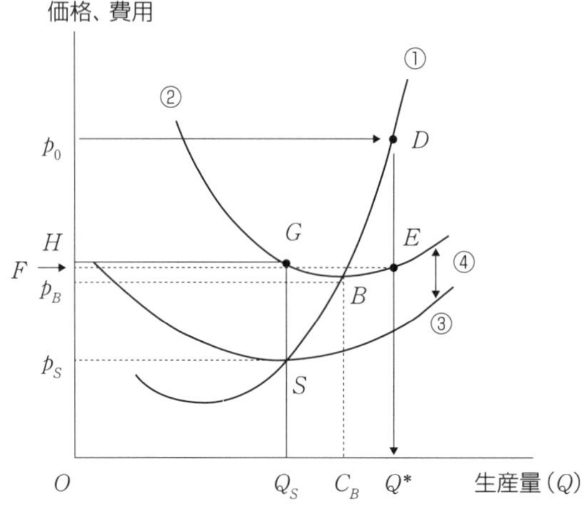

物 1 単位あたりの総費用です。「総費用 ＝ 可変費用＋固定費用」より、平均費用は平均可変費用と平均固定費用の和となります。

$$\frac{TC}{Q}=\frac{VC+FC}{Q}=\frac{VC}{Q}+\frac{FC}{Q}=AVC+AFC$$

平均可変費用（Average Variable Cost：AVC）は、可変費用を生産量で除した VC/Q で、生産物 1 単位あたりの可変費用です。

平均固定費用（Average Fixed Cost：AFC）は、固定費用を生産量で除した FC/Q で、生産物 1 単位あたりの固定費用です。

図 4－4 を使って、生産量 Q_2 のときの 3 つの費用（MC、AC、AVC）を確認しましょう。限界費用は点 C での接線の傾きです。平均費用 (OE/OQ_2) は点 O と C を結んだ直線の傾き（両矢印⑤）で、平均可変費用 (AE/OQ_2) は点 A と C を結んだ直線の傾き（両矢印⑥）です。他の生産量についても同じようにして求められます[11)]。

これらのグラフが**図 4－6** です。曲線①が限界費用曲線、曲線②が平均費用曲線、曲線③が平均可変費用曲線、両矢印④が平均固定費用を表します。特徴は、次の 3 つです。

11）生産量が Q_1 のときの限界費用と平均費用、平均可変費用をグラフで求めてください。

・平均費用曲線の最小点 B を限界費用曲線が左下から右上に通る[12)]
・平均可変費用曲線の最小点 S を限界費用曲線が左下から右上に通る
・平均費用曲線と平均可変費用曲線の縦方向の差が平均固定費用を表し、生産量が増えるに従い両曲線の差は小さくなる

■利潤を最大にする生産量

まず、利潤が最大になっている状態を考えてみましょう。生産者が変更できるのは生産量だけで、生産量を変更しても価格は変わらないことが前提条件です。

現在の生産量から1単位追加で生産したことによる追加の利潤（$\Delta\pi$）に着目します。$\Delta\pi$ が正なら、現在の生産は利潤を最大化しているとはいえません。それに対し、$\Delta\pi$ がゼロなら、現在の生産量は利潤を最大にする生産量といえます。

次に $\Delta\pi$ の内訳をみてみましょう。「利潤 ＝ 総収入 － 総費用」でした。生産量を1単位増やすことによる、総収入の変化分が**限界収入**（Marginal Revenue：*MR*）、総費用の変化分が限界費用です。よって、「$\Delta\pi$ ＝ 限界収入 － 限界費用」です。利潤が最大化されているのは「$\Delta\pi$ ＝ 限界収入 － 限界費用 ＝ 0」の場合でした。これより、利潤を最大にする生産量は「限界収入 ＝ 限界費用」とする生産量であることがわかります。

ここでは完全競争市場おける生産を考えていますから、生産量にかかわらず市場価格は一定です。よって限界収入は市場価格です。

以上より、利潤を最大にする生産量は、限界費用が市場価格と等しくなる生産量、$p = MC$ となる生産量と結論できます。

図4－6では、価格が p_0 のときの最適な（利潤を最大にする）生産量（Q^*）を示しています。p_0 から矢印に沿って右に進み、限界費用曲線と出会った点 D で真下に向かうと Q^* に至ります。点 D では、Q^* のとき限界費用（Q^*D）と価格 p_0 が等しくなっています。

このときの利潤の正負を確認しましょう。総収入（$p_0 \times Q^*$）の大きさは四角形 p_0DQ^*O です。平均費用は Q^*E ですから、総費用（平均費用 $\times Q^*$）の大きさは四角形 OQ^*EF です。そして、利潤は総収入の方が総費用より大きいため正で、その大きさは両方の四角形の大きさの差である四角形 $FEDp_0$ で表されます。

12）図4－6の点 B は図4－4の点 B に対応しています。

■損益分岐点：点 B

まず、図4-6で、市場価格が p_B のときに最適生産量が Q_B、利潤がゼロになることを確認してみてください[13]。

最大利潤がゼロとなる価格を**損益分岐価格**、その価格とそれに対応する最適生産量の組み合わせを示す点を**損益分岐点**（Breakeven Point）といいます。図4-6では点 B が損益分岐点で、損益分岐価格は p_B です。損益分岐点（点 B）の特徴は、①平均費用曲線の最小点であることと②平均費用曲線と限界費用曲線が交わっていることの2つです。生産物の市場価格が平均費用の最小値と等しくなるとき、$p=MC$ とする生産量での平均費用が市場価格と等しくなります。その結果として、最適な生産量から得られる利潤はゼロになります。

このことを数式で示すと次のようになります。

$$\pi = p\times Q - TC \quad \cdots\text{利潤＝総収入－総費用}$$

$$= Q\left(p-\frac{TC}{Q}\right) \quad \cdots Q\text{でくくると、平均費用が出現。}$$

$$= Q(p-AC) \quad \cdots p=AC\text{（価格＝平均費用）のとき括弧内は0になる。よって最大利潤も0。}$$

市場価格が平均費用の最小値より高いか安いかによって、利潤の正負が分かれるので、この市場価格を損益分岐価格と呼びます。

■操業停止点：点 S

市場価格が損益分岐価格より安いとき、利潤は負です。効率的に生産しても利潤が赤字のとき、生産者は生産を続けるべきなのでしょうか。生産を止める場合の損失より、生産を続ける損失の方が小さいなら、生産は続けるべきといえます。

生産を停止する場合、可変的生産要素の投入量はゼロになるので可変費用はゼロになります。しかし、生産量に関係なく固定的生産要素は存在しますから、生産を停止しても固定費用と同額の損失が発生します。

最適生産での損失が固定費用の大きさになる市場価格を**操業停止価格**、その価格とそれに対応する最適生産量の組み合わせを示す点を**操業停止点**（Shutdown Point）といいます。図4-6では点 S が操業停止点で、操業停止価格は p_S です。

13）確認できなかった人は前項「利潤を最大にする生産量」を復習してください。

操業停止点（点S）の特徴は、①平均可変費用曲線の最小点であることと②平均可変費用曲線と限界費用曲線が交わっていることの2つです。生産物の市場価格が平均可変費用の最小値と等しくなるとき、$p=MC$とする生産量での平均可変費用が市場価格と等しくなります。その結果として、最適な生産量から得られる損失は固定費用の大きさに等しくなります。

このことを図4-6で確認してみましょう。市場価格がp_Sのとき、最適な生産量はQ_Sで、総収入は四角形p_SSQ_SOの、総費用は四角形HGQ_SOの面積です。総収入より総費用の方が大きいので、利潤は負、つまり損失が発生します。その大きさは、四角形$HGSp_S$の面積です。ここで、GSが平均固定費用であることに注意すると、四角形$HGSp_S$の面積は固定費用の大きさを示すことがわかります。また、価格がAVCの最小値より大きい場合、生産することで「生産量×（価格－平均可変費用）」だけ損失を減らすことができます。

このことを数式で示すと次のようになります。

$$\pi = p\times Q - TC$$ …利潤 ＝ 総収入－総費用

$$= p\times Q - VC - FC$$ …総費用を可変費用と固定費用に分ける

$$= Q\left(p - \frac{VC}{Q}\right) - FC$$ …Qでくくると、平均可変費用が出現

$$= Q(p - AVC) - FC$$ …$p=AVC$（価格 ＝ 平均可変費用）のとき括弧内は0で、損失が固定費用の大きさになる

平均可変費用の最小値と比較して、生産物の市場価格がその額以上であれば生産を続け、その額未満であれば生産を停止することが、利潤最大化につながる行動といえます。

■生産者ごとの供給曲線と市場の供給曲線

生産物の市場価格と生産量の対応を示すグラフが**供給曲線**です。個別の生産者は、価格が操業停止価格以上であれば、与えられた価格と限界費用が等しくなる生産量を選びます。このことから、生産者ごとの供給曲線は、操業停止点より右上の限界費用曲線であるといえます。

一方、市場における価格ごとの供給量は、その価格での各生産者の生産量を足

図4－7　生産者ごとの供給曲線、市場の供給曲線

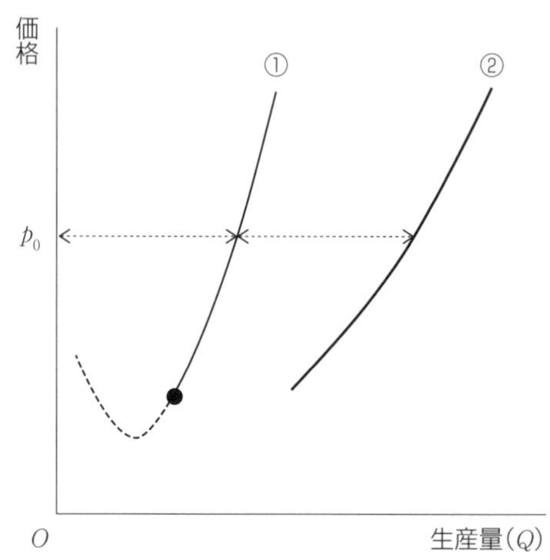

し合わせたものです。よって、市場の供給曲線は各生産者の供給曲線を横方向に足し合わせたものとなります。

図4－7は、同一の生産者が市場に２つ存在する場合の、個別の生産者の供給曲線（曲線①）と市場の供給曲線（曲線②）を描いたグラフです。価格がp_0のとき、それぞれ点線の矢印分だけ生産します。このとき、市場における供給量は２つ分の矢印の大きさです。これは各生産者の供給曲線を横に足すことで、市場の供給曲線が得られることを示しています。なお、曲線①は限界費用曲線で、曲線上の点は操業停止点です。

コラム　利潤と利益

利益と利潤の違いを考えてみましょう。以下の設例で考えてみてください。

（設例）

生産物の選択肢が２つ（財X、財Y）あるとします。

財Xを生産する場合、総収入が10億円、総費用が９億円とします。利益は「総収入 － 総費用」で計算されますから、このときの利益は1億円です。一方、財Yを生産する場合の利益は2億円としましょう。

財Xも財Yも生産可能な生産者が財Xの生産を選択したとき、財Xの生産から得られる利益は本当に1億円なのでしょうか。

なぞなぞのような設例です。多くの読者は、「財Xの生産を選択したことで、財Yの生産で得られた利益2億円を犠牲にしているから、その金額は財Xを生産するための費用と考えることもできる。よって、財Xの生産により得られた利益1億円から犠牲にした2億円を引いた値（－ 1億円）が、財Xを生産したときの本当の利益である」と考えたのではないでしょうか。

経済学では、選択しなかったことから得られる最も大きな利益を費用として捉え、このような費用のことを機会費用と呼んでいます。そして、総収入から機会費用を含む総費用を引いた値を利潤とし、利益と区別しています。

利益から機会費用を差し引いた利潤を使うことで、生産が効率的かどうかを判断できます。

【練習問題】

完全競争市場における生産者の総費用が、生産量をxとした式

$$TC = \frac{1}{3}x^3 - x^2 + 2x + 9 \quad \cdots ①$$

で表されるとき、次の問いに答えよ。

1）可変費用を表す式と固定費用を求めよ。

2）限界費用と平均費用、平均可変費用のそれぞれを表す式を求めよ。

3）製品価格が26のときの、最大利潤とそれをもたらす生産量を求めよ。

4）最大利潤が0となる価格と、その価格のときの生産量を求めよ。

5）操業停止価格とそのときの生産量、利潤を求めよ。

第5章　市場と経済厚生

歴史的に見ると、日本では各市場においてさまざまな強い規制が行われてきました。しかし、近年、さまざまな分野において「競争原理の導入」を目指した規制緩和の議論が行われており、通信、環境、福祉、医療など一部の市場では実際に規制緩和もされています。この規制緩和の根拠となる理論が、完全競争市場における市場均衡とその経済厚生についてです。本章では、これまで学んできた需要曲線や供給曲線の考え方を用いて、この理論について考えていきたいと思います。

はじめに、第1章で説明した競争的な市場の理想的な形である完全競争市場のもとでの市場均衡について、あらためて議論を行います。次に、市場分析の方法として、特定の市場を分析する部分均衡分析と、すべての市場を対象とする一般均衡分析という2つの方法があることを確認します。そして、部分均衡分析のもとで、経済厚生の観点から市場取引によって生まれる交換の利益として余剰概念を用いた市場の効率性の評価について試み、完全競争市場における市場均衡が社会的余剰を最大化することを確認します。その後、政府が価格規制や課税などによって市場に介入する場合を考察し、最後に、市場が効率的な資源配分を達成できない「市場の失敗」の要因についていくつか紹介します。

5.1　市場均衡とその意味

■価格受容者となる理由

完全競争市場については第1章で説明しましたが、市場参加者の多数性、参入・退出の自由、財の同質性、情報の完全性という4つの性質によって特徴づけられた市場です。この完全競争市場において、財の売り手や買い手は、市場で成立する財の価格が一定であるとして、その価格をそのまま受動的に受け入れて行動する**価格受容者**となります。この理由について、以下で考えてみましょう。

本来、市場経済では売り手は自由に価格を決められますし、買い手も購入する価格を決めることができるはずです。以下では市場で均衡価格が1つに決まっている場合を考えてみましょう。このとき、より儲けたいと思う売り手はこの均衡価格より高い価格をつけて財を売りたいと考えるでしょう。しかし、これは実際には不可能です。なぜなら、他に均衡価格で売る多数の売り手がいるため、それぞれの買い手は同じ品質でより安い財を他の売り手から購入できるので、高い価格をつけた売り手から財を全く購入しなくなります。つまり、均衡価格以下の価格にしない限り売り手は財を全く売れないのです。一方で、均衡価格であれば財はいくらでも売れるので、それより安い価格をつける意味もありません。このため、売り手は結果として自ら均衡価格に価格を決めて財を売ることになります。同様に、買い手も均衡価格で財を購入することを自ら選びます。この理由は練習問題としますので、自分で考えてみてください。

■市場均衡の意味

市場均衡は需要曲線と供給曲線の交点で表されます。以下ではこの意味を考えてみましょう。まず、需要曲線は消費者が価格受容者として効用を最大化した結果として得られる価格と需要量の組み合わせを表した曲線です。つまり、需要曲線上の点では、各消費者は自ら効用を最大化するように消費活動を行っています。一方、供給曲線は、生産者が価格受容者として利潤を最大化するように行動することで得られる価格と供給量の組み合わせの曲線です。このため、供給曲線上の点において、各生産者は自らの利潤を最大化するように生産活動を行っています。

市場均衡は需要曲線と供給曲線の交点ですので、つまりすべての消費者と生産者は均衡価格のもとで自らにとって最も望ましい行動をとっており、均衡価格以外の価格で行動をするというインセンティブを持ちません。以上より、市場均衡においては、他の事情が一定、つまり市場を取り巻く環境が全く変わらなければ同じ市場均衡が永続的に続くことになります。

5.2　特定の市場と相互に影響する市場

第１章では「他の事情が一定ならば」という仮定のもとで、１つの市場の市場均衡について考えていました。しかし、現実の経済を分析するさい、常にこのような仮定を置くことは望ましくありません。例えば、原油価格の上昇は燃料価格上昇などを通じてさまざまな市場に価格上昇などの影響を及ぼすでしょう。本節では、このように複数の市場が相互に影響し合う時、特定の１つの市場を対象に分析する部分均衡分析と、すべての市場の市場均衡を対象とする一般均衡分析について、それぞれ説明します。

■特定の市場の分析：部分均衡分析

ある分析対象の市場が、他の市場との関連性の度合いが弱い、あるいは影響が小さいと考えられるとき、その市場だけを取り上げて価格と数量を分析することでシンプルな分析にすることが出来ます。他の事情が一定という仮定のもとで特定の市場を対象にして市場の分析を行うことを**部分均衡分析**といいます。

■すべての市場の分析：一般均衡分析

市場間の関連性が強く、その影響が大きいために、他の事情が一定と仮定して分析することが有効でない場合があります。例えば原油価格の高騰がその例になります。原油は重油やガソリンなど燃料として使われるだけでなく、プラスチックなどのさまざまな石油由来の化学製品の材料としても使われます。つまり原油価格の高騰はそれら関連財の価格上昇をもたらし、輸送費の高騰にも繋がるので、結果として多くの市場に影響すると考えられます。このような市場において、部分均衡分析を利用することは適切ではないでしょう。

そこで、このようにある財の変化が多くの市場に影響し、その影響が相互に絡み合うような場合には、市場を個別ではなく、関連するすべての市場を対象にして、各財の価格がどのような均衡水準になるか分析することが求められ、こうした分析を**一般均衡分析**と呼びます。

一般均衡分析は、その特徴から複雑な点も多く、必ずしもシンプルで明快な結果をもたらすわけではないので、部分均衡分析を含めた万能な分析であるとはいえません。むしろ、これら２つの分析方法は、市場へのアプローチが異なる相互補完的な分析方法といえるでしょう。以下では、部分均衡分析にもとづいて市場におけるさまざまな余剰や、政府による価格規制について説明します。

5.3 社会的余剰

本節では、部分均衡分析のもと、市場の望ましさ（交換の利益）を判断する基準として用いられる経済余剰[1)]について学んでいきます。まず、消費者余剰と生産者余剰についてみていき、これらの合計である市場全体の経済余剰を意味する社会的余剰について考えます。この社会的余剰の大きさが、市場のパフォーマンス（あるいは効率性）を測る指標となります。そして、完全競争市場の市場均衡は社会的余剰を最大にするという意味で望ましい市場であることを示します。

■余剰とは

市場に対して規制撤廃による競争の促進を行うという考え方があります。これは、そもそも競争的な市場はそうでない市場より望ましいという考えから実施される政策です。それでは、なぜ競争的な市場がより望ましいのでしょうか。これを考えるためには、市場の良し悪しを決める何らかの基準が必要となります。

市場の望ましさを判断する考え方として、「余剰」概念があります。余剰とは、市場に参加する各参加者にとって取引からどれほどの望ましさが発生したかを表すもので、金銭的に表現されます。そして、この望ましさは、財・サービスの交換や売買によって生み出される価値である交換の利益とも密接に関連します。以下では、まず消費者と生産者のそれぞれの余剰についてみていきます。

■消費者余剰

消費者にとっての交換の利益を**消費者余剰**（Consumer's Surplus：CS）と呼びます。**図5-1a**が消費者余剰を表した図となります。ここでDは需要曲線であり、例えば価格p_1が決まるとそのときの需要量はq_1となります。以下ではこれを逆の観点で見たいと思います。つまり、需要量q_1のとき、価格はp_1となります。このときp_1は何を意味するでしょうか。これは、市場における需要量が

1）余剰概念については、『トリアーデ経済学1　経済学ベーシック［第2版］』第2章で解説しています。

図5-1a　消費者余剰

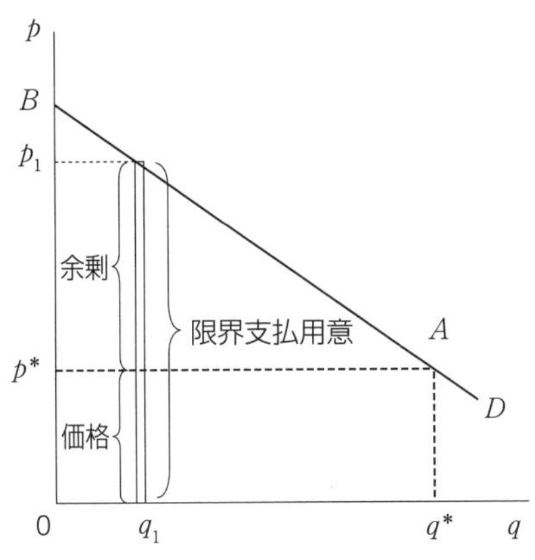

図5-1b　生産者余剰

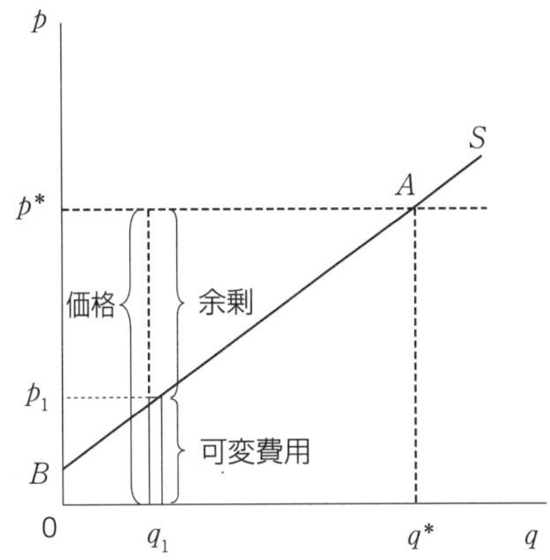

q_1 のとき、買い手のうちの誰かに価格 p_1 で財を追加的に1単位購入する意思があることを意味します。つまり、需要量 q_1 のときは財1単位について価格 p_1 の価値あるいは満足度があるといえるでしょう。このように追加された財の需要量1単位に対して購入する意思のある金額を**限界支払用意**といい、これは需要価格あるいは限界支払意思[2)]とも呼ばれます。限界支払用意は部分均衡分析においては需要曲線から決定されます。そして、限界支払用意を需要量0から実際の取引量まで合計したものが**支払用意**となります。つまり、需要量 q_1 のときの支払用意は、需要量 q_1 を購入するために消費者が最大限支払っても良いと思う金額を意味します。

以下では市場価格が p^* のときの支払用意を考えましょう。このとき、取引量は q^* となりますので、このとき取引量0から取引量 q^* までの1単位ごとの限界支払用意の合計である取引量 q^* での支払用意は台形 BAq^*0 で表されます。一方で、消費者は財の購入1単位あたり p^* を支払うので、取引量 q^* の場合、財の購入額の総額である実支払は p^*q^* となり、図だと□p^*Aq^*0 で表されます。そして、取引によって消費者は支払用意と実支払の差額△BAp^* だけ交換の利益を得られますが、これが消費者余剰となります。

2）支払意思の考え方については、『トリアーデ経済学1　経済学ベーシック［第2版］』第2章も参考にしてください。

■生産者余剰と社会的余剰

次に生産者にとっての交換の利益である**生産者余剰**（Producer's Surplus：*PS*）をみます。これは、生産者全体の総収入から生産者全体の可変費用を差し引いた額です。生産者が最大化する利潤は、総収入と総費用（可変費用と固定費用の和）の差で得られますが、ここでは固定費用については考えないことになります。この理由としては、ここでは生産者の短期の行動を考えているためです。固定費用を変更できない短期の場合、生産者にとっては総収入が可変費用をどれぐらい上回るかを考えます[3)]。

図5－1 bは供給曲線を用いて生産者余剰を表した図となります。供給曲線は個別企業の限界費用から得られ、限界費用は追加1単位の可変費用でもあります。つまり、供給曲線の高さは追加1単位の可変費用となります。例えば供給量 q_1 のとき、財を1単位追加生産するためには可変費用 p_1 が追加でかかります。可変費用は各生産量における追加1単位の可変費用を合計することで計算できるので、供給量 q^* のときの可変費用は供給量0から供給量 q^* までの追加1単位の可変費用の合計である台形 BAq^*0 で得られます。供給量 q^* のときの総収入は p^*q^* ですので、図だと□p^*Aq^*0 で表されます。そして、生産者全体の交換の利益である生産者余剰は、総収入と可変費用の差である△p^*AB になります。

市場の参加者が消費者と生産者の場合、市場での取引によって発生する交換の利益は消費者余剰と生産者余剰の合計となり、これを**社会的余剰**（Social Surplus：*SS*）または**総余剰**（Total Surplus：*TS*）と呼ばれ、**図5－2 a**では△*AEB* で表されます。社会的余剰の大きさは、市場全体での交換の利益を表すので、社会的余剰が大きいほどより無駄の無い効率的な状態といえます。なお、政府が課税や補助金などを行い、政府に収入や支出が発生した場合は、社会的余剰にこれも考慮されます。

■市場均衡の最適性

以下では完全競争市場の市場均衡において、社会的余剰が最大化されるという意味で、競争原理の導入が望ましいということを示したいと思います。図5－2 aは完全競争市場における余剰を表していますが、均衡点 *E* において取引量は

3）なお、生産量が正である限り、固定費用の有無により限界費用は変化しないため、個別の生産者レベルにおける利潤最大化の生産量と生産者余剰最大化の生産量は変化しません。

図５－２ａ　消費者余剰と生産者余剰

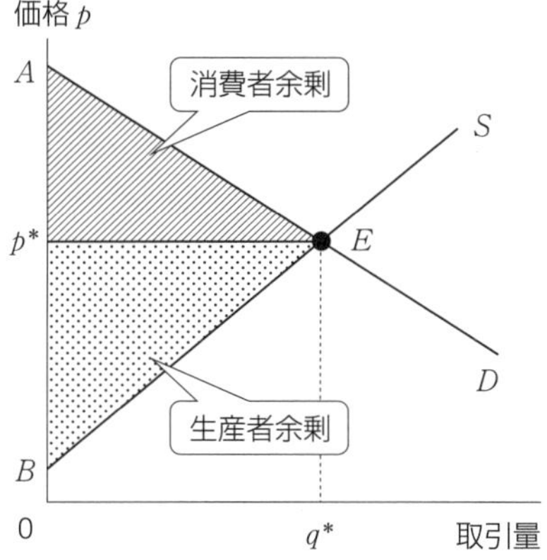

図５－２ｂ　市場均衡の最適性

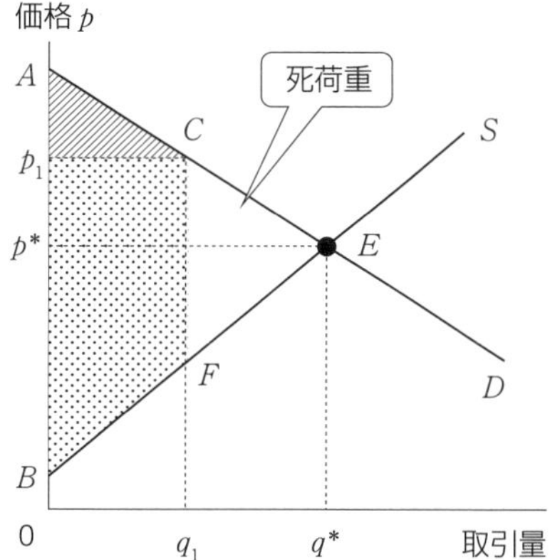

q^*となり、消費者余剰は△AEp^*、生産者余剰は△p^*EB、社会的余剰は△AEBでそれぞれ表されます。

次に、政府の介入により取引量が制限されてq_1にまで減少してしまった図５－２ｂの場合を見てみましょう。このとき、価格p_1のもとで消費者余剰は△ACp_1、生産者余剰は台形p_1CFB、社会的余剰は台形△$ACFB$となります。これを図５－２ａの社会的余剰と比べると、明らかに△CEFの分だけ社会的余剰が減少してしまっています。これを**死荷重**（deadweight loss：DWL）または死荷重損失といいます。死荷重は、市場で競争阻害や規制などがあると発生することが知られており、この死荷重をなくすために競争原理の導入が行われているのです[4)]。

5.4　政府の市場への介入：価格規制と課税

財・サービスの市場均衡が変化して価格や取引量が変化する理由の１つが、第１章で紹介した需要曲線や供給曲線に影響を与える予見の変化でした。しかし、これ以外にも政府が何らかの観点から市場に介入して価格や数量を意図的に変化

4）なお、部分均衡分析では政府の介入により社会的余剰の減少が起きてしまうために政府の介入が否定されることになりますが、一般均衡分析の観点で考える場合は他の市場も含めた経済全体でより良い効果が出る可能性もあるため、その点に注意する必要があります。

させる場合があります。その1つに、市場価格に対して価格を高くあるいは低く設定する価格規制があります。また、消費税のように税金によって影響を与える場合もあります。以下ではこれらについて見ていきます。

■最低価格政策

最低価格規制とは、政府が最低価格を決めて取引価格が最低価格を下回らないようにする制度です。このような規制を行う理由ですが、市場で取引される価格が低すぎる場合、生産者（売り手）の収入が十分な額に達しないため、政府は生産者の所得を間接的に保証するために最低価格規制を行うことになります。最低価格の例としては、欧州連合（EU）の共通農業政策による小麦・とうもろこしなどの価格支持や日本における労働の最低賃金制度があります。

この最低価格政策のもとでの取引価格と数量を**図5－3a**で見てみましょう。はじめの市場均衡の均衡点E_0における均衡価格p^*が低すぎると政府が判断し、より高い価格である最低価格p_1の水準を政府が設定したとします。このとき、価格が高くなるので取引は需要曲線DにそってE_0からE_1に移動し、需要量はq^*からq_1に減少します。一方で、価格上昇に伴い、供給曲線Sに沿って生産者は生産量を増加させるため、供給量はq^*から点Bで決まるq_2に増加します。つまり、このとき線分E_1Bの長さであるq_2-q_1の分だけ超過供給が発生します。もし市場が労働市場であれば、働きたいと思う人数がq_2で実際に仕事を見つけて働ける人数がq_1なので、この供給超過は失業の大きさを意味します。また、市場が小麦市場の場合はこの供給超過は売れ残りの小麦量になりますので、いずれにせよ財が余ってしまうことがわかります。これは社会的余剰の面からも良くありません（練習問題）。

なお、最低価格を均衡価格p^*よりも低い最低価格q_2に設定する意味はありません。なぜなら、このような場合、均衡価格p^*は最低価格を上回っているために全く変化しないためです。ただ、景気の変動など何らかの理由で均衡価格が最低価格を下回る水準まで低下した場合は影響を受けることになります。

■最高価格政策

一方、**最高価格規制**は、政府が最高価格を決めて取引価格が最高価格を上回らないようにする制度です。このような規制は、市場での財サービスの取引価格が

図5-3a　最低価格政策

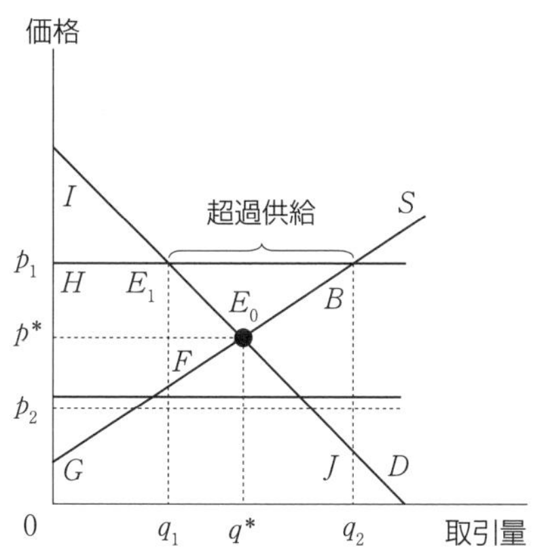

図5-3b　最高価格政策

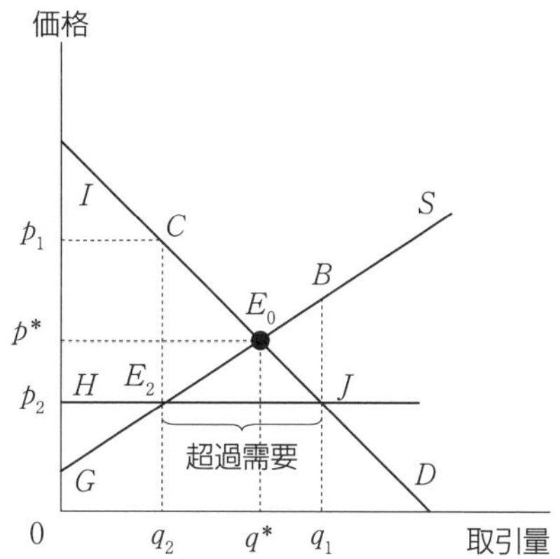

高すぎて、それを必要とする消費者（買い手）に多大な負担を強いてしまう場合、政府が消費者の所得を間接的に保護するために行います。最高価格制度の例としては、日本の旧食糧管理制度下での消費者米価やアメリカのニューヨークでの家賃統制などがあります。

この最高価格政策のもとでの取引価格と数量は**図5-3b**で表されています。はじめの市場均衡の均衡点E_0における市場均衡価格p^*が高すぎると政府が判断し、より低い最低価格p_2の水準を政府が設定したとします。このとき、価格が安くなるため取引は需要曲線にそってE_0からJに移動し、需要量はq^*からq_1に増加します。一方で、価格下落に伴い、供給曲線に沿って生産者は生産量を減少させるため、供給量はq^*から点E_2で決まるq_2に減少します。つまり、このとき線分E_2Jの長さであるq_1-q_2の分だけ超過需要が発生します。もし市場が米市場であれば、米の需要量がq_1で米の供給量がq_2なので、欲しい米を手に入れられない消費者が出てきてしまい、社会的余剰の点から見ても望ましくありません（練習問題）。

さらに、このような場合、米を求める消費者の存在のため、最高価格が守られない闇取引が行われ、高額で米が取引される恐れがあります。この場合だと供給量がq_2なので、点Cで決まる価格p_1まで価格がつり上げられる可能性があります。つまり最高価格規制を行うことで、当初の目的である安い価格で消費者に財

図5－4　従価税

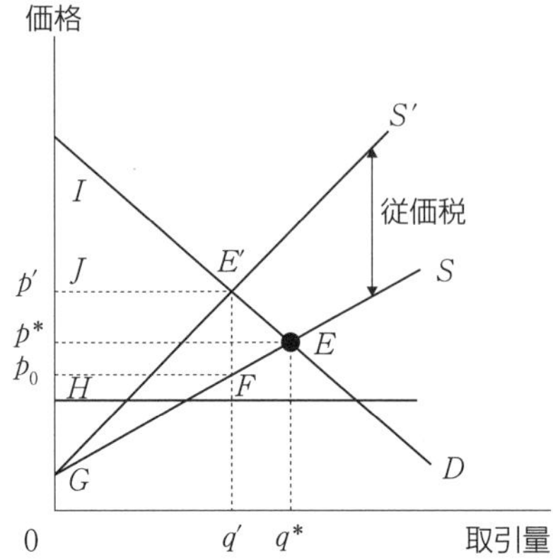

を購入してもらうという目標すら達成できなくなるおそれがあるのです。

■課税：従価税

政府の政策の1つに、課税を行うことで市場均衡に影響を与える方法もあります。価格に一定割合の課税を行う**従価税**と、取引量を基準として課税を行う**従量税**があります。従価税の例としては、価格の10％に課税を行う消費税がよく知られています。従量税としては、第8章で議論されるピグー税などがあります。以下では従価税の例を見たいと思います。

図5－4は需要曲線Dと供給曲線Sを用いて従価税を表したものです。ここで、政府が従価税を課すと、供給曲線がSからS'に上方シフトします。これは、例えば消費税10％であれば100円が110円、200円が220円などのように生産者の負担が税金の分だけ増加することから説明できます。

課税前の均衡点Eでは価格がp^*で取引量はq^*でしたが、課税後は均衡点が左上のE'にシフトし、均衡価格はp'に上昇し、取引量はq'に減少します。ただこのときの均衡価格p'は、あくまで消費者の負担額であり、生産者が実際に受け取る金額である生産者価格は点Fで決まるp_0の水準となります。このとき、社会的余剰の観点でみると、取引量の減少が起こるので、社会的余剰の減少となります（練習問題）。

5.5　市場の失敗

完全競争市場において、市場均衡によって社会的余剰を最大化できるという意味で最適あるいは効率的な資源配分を達成できることを確認しました。しかし、完全競争市場の前提が満たされないとき、市場で効率的な資源配分を達成できないという**市場の失敗**（market failure）が起こるおそれがあります。特に、①規模の経済、②外部性、③公共財、④情報の非対称性のいずれかの要因がある場合に市場の失敗が起こることがよく知られています。以下ではこれらの要因について簡単に紹介します。

まず、**規模の経済**（economies of scale）とは、生産規模が大きくなるほど投入要素１単位あたりの生産量が高まることです。これにより、生産量を増やすほど平均費用は逓減していくため、複数の企業が少しずつ生産するより、１つの企業が独占的に生産するほうがより低費用となります。そのため、このような市場では、同じ技術であれば、より生産規模の大きい企業が有利なため、それ以外の企業は市場から退出していき、結果として、市場で少数の企業のみが生産活動を行う不完全競争の状態となります。電力会社などがこの例にあたります。

次に、**外部性**（externality）が存在する場合は、消費者や生産者に関する前提条件である「自らの効用は自らの消費のみに依存する」「自らの生産は自らの要素投入のみに依存する」という条件が満たされない状況なので、望ましい最適消費量や最適生産量が達成されなくなります。公害などがこの典型例です。

公共財（public goods）は、制約を受けることなく誰でも利用可能で同時に消費できるため、公共財の費用負担をせずに公共財を利用するフリーライド（ただ乗り）が発生します。このため、市場を通じた公共財の私的な供給が難しくなり、最適な公共財の供給量が達成できなくなります。

情報の非対称性（asymmetric information）が存在する場合は、財の品質や行動などの情報を持たない者（買い手）は、より多くの情報を持つ者（売り手）と比べて不利となり、その結果として取引がなくなるなど本来あるべき市場が形成されず、結果として効率的な資源配分が達成できなくなります。

このように、市場の失敗がある状況では社会的余剰は最大化されず、市場で効率的な資源配分は達成されません。以下の章では、それぞれの要因に関してより深い議論を行い、どのようにしてより効率的な資源配分が達成できるのか分析していきます。

コラム　一般均衡分析における市場均衡の効率性とその意味

本章では、特定の１つの市場に注目した部分均衡分析のもとで、完全競争市場における市場均衡が社会的余剰を最大化にするという意味で効率的であるという議論を行いました。それでは、一般均衡分析において、完全競争市場の効率性はどうなるのでしょうか。

一般均衡分析における市場の効率性においてよく知られる結果として、厚生経済学の第一基本定理というものがあります。この定理は、完全競争市場において市場均衡は必ずパレート効率的になるというものです。パレート効率的とは、簡単にいうと「すべての人の効用がより高まる他の資源配分が存在しない」ということで、パレート効率的な資源配分から別の資源配分になった場合、少なくとも１人以上は必ず損してしまうことを意味します。なお、社会的余剰が最大化される資源配分も再配分を考慮するとパレート効率的な配分の１つといえます。

このパレート効率的な配分についてですが、人々が公平かどうかについては不明な点に注意する必要があります。例えば、ある消費者が多くの消費を行う一方で、他の消費者がほとんど消費できないような資源配分すらパレート効率的となる可能性があります。競争原理の導入に対して、「市場に任せると以前より貧しくなる人々が増加するおそれがある」という批判がよくありますが、確かにその可能性も否定できません。あくまで効率性は資源配分を判断する１つの基準にすぎないのです。

【練習問題】

問１　完全競争市場において、買い手が均衡価格で財を購入する理由を説明しなさい。

問２　第４節の（a）最低価格規制、（b）最高価格規制、（c）従価税のそれぞれの規制について、(1)政策後の消費者余剰、(2)政策後の生産者余剰、(3)政府の税収総額、(4)政策後の社会的余剰、(5)政策後の死荷重をそれぞれ図の記号を用いて表しなさい。

第6章 不完全競争と独占

第5章までは完全競争市場における需要・供給と市場均衡、消費の理論、生産と費用の理論、市場における経済厚生を見ました。完全競争は市場均衡において社会的余剰を最大にするという望ましい性質をもつことを確認しました。

しかし、残念ながら現実には完全競争が成り立っている市場を見つけることは難しく、程度の差こそあれ完全競争ではない不完全競争の形態が一般的です。本章では、

・完全競争と不完全競争にはどのような違いがあるのか？
・不完全競争にはどのような種類があるのか？
・なぜ競争は不完全となってしまうのか？
・不完全競争の形態である独占と独占的競争で企業はどのように行動し、それらは社会的に望ましいのか？

といったことを明らかにしていきます。

6.1 不完全競争とは

本節では、不完全競争市場の特徴と代表的な3つの市場形態の種類について説明します。

■不完全競争と完全競争の違い――価格支配力

何が不完全競争と完全競争の重要な違いをもたらすのでしょうか。それは、「市場で自由に価格を決めることができる力」である**価格支配力**の違いです。

完全競争市場では、要件(1)と要件(3)から示されるように、1人の生産者は「多数」の生産者と同質財を供給する競争をしています[1)]。一人ひとりの生産者

図6－1　不完全競争と完全競争の違い

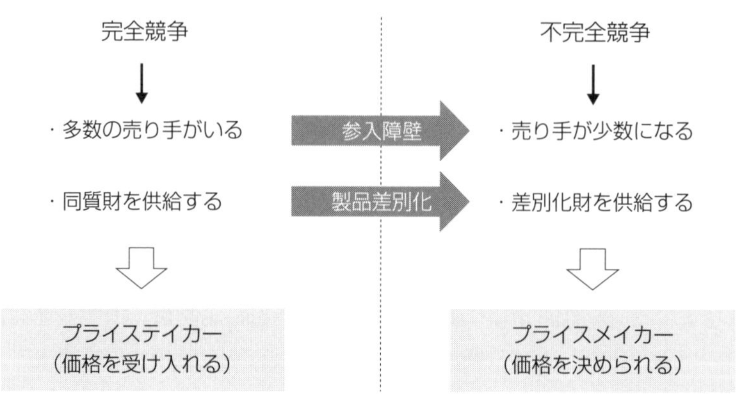

は生産者全体のなかで微小な存在でしかありません。1人の生産者の行動は、まさに「大海の一滴」のような微力なものであるため、市場の価格を変えることはできなかったことを思い出してください（第1章）。そのため、完全競争市場では、市場で決まった均衡価格を受け入れて（take）行動する**価格受容者（プライステイカー）**となります。この意味で完全競争では価格支配力を持っていません。

一方、不完全競争は「企業が価格支配力をもつ市場」のことです。企業は市場の価格を形成する（make）ことができるという意味で**価格設定者（プライスメイカー）**となり、利潤最大化を目指して自らに有利なように価格の決定に関与します（図6－1）。

■不完全競争の3つの市場形態

では、なぜ価格支配力を持つことができるのでしょうか。詳しくは6.2節で説明しますが、主に2つの場合に市場の価格支配力が生まれます（再度図6－1を見てください）。

まず完全競争の要件(1)「売り手も買い手も多数存在する」が満たされていない場合です。市場への参入を妨げる障害である**参入障壁**が問題となるとき、生産

1）第1章でみたように、その要件は(1)売り手も買い手も多数存在する、(2)市場への参入も退出も自由に行われる、(3)市場で取引される財・サービスは同質である、(4)買い手も売り手も財・サービスに係わる情報はすべて共有していること、です。

図6-2　不完全競争と市場の分類

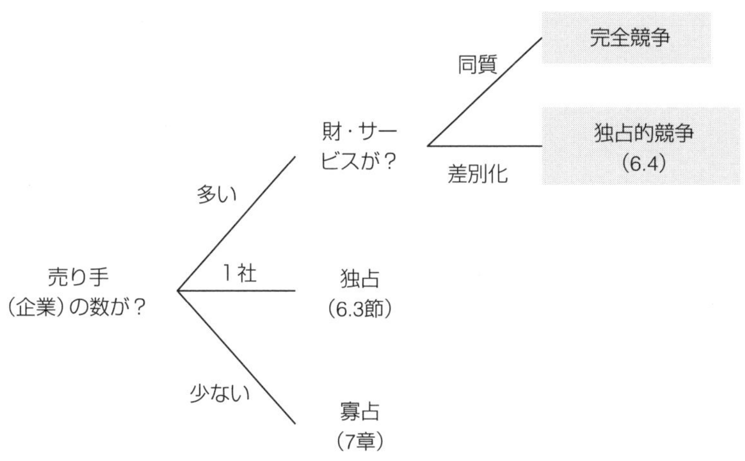

者や企業は「少数」となります。結果、大きな市場シェアを獲得できるようになり、価格支配力を持つようになります。市場を1社で独り占めする**独占**では、最も強い価格支配力を持ちます。独占は6.3節で扱います。また、2社以上の少ない企業数のなかでの競争を特徴としてもつ**寡占**があります。寡占はライバル間の競争を「ゲーム」として捉え、近年発展めざましい**ゲーム理論**で分析をするので、章を改めて第7章で説明します。

次に完全競争の要件(3)「市場で取引される財・サービスは同質である」が満たされない場合です。**製品差別化**がなされており、ある企業の製品にファン層ができることがあります。このとき自社の財・サービスに対して価格支配力を持つようになるのです。地域のレストランのように、競争相手が多いという点で完全競争に近いですが製品差別化により価格支配力をもつため独占の性質も持ちあわせる市場を**独占的競争**といいます。独占的競争は本章の6.4節で説明します。**図6-2**は不完全競争の特徴を簡単にまとめた分類図です。

6.2　価格支配力はなぜ生まれるか？

本節では、企業が価格支配力をもち不完全競争が生じる原因となる参入障壁と製品差別化について詳しくみていきましょう。

■参入障壁とは

ある市場に新規参入しようとする企業にとっては**参入障壁**が問題となります。もしも参入障壁が高ければ、参入するのにコストがかかるため、その市場への参入は困難となります。その結果、売り手が少なくなることで不完全競争となり、独占や寡占が生じます。

では、参入障壁とは具体的にどのようなものでしょうか。(1)政策や法律の側面と(2)企業の技術的な側面に分けて説明します。

(1) 政策や法律の側面

まず、政策の側面をみていきましょう。かつては電力、電信、水道などの財・サービスは、国民生活に重要な財・サービスのために政府による直接運営や公的企業によって提供されてきました。多数の企業参入により企業が共倒れして供給が停止されることを防ぐために、政府は企業の新規参入を法律ないし**許認可制度**によって規制してきました。参入を検討する企業にとっては政府の許認可制度が参入障壁として立ちはだかりました。

次に、さまざまな法律で保護されている**知的財産権**のなかの**特許**も競争を制限する性質があります。特許とは、新たな技術を開発したものに一定の期間だけ独占的な権利を与えることで、研究開発のインセンティブを与えるものです。この期間は独占的に製品を作ることができます。特許権を含む知的財産権は、新規参入を考えている企業にとって高い参入障壁になります。例えば、コンピューターのOSソフト「Windows」はマイクロソフト社の特許です。歴史をさかのぼると、かつて電話の特許権は発明者のグラハム・ベルに、飛行機の特許権はライト兄弟にありました。

(2) 企業の技術的な側面

企業の技術的な側面として、大規模な初期固定資本投資と規模の経済、生産に必要な資源の占有、ネットワーク外部性などがあります。

まず、大規模な初期固定資本投資と規模の経済についてです。**規模の経済**とは生産規模を拡大するほど平均費用が低下することを指します。規模の経済が働く産業では、特有の生産構造のために事業開始の当初から大きな固定資本（インフラ設備）の投資が必要なため、既存企業の生産規模は大きくなります。新規参入を図る企業には、事業開始当初から大きな固定資本投資が必要であり、また参入できたとしても生産規模に違いがあるために生産コストの面で不利になります。

よって新規参入を図る企業にとっては大規模な固定資本投資とそれから生じる規模の経済が参入障壁として立ちはだかります。このように規模の経済が働くと、自然に独占が生まれます（**自然独占**）。産業の事例としては電力、電気通信、鉄道、石油精製などがあります。

次に、生産に必要な資源の占有とは、製品を製造するために必要な**生産要素**のかなりの部分を占有する、あるいは独占的に所有するという場合です。これにより、新規参入企業は生産要素の獲得さえむずかしくなってしまい、参入障壁となります。例えば、ダイヤモンド販売で有名なデビアス社は、南アフリカを中心にダイヤモンド鉱山の権益を所有し、ダイヤモンド原石という生産要素を確保することで、強い価格支配力をもっていました。

最後に、**ネットワーク外部性**が働くと参入障壁になる点について説明します。ネットワーク外部性とは、ある財やサービスが普及するにつれて、その財やサービスの価値が高まることです。例えば、SNS（Twitter や Facebook など）は多くの人が利用することで、交流や情報交換が促進され、消費者をより引きつけるようになります。ここに新規のSNSサービスが参入し、利用者を奪って収益化するのはむずかしいでしょう。

■製品差別化とは

ある財・サービスが差別化されている場合、その企業にファンができるため価格支配力を持つようになります。製品差別化された財は、製品としての大きな枠としては同一商品でありながら、製品の品質、材質、デザイン、さらには立地の利便性などで他社の製品やサービスと区別されます。差別化された財を供給していれば、ファン層に対してはある程度高い価格をつけたとしても需要量が完全になくなるわけではありませんので、価格支配力を持つことができます。

製品差別化されたサービスとして、レストランや居酒屋等の飲食店が挙げられます。これらのサービスはある程度代替できますが、常連客などその店のファンも一定程度います。他にもブランドバッグや文房具メーカー、衣服、小説など幅広く製品差別化が行われています。この製品差別化における競争形態は独占的競争と呼ばれ本章の6.4節で扱います。

6.3　独占

本節では独占企業の行動と、経済厚生の観点からみた独占の弊害、およびその対策を学びます。

■独占企業の需要曲線

完全競争市場における競争企業と独占企業の大きな違いは需要曲線に表れます。

まず、競争企業が直面する需要曲線は水平線で描くことができます（**図6-3 a**）。企業が多数いる完全競争市場では、競争企業はプライステイカーとなります。例えば市場で価格が100円と決まっている場合、この均衡価格でいくらでも売ることができるのです（第5章5.1節）。したがって、直面する需要曲線は水平となります。なお、これは第2章で学んだように、価格の変化に対して需要が無限に大きく反応する状態で、需要の価格弾力性 E_d が無限大になるケースです（完全弾力的）。

一方、独占企業はその市場に一社しかいないため、通常右下がりの市場全体の需要曲線（**市場需要曲線**）に直面します（**図6-3 b**）。独占企業はプライスメイカーなので価格 P を自由に決めることができますが、この市場需要曲線にしたがって需要量 Q が決まってしまいます。ですので、独占企業だからといってあまりに高い価格をつけることはできません。価格をつり上げて市場の需要が小さくなると、販売量が著しく少なくなり総収入が減ってしまうかもしれないからです。ここでは需要関数を、

$$P = P(Q) \tag{6.1}$$

と表しましょう[2)]。これは Q の生産をするためには価格 P は $P(Q)$ でなければならないということを意味しています。例えば、$P(Q) = -2Q+10$ という線形の需要関数を考えてみます。もし $Q = 2$ の生産をするためには、価格は $P(2) = 6$ でなければなりません。このように独占企業は市場需要曲線の制約のなかで、利潤を最大化する生産量（あるいは価格）を決めるのです。

2）より正確にはこれは逆需要関数といいます。完全競争のケースでは、「ある価格のもとでどれだけ需要量があるか」を表した関数を需要関数と呼んでいました。逆需要関数はこの価格と数量の関係が逆になっています。

図6-3a　競争企業の需要曲線

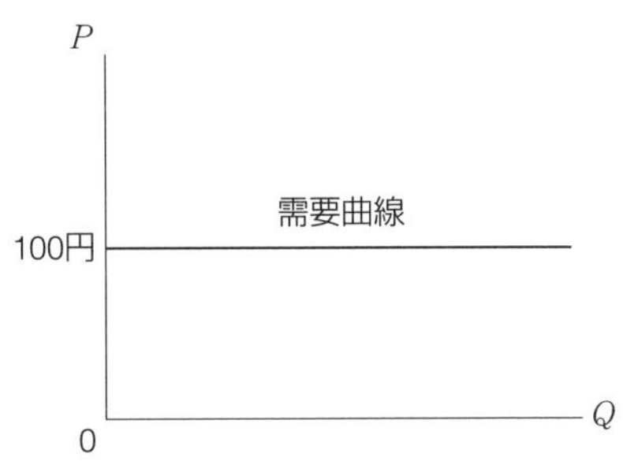

図6-3b　独占企業の需要曲線

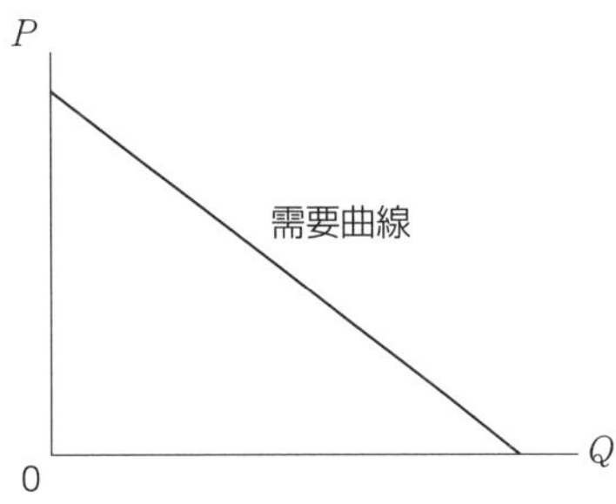

■利潤を最大化する生産量の決定

利潤を最大化するために、合理的な経済主体は「**限界的**」に行動します。ここでは、限界収入と限界費用を比べながら企業は最適な生産量を決めます。順を追って、企業がどのように最適な生産量を決めるのかを見ていきましょう。

(1) 限界収入

生産量を追加的に1単位増やしたときにどれだけ収入が増えるか、すなわち**限界収入** $MR(Q)$ を求めてみましょう。

総収入は、価格×生産量なので、独占企業の総収入 $TR(Q)$ を（6.1）式の需要関数を用いて表すと、

$$TR(Q) = \underbrace{P(Q)}_{\text{価格}} \times \underbrace{Q}_{\text{生産量}} \tag{6.2}$$

となります。第4章4.4節より限界収入は総収入の変化分でしたから、$TR(Q)$ を微分して求めることができます（第13章13.3節微分を参照）。すなわち、

$$TR'(Q) = MR(Q) \tag{6.3}$$

が成り立ちます。

再度、需要関数が $P(Q) = 10-2Q$ のときを考えて具体的に限界収入を求めてみましょう。このとき、総収入は（6.2）式から $TR(Q) = (10-2Q)Q = -2Q^2+10Q$ と書けます。これを微分の公式 $((ax^n)' = anx^{n-1})$ を使って微分して限界収入 $MR(Q)$ を求めると、$MR(Q) = -4Q+10$ となります。需要関数と限界収入の式を比べると、①切片は同じ（ともに10）、②需要関数に比べて限界収入の方は傾きは2倍（2→4）となっていることがわかります。以上から、需要関数と限

図6－4　需要曲線と限界収入曲線

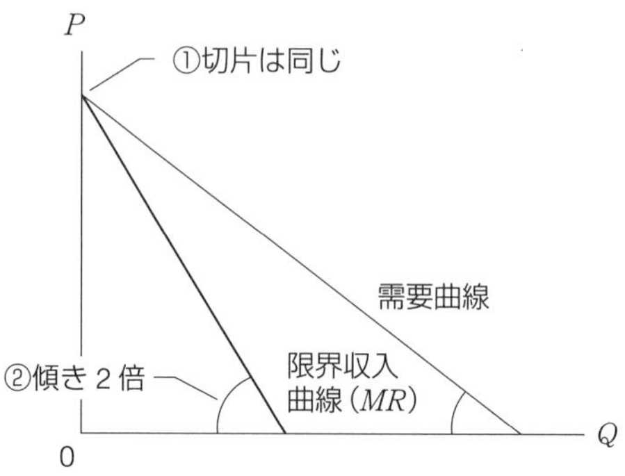

界収入の関係を図示すると、**図6－4**となります[3)]。

(2) 限界費用

生産量を追加的に１単位増やしたときにどれだけ費用が増えるかを表す**限界費用** $MC(Q)$ を求めましょう。いま総費用を $TC(Q)$ と書くと、限界費用は総費用の変化分なので $TC(Q)$ を微分することで求めることができます：

$$TC'(Q) = MC(Q) \tag{6.4}$$

ここで以下では、第４章で学んだように限界費用のグラフはＵ字型になるとしましょう。

(3) 生産量の決定

独占企業は(1)と(2)で求めた限界収入と限界費用を比べることで利潤を最大化する生産量を決めます。限界収入と限界費用との関係には３つのケースがあります。

１つ目のケースは、限界収入の方が限界費用よりも大きいときです（$MR(Q) > MC(Q)$）。このとき、生産量を追加的に１単位増やしたときの収入の増加分の方が、費用の増加分より大きくなります。したがって、企業は生産量 Q を増やすことで利潤を増加させます。２つ目のケースは、限界収入の方が限界費用よりも小さいときです（$MR(Q) < MC(Q)$）。このとき１つ目のケースとは反対

3）需要曲線が直線の場合、限界収入は常に①切片が同じで、②傾きが２倍という性質をもちます。これは需要曲線が $P = a - bQ(a, b > 0)$ のとき、限界収入は $MR(Q) = a - 2bQ$ と求められることから確認できます。

図6－5　独占企業の最適な生産量の決定

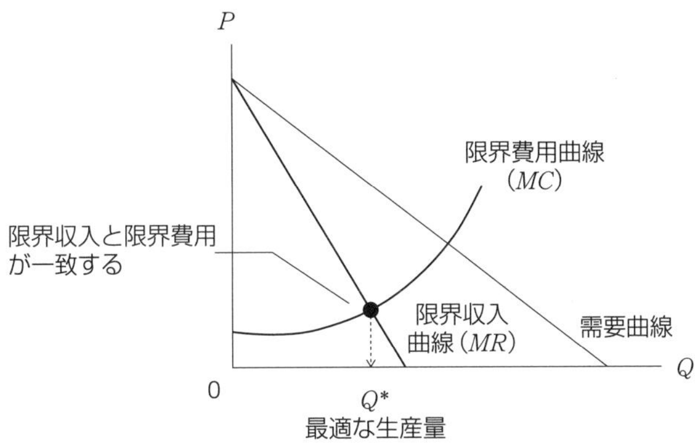

に、生産を増加させると利潤が減少してしまうので、生産量 Q を減らします。

３つ目のケースは、限界収入と限界費用が等しいときです（$MR(Q)=MC(Q)$）。利潤が最大化しているということは、「これ以上には利潤を増やすことができない」ということを意味します。限界収入と限界費用が等しければ、利潤を増やす余地はないので、利潤が最大化しているとき $MR(Q) = MC(Q)$ が成り立っていなければなりません。

以上から、独占企業は利潤を最大化するために以下の条件を満たすように生産量を決めます：

独占企業の利潤最大化条件

$$\underbrace{MR}_{\text{限界収入}} = \underbrace{MC}_{\text{限界費用}}$$

独占企業の利潤最大化生産量を決めるプロセスをグラフで確認しましょう（図6－5）。右下がりの限界収入 MR と、U字型の限界費用 MC のグラフがそれぞれ描かれています。これらのグラフの交点で、独占企業の利潤最大化条件「限界収入＝限界費用」が成り立つので、その点から下に垂線を引いたときの生産量が利潤を最大化する最適な生産量 Q^* となります。

この「限界収入と限界費用を一致させる」という企業の行動原理は、完全競争

図 6 - 6　独占企業の独占価格の決定

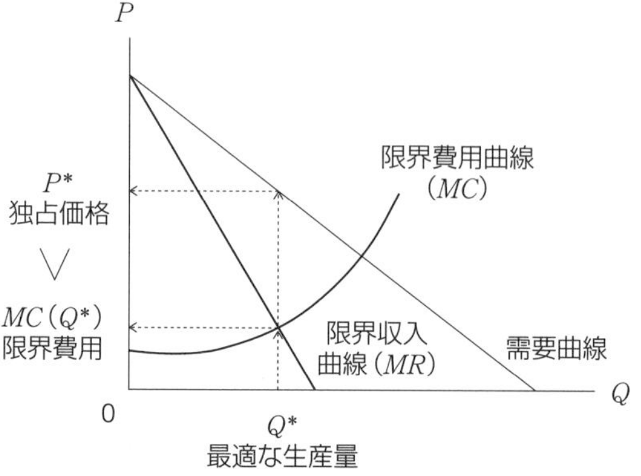

市場においても成り立っています。第 4 章4.4節より、完全競争市場での企業の利潤最大化条件は

$$P = MC \tag{6.5}$$

でした。競争企業はプライステイカーであるため、1 単位を作って販売したときの限界収入 MR は与えられた価格 P と等しくなることに注意しましょう（$MR = P$）。このように「限界」の概念により、経済主体の最適化行動を明らかにした点は、経済学の到達点の一つですから、しっかり押さえておきましょう。

■独占価格と独占の程度

独占企業が利潤を最大化する生産量 Q^* が決まれば、市場需要曲線によってそのときの**独占価格**を求めることができます。**図 6 - 6** は独占価格の決定プロセスを表しています。生産量 Q^* から上に垂直に線を引き需要曲線と交わったときの価格が独占価格 P^* となることを確認してください。

さて、独占企業が利潤を最大化する生産量を決めたときの限界費用は図 6 - 6 の $MC(Q^*)$ の高さに決まります。ここで、独占価格 P^* の方が $MC(Q^*)$ よりも高く設定されていることに注目してください。完全競争市場のケースでは価格と限界費用の関係は $P = MC$ となっていましたが、独占企業は自らの利潤を最大化するために限界費用より高い価格をつけることを意味しています。

この独占価格と限界費用の乖離は、まさに完全競争市場と独占との差を表しています。これを利用して独占の程度を測る指標が**ラーナーの独占度*L***です；

$$L=\frac{\text{価格}-\text{限界費用}}{\text{価格}}=\frac{P-MC}{P}$$

分子に価格と限界費用の差がとられています。この差が大きいほど、独占の度合いLも大きくなります。完全競争市場では、$P=MC$なので独占はない、すなわち、$L=0$となります。ラーナーの独占度は$MR=MC$を用いて変形すると、

$$L=\frac{1}{E_d} \tag{6.6}$$

と需要の価格弾力性E_dの逆数で表すことができます（証明は後述）。

この式はどのような経済学的な意味をもつのでしょうか。例えば、E_dが小さい、すなわち価格の上昇が需要量にあまり影響を与えないとします。このとき、独占企業が価格を高めたとしても需要量があまり減らず、安心して高い独占価格をつけることができます。その結果、独占価格と限界費用との差がさらに広がるため、独占度合いが強まり、ラーナーの独占度Lは大きくなります。ところで、前述したように完全競争市場のとき$E_d=\infty$となり完全弾力的となりますが、このとき$L=1/\infty=0$となり、たしかに完全競争市場では独占度は0となっています。

$L=1/E_d$の導出

関数の積の微分（第13章13.3節微分の公式(4)）から$MR(Q)=TR'(Q)=P'(Q)Q+P(Q)$となるため、$MR=MC$を用いて変形すると、

$$L=\frac{P(Q)-MC(Q)}{P(Q)}=\frac{P(Q)-MR(Q)}{P(Q)}=\frac{P(Q)-(P'(Q)Q+P(Q))}{P(Q)}$$
$$=-\frac{P'(Q)Q}{P(Q)}=-\frac{Q}{P(Q)}\frac{dP(Q)}{dQ}=\frac{1}{E_d}$$

となります。最後の式変形は第2章の需要の価格弾力性の定義を用いています。

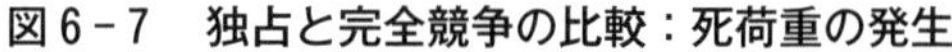

図6－7　独占と完全競争の比較：死荷重の発生

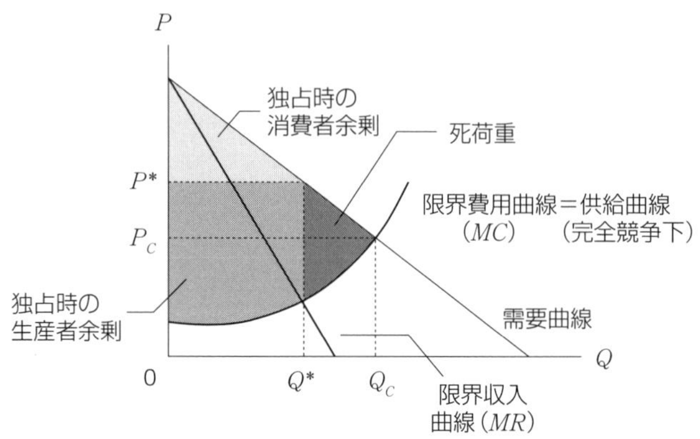

■独占のもとでの経済厚生の損失

それでは、独占と完全競争市場のケースとを比べてみましょう。まず、完全競争市場における均衡を確認しておきましょう。**図6－7**には、完全競争下における供給曲線（≒限界費用曲線）が描かれています（第4章）。完全競争の市場均衡は、需要曲線と供給曲線の交点で決まります（第5章）。図では均衡生産量をQ_C、均衡価格をP_Cとしています。このとき、以下の3つの違いがあります。

独占と完全競争市場の違い

①独占価格は均衡価格より高い（$P^*>P_C$）。

②独占の生産量は均衡生産量より少ない（$Q^*<Q_C$）。

③独占では経済厚生の損失（死荷重）が発生している。

まず、①と②について、完全競争市場に比べて独占では価格が高く、生産量が少なくなっています。独占企業は生産量を増やすと価格が下がってしまうため、生産量を減らして価格をなるべく高くつり上げることで利潤を最大化しようとします。これは独占企業が右下がりの需要曲線に直面していることと関係しています。

③について、独占では生産量が過小になり価格がつり上がることで完全競争市場と比べて消費者余剰は減少し、生産者余剰は増加します（図で確認しましょう）。消費者余剰が減る分の方が、生産者余剰が増える分よりも小さいため、社

会的余剰が減少してしまいます。すなわち、独占によって経済厚生の損失（**死荷重**）が発生してしまうのです。

■独占の弊害と対策

独占の弊害として、市場の効率性が損なわれてしまうことが明らかにされました。価格がつり上がり、適切な量のサービスの提供が減って死荷重が発生してしまうためです。

しかし、独占の弊害はそれだけにとどまらず、**インセンティブ**の観点からも論じることができます。

・生産費用を削減するインセンティブの低下（**X非効率**）

・製品開発のインセンティブの低下

などです。独占企業は企業間での競争がないので、生産費用が高くても売れてしまいますし、新しく魅力的な製品を開発しなくても売り上げは保障されています。これにより経営努力のインセンティブが削がれてしまうのです。

第5章でも扱われたように、独占の弊害をなくすためには競争原理を導入する必要があることがわかります。そこで独占を防止し、正常な競争が維持されるよう日本では**独占禁止法**という法律があります。公正取引委員会が市場を監視し、例えば企業間の合併などで独占になるような場合にそれを禁じたり、独占企業を分割して競争をさせたりといった対策をしています。

6.4　独占的競争

■完全競争と独占のあいだ——独占的競争とは

不完全競争に**独占的競争**という形態があります。独占的競争には大きく3つの特徴があります。

(1)　完全競争と同じように独占的競争も生産者が多数である

(2)　完全競争でも見られるように、長期的には市場への参入・退出ができる

(3)　完全競争が同質財を供給していたのに対して、独占的競争では各生産者が**製品差別化**を行っている（6.2節参照）

製品が差別化されているので、規模は小さいですがその製品のファンが存在し、独占企業のように右下がりの需要曲線に直面します。(1)と(2)の特徴は完全競争

図6－8　短期の独占的競争均衡

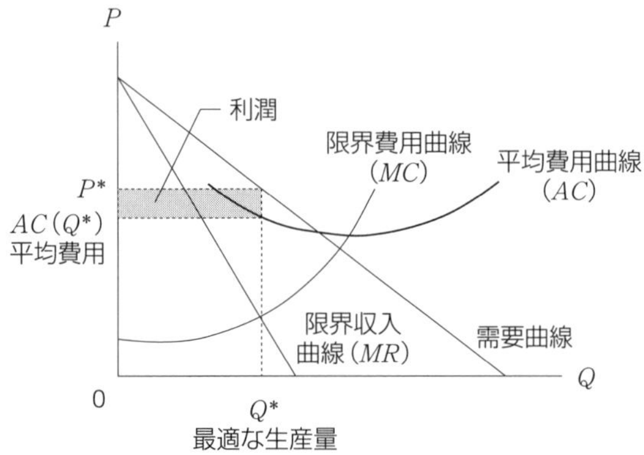

の性質であり、(3)の特徴は独占の性質です。したがって、これらを合わせて独占的競争と呼びます。

■短期と長期の分析

独占的競争では上の3つの特徴がそれぞれ短期あるいは長期の均衡を形作ります。まず、(1)短期において製品差別化のもとでの企業行動を分析し、(2)企業の参入・退出が自由にできる長期でどのような均衡が導かれるのかを考えていきます。最後に(3)独占的競争均衡の特徴を明らかにします。

(1) 短期の分析

独占的競争下で、企業は前節で扱った独占企業のように行動し、利潤を最大化する最適な生産量を決めます。なぜ、生産者が多数いるにもかかわらず独占企業のような行動をとるのでしょうか。それは、買い手はデザインや品質などに魅かれて、特定の生産者の製品を消費することを好むからです。その結果、消費者は特定の生産者のファンとなり、ちょうど小規模の需要者層に対して生産者が1人という独占状態になります。

独占企業の生産量は限界収入と限界費用を等しくするように決められました(独占企業の利潤最大化条件：$MR = MC$)。図6－8では、限界収入曲線と限界費用曲線の交点で、最適な生産量Q^*が決まり、そのときの価格P^*がそれぞれの企業が直面する需要曲線にそって決まる様子が図示されています。

図６－９　長期の独占的競争均衡

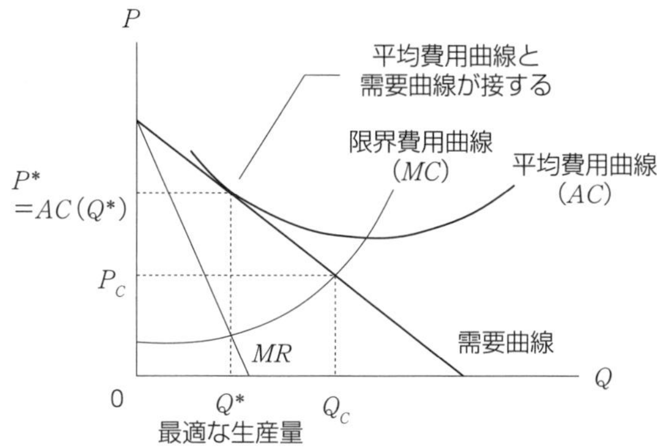

さらに、このとき企業に利潤が発生していることを確認してください。図６－８には、第４章で学んだＵ字型の平均費用曲線 AC が描かれています。第４章から、利潤＝総収入($P^*\times Q^*$)－総費用($AC(Q^*)\times Q^*$)で求められたことを思い出すと、利潤が図の面積のように求められます。「価格＞平均費用よりも高いと利潤が生まれる」、という点を押さえておきましょう。

(2)　長期の分析

生産行動を長期的に見るとどうでしょうか。短期には製品の差別化による独占的立場にあり利潤を得ていましたが、長期では潜在的な競争者が参入・退出することが可能なので、生産者間の競争が繰り広げられます。これは製品差別化が顧客をつなぎとめるほど絶対的なものではなく、長期的に製品の差が乗りこえられるためです。

この参入と退出のプロセスは経済学上の利潤が０になるまでつづき、その時点で参入退出のインセンティブがなくなるため長期的な均衡が得られます。長期的な均衡にいたる調整は以下のように起こります。

①正の利潤を求めて企業が参入すると、１つの企業に対する需要量は減少し需要曲線は左方にシフトする。
②損失が出ている場合には退出がおき、需要曲線は右方にシフトする。
③①と②をくり返し最終的に**図６－９**のように、需要曲線と平均費用曲線が接す

る状態にいきつき均衡する。

なぜ需要曲線と平均費用曲線が接することになるのでしょうか。短期でみたように価格＞平均費用であれば利潤が生じますが、需要曲線と平均費用曲線が接しているとき価格＝平均費用（$P^* = AC(Q^*)$）となるので利潤は0になります（図6－9で確認しましょう）。利潤が0であれば、参入退出のインセンティブがないため均衡します。

(3) 独占的競争均衡の特徴

以上の分析から長期で実現する独占的競争均衡の特徴を2つ挙げておきます。

独占的競争均衡の特徴

①独占と同じように、価格が限界費用よりも高くなる。

②完全競争と同じように、経済学上の利潤がゼロになる。

①の特徴は、独占的競争下における企業も右下がりの需要曲線に直面しており独占企業のように振る舞うことから生じます。これにより、独占的競争での価格は完全競争価格P_Cより高く（$P^* > P_C$）、生産量は完全競争下の生産量Q_Cよりも少なくなります（$Q^* < Q_C$）。その結果、独占的競争での余剰は完全競争のそれと比較して小さくなります。

②の特徴は、完全競争のように長期的には利潤を求めた市場への参入が自由に行われることから生じます。この点が独占の分析との重要な違いになりますので、しっかり確認しておきましょう。

【練習問題】

問1　独占的競争では企業が多数であるにもかかわらず、短期には生産活動を独占企業のように行うことができるのはなぜですか。以下の選択肢から1つ選びなさい。

① 政府の許認可制度によって独占する権限を与えられているから。

② 製品差別化によって、小規模の需要者層に対して価格支配力を持っているから。

③ 規模の経済が働くことによって平均費用が低下しており、自然に独占状態となるから。

問2　不完全競争を説明した次の①～④の文章で、妥当なものを2つ選びなさい。

① 独占企業は右下がりの市場需要曲線に直面しており、価格＝限界費用となるように利潤最大化の生産量を決定する。

② 参入障壁があることによって、市場の売り手が少数になってしまうことから、企業は価格支配力を持つようになり不完全競争が生じる。

③ 独占の度合いが強いほど、独占価格と限界費用との差が大きくなる。ラーナーの独占度はそのことを利用した独占の程度を表す指標である。

④ 独占的競争では、企業は完全競争よりも高い価格をつけることができ、常に正の利潤を得つづけることができる。

問3　ある独占企業によって供給される財の価格がP、生産量がQであるとする。独占企業の総費用曲線、および直面する市場需要関数が、

総費用関数：$TC = Q^2+5$

市場需要関数：$P = -Q+20$

であるとき、以下の問いに答えなさい。

(1) 総収入TRを求め、それを微分することで限界収入MRを求めなさい。

(2) 総費用TCを微分することで限界収入MCを求めなさい。

(3) (1)(2)から、利潤最大化の生産量と独占価格を求めなさい。

第7章　寡占とゲーム理論

前章では**不完全競争**のいくつかの市場について学びましたが、この章ではそのなかの寡占市場についてより詳しく見ることにします。寡占市場とは文字通り市場を占有しているプレイヤー（売り手や買い手）の数が少ない市場です。少数ということは相手を意識することを意味します。この場合には、プレイヤー間の行動がお互いの利益の実現に影響を及ぼす可能性があるので、相手の行動を予測し、また観察して、よりよい行動を選ぶ必要があります。このように寡占市場ではプレイヤー間の相互行動が重要になります。この章では、まず相互行動を分析するためのツールとしてゲーム理論を学び、その考え方を用いて寡占市場の分析を行っていきます。

7.1　ゲーム理論とはなにか

■ゲーム理論とは

これまでの経済学の勉強で、「消費者や企業は自らにとって望ましい行動を選ぶ」ということを学んできました。消費者は**効用**を最大化し、企業は**利潤**を最大化するように動きます。まず、経済学を学ぶ者として、このような最大化行動の原理を知り、そこから導かれた完全競争における価格が決まる仕組みや市場の効率性を理解することは非常に重要です。

ただ、そんな経済理論にも1つだけ弱点がありました。それは、「一人だけで意思決定をする場合」しか考えていなかったことです。私たちは一人で生きているわけではありません。ですので、「相手はどのように行動をするだろうか？」と考えて、自分が最も満足できる望ましい行動を決めています。相手もまた、こちらの出方をうかがいながら行動しているはずです。このように多くの場合、何らかの意思決定をする経済主体はお互いの行動が影響を与え合う**相互依存関係**にあります。では、経済学では相互依存関係にある経済主体の行動を理解することはできないのでしょうか？

そこで、登場するのがこの**ゲーム理論**です1)。ゲーム理論では、それぞれの行動が相互の利害に影響しあう状況を「ゲーム」という考え方でとらえます。これにより、それぞれの経済主体はどのような行動をとるのか、その結果どのようなことが起こるのか、を理論的に導くことができるのです。

この理論の確立によって、さまざまな社会問題や経済現象をその分析対象として含めることができ、経済学はより多くの事象を分析することができるようになりました2)。ぜひ本章でゲーム理論のエッセンスを学び、経済学の奥深さを体感してもらいたいと思います。

■ゲームの要素

みなさんはゲームと聞くと、スマホのゲームやネット対戦のゲームを思いつくかもしれません。もちろん間違いではないのですが、ゲーム理論の「ゲーム」はもっと広い考え方です。ここでは、ゲームを構成する３つの要素について説明します。①**プレイヤー**は、ゲームに参加して相互依存関係のなかで意思決定を行う主体です。②**戦略**は、ゲームのなかでプレイヤーがとる行動のことです。③**利得**は、プレイヤーが選ぶ戦略の組み合わせによって決まるプレイヤーが得るものです。得られるお金であったり、心理的な満足度を数値で表します。

経済事象や社会問題はこれらの３つの要素があればゲームとして表現することができます。そして、ゲームとして表現すれば、ゲーム理論の手法で分析をすることができるのです3)。

■ゲームの分類

ここでは、本章で扱うゲームの種類について説明します（図７-１）。ゲームの

1）ゲーム理論は1944年、数学者のフォン・ノイマンと経済学者のモルゲンシュテルンによる共著『ゲーム理論と経済行動』によって始まります。

2）ゲーム理論はその分析ツールの一般性から、多くの学問分野に応用されています。例えば、本章でも説明する寡占市場の分析、政府による政策の分析、法ルールの分析、国際紛争の分析、規範や慣習の分析などです。

3）以下ではこれらの要素を共有知識としてプレイヤーはすべて知っているとします。

図7-1　ゲームの分類

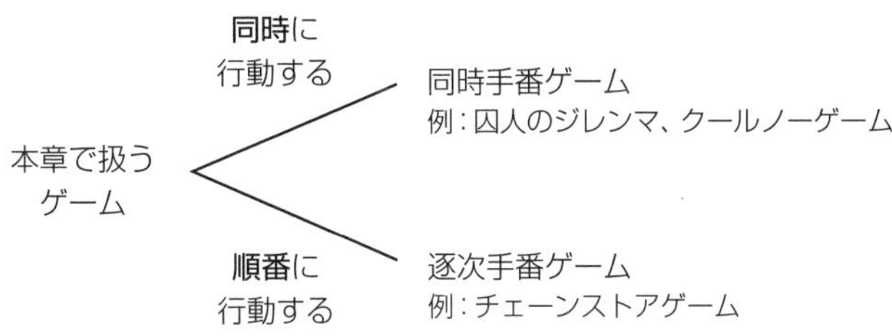

分析手法は、プレイヤーが戦略を決定するタイミングの違いによって異なります。同時のタイミングで戦略を決める場合を、**同時手番ゲーム**（または、**戦略形ゲーム**）といいます。本章では7.2節で扱う囚人のジレンマ、7.4節で扱うクールノーゲームが該当します。

次に、プレイヤーに先攻・後攻があるような、順番に戦略を決める場合を、**逐次手番ゲーム**（または、**展開形ゲーム**）といいます。本章の7.3節でこのゲームを扱います。それぞれどのように分析の方法が変わるのかに着目して読み進めましょう。

7.2　同時手番ゲーム

本節では最も有名な同時手番ゲームとして**囚人のジレンマ**を考えます。

■囚人のジレンマ

状況　2人の共犯者が捕まって、それぞれ別室で取り調べを受けています。2人の共犯者は犯罪を自白するか、あるいは黙秘するかを選びます。お互い自白をすれば罪が発覚し刑期10年、黙秘をすれば証拠がそろわず刑期1年となります。また、一方の囚人だけが自白をした場合、自白をした囚人は捜査に協力したとして、特別にそのまま釈放され刑期は0年で済むとしましょう。しかし、黙秘をした囚人は、悪質であるとして刑期12年となります。2人は黙秘をして、罪を免れることができるのでしょうか？

利得表　このような状況をゲーム理論で考えてみましょう。このゲームの要素を

表7-1　囚人のジレンマの利得表

		囚人2 自白	囚人2 黙秘
囚人1	自白	(−10, −10)	(0, −12)
	黙秘	(−12, 0)	(−1, −1)

(囚人1の利得、囚人2の利得)

利得表で表します（**表7-1**）。利得表とは、①プレイヤー（囚人1と囚人2）、②戦略（自白か黙秘）、③利得（刑期）を1つの表にまとめたものです。マス目の左側の数値が囚人1の利得、右側の数値が囚人2の利得を表しています。

最適反応　囚人たちは自白と黙秘のどちらを選ぶでしょうか。この状況は、自分の戦略だけでは利得が決まらない相互依存関係にあります。したがって、相手の戦略を予想したうえで、それに反応する形で自分にとって最も利得の高い戦略を選ぶ必要があります。このような戦略を**最適反応**といいます。

囚人1の立場から考えていきましょう。囚人2が自白をすると予想するとき、自白を選ぶと利得は −10、黙秘を選ぶと利得は −12となります。したがって、最適反応は自白になります。囚人2が黙秘すると予想するときは、自白が利得0、黙秘が利得 −1となるので最適反応は自白になります。すなわち、囚人2が自白であろうと黙秘であろうと、囚人1は自白を選びます。このように相手がどのような戦略を選ぶとしても自分の戦略が1つに決まるとき、その戦略を**支配戦略**といいます。同じように囚人2の最適反応を考えると、囚人2の支配戦略もまた自白であることを確認してください。

ナッシュ均衡　以上から、囚人たちは自白を選ぶことがわかりました。囚人1にとって相手が自白する場合の最適反応が自白であり、囚人2にとっても相手が自白する場合の最適反応は自白です。つまり、両プレイヤーともに自分だけ他の戦略（ここでは黙秘）に**逸脱**すると利得が下がってしまいます。このように、両プレイヤーが最適反応をとっており、どのプレイヤーにも逸脱のインセンティブがない安定した戦略の組み合わせを**ナッシュ均衡**といいます[4)]。特に、両プレイヤーが支配戦略をプレイしている均衡を、ナッシュ均衡のなかでも**支配戦略均衡**と

表7-2　利得表

		P2 戦略C	P2 戦略D
P1	戦略A	(2, 3)	(<u>7</u>, <u>4</u>)
P1	戦略B	(<u>6</u>, 0)	(1, <u>1</u>)

(P1の利得、P2の利得)

注）最適反応の利得に下線を引いている。

いう特別な名前がついています。

ゲーム理論では、プレイヤーの合理的な思考の結果として、ナッシュ均衡が実現すると考えます。したがって、ナッシュ均衡を求めることが、ゲーム理論において最も重要な関心ごとなのです。囚人のジレンマのナッシュ均衡は、「囚人1も囚人2も自白する」となります。

「ジレンマ」とは　囚人が互いに自白を選ぶときの利得は、(−10、−10) となります。しかし、もしお互いが協力することができ、黙秘を選びあうことができれば、利得は (−1、−1) となりそれぞれの利得がより高くなります。このとき (黙秘、黙秘) は (自白、自白) に対して**パレート優位**であるといいます。パレート優位な戦略の組み合わせがあるにもかかわらず、結局のところ相手が黙秘をしてくれると信じることはできず、両者とも自白をしてしまうというジレンマに陥っているのです。

われわれの身の回りでも囚人のジレンマが生じている状況は多くあります。「本当はみんなでこういう行動をした方がいいのはわかっているのに…」という状況があればまず囚人のジレンマを疑ってみましょう。

■同時手番ゲームの例

囚人のジレンマでは両プレイヤーに支配戦略がありましたが、必ずしも支配戦略があるとは限りません。利得表（表7-2）を見てください。この利得表から①プレイヤーはP1とP2であり、② P1が戦略Aと戦略B、P2が戦略Cと戦略Dという戦略を持ち、③利得は表の数値として表されていることがわかります。

4）ナッシュ均衡は、ジョン・F・ナッシュによって1950年代に提唱された考え方です。

では、このゲームでのナッシュ均衡を求めてみましょう。

先ほどと同じように、P1の最適反応から考えていきましょう。P1はP2が戦略Cを選ぶと予測すると、戦略Aを選ぶと利得2、戦略Bを選ぶと利得6になるので、戦略Bが最適反応となります。このとき目印として表の数値に下線を引いておくとわかりやすくなります。この場合は、利得6に下線を引きます。

つづいてP2が戦略Dをとると予測した場合、利得7となる戦略Aが最適反応となります。ここで、P1は相手の戦略に応じて最適反応が変わっていることに注意しましょう。したがって、P1は支配戦略を持っていません。いつでも支配戦略があるわけではないことに注意しましょう。

次にP2の最適反応を考えます。P2はP1が戦略Aを選ぶだろうと予測するとき、戦略Dが最適反応となります。P1が戦略Bだと予測すると、戦略Dが最適反応となります。相手の戦略にかかわらず、P2は戦略Dを選びます。したがって、P2は戦略Dという支配戦略を持っています。

では、ナッシュ均衡を求めましょう。ナッシュ均衡は、お互いのプレイヤーが最適反応をとりあっている戦略の組み合わせでした。両方の数値に下線が引かれた戦略の組み合わせは、両者が最適反応をとっていることを意味します。以上から、このゲームのナッシュ均衡は「P1が戦略A、P2が戦略D」となります。この均衡は、P1が支配戦略を持っていないため支配戦略均衡にはなっていないことに注意してください。

7.3 逐次手番ゲーム

この節では、各プレイヤーの意思決定が時間的な順序のもとで行われる**逐次手番ゲーム**を扱います。このゲームは、将棋やオセロのように先攻と後攻があるようなゲームです。

■チェーンストアゲーム

ここでは逐次手番ゲームの例として、企業がある市場に参入するか否かを決定する状況を表した**チェーンストアゲーム**を考えましょう（図7-2）。

いま、ある市場にすでに店舗Aがあるとしましょう。そのすぐそばに、店舗Bが新たに参入しようとしています。例えば、居酒屋やドラッグストア、百貨店

図7-2　ゲームツリー

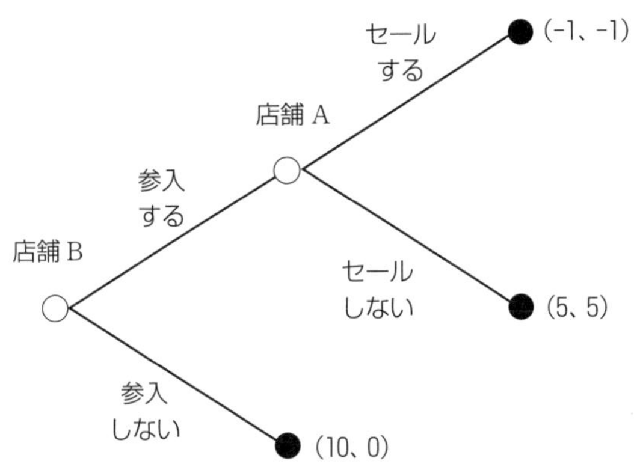

（店舗 A の利得、店舗 B の利得）

などの実際の店を考えてもよいですし、ゲームや自動車などの商品開発への市場参入をイメージしてもよいでしょう。

ゲームツリー　図7-2の○（白丸）は意思決定の時点を表し、結節点といいます。また、意思決定の選択肢は枝で表現されます。この枝が、プレイヤーの戦略の分岐を表しているのです。ゲームの終わりは●（黒丸）で終点となっており、プレイヤーの利得が書かれています。この図はまるで木が枝を広げているように見えることから、**ゲームツリー**といいます。

ゲームツリーの見方　ゲームの始まりはゲームツリーの左端にある○から始まります。まず、店舗 B が「参入する」か「参入しない」かの戦略を決めます。もし、「参入しない」を選べばゲームが終わります。このとき、店舗 A は地域の市場を独占できるので利得10を得ることができ、店舗 B は参入しないので特別な利益はありませんので利得 0 となっています。

店舗 B が「参入する」を選ぶと、次は店舗 A の戦略決定の番になります。店舗 A は「セールする」か「セールしない」を選びます。店舗 A は店舗 B が参入してきたことで、それまで来ていたお客さんを奪われてしまうことになりかねません。そこで、安売りセールで攻勢をかけるのです。安売りは諸刃の剣で、収入が減ってしまうことにもつながります。ここでは、両店舗による流通戦争が勃発し、お互いに利得は −1となり赤字になってしまうとしましょう。これに対して、「セールしない」とは何を意味するでしょうか。これはお互いに手を取り、共存共栄でやっていこうということで、両店舗に利得5が実現するとします。

バックワードインダクション　ではこのゲームを解いてみましょう。はたして店舗Bはこの市場に参入することを決めるのでしょうか。この問題を解くためには、一番後ろのゲームから解く**バックワードインダクション**（後ろ向き帰納法）を使わなくてはなりません。以下では、この解法について説明します。

店舗Bは先手で行動しますが、その際、店舗Aの選択が重要となってきます。店舗Bはこのように考えるはずです。「店舗Aがセールしてきたら利得は − 1になる。それなら、参入しない方が利得は0だからまだましだ。でも、セールしてこなければ利得5が得られるな。このときは参入した方がいいみたいだ…」。つまり、店舗Bの判断は、店舗Aがどの戦略を選ぶかで決まってくるのです。したがって、ゲームの一番後ろの店舗Aの行動から考えていかなければなりません。

では、店舗Aはどのように行動するでしょうか。

セールする（利得 −1）＜セールしない（利得5）

となり、店舗Aはより利得が大きい「セールしない」を選びます。店舗Aとしては、参入前の店舗Bに対して「もし参入すればセールして赤字にしてやる」という脅しで参入を阻止したいはずです（その方が独占利潤として利得10が得られるから）。しかし、実際には「セールをすると店舗Aも赤字になるため、セールをしないだろう」と店舗Bにはばれてしまうのです。このような信用のない脅しを**カラ脅し**といいます。

店舗Bは、店舗Aがセールしないということを先に読み込んだうえで、参入するか否かを決めます。結果は、

参入する（利得5）＞参入しない（利得0）

となるので、店舗Bは「参入する」を選びます。

以上のように、一番後ろのゲームから順番に解いていく解法をバックワードインダクションといいます。今回の問題での一番後ろのゲームは、企業Aの行動のことです。その後、企業Bの行動を考えることでこのゲームでのプレイヤーの最適な行動を導くことができます。

このバックワードインダクションで解いて導かれたゲームの解を、**部分ゲーム**

完全均衡といいます。したがって、このチェーンストアゲームの部分ゲーム完全均衡は、「店舗Aがセールしない、店舗Bが参入する」となります。

7.4　寡占への応用1：ベルトランゲーム

■寡占市場とは

7.4節と7.5節では、ゲーム理論を寡占市場の分析に応用してみましょう。**寡占市場**とは市場に参加する企業が少ない市場のことです。企業は生産量や価格を戦略として決める必要がありますが、企業の数が少ないので相手の出方をうかがわなくてはなりません。なぜなら、企業数が少ないと自社の戦略が他の企業の戦略の影響を受けてしまうからです。これは他の企業も同じです。つまり、寡占市場にいる企業は、自分の戦略と相手の戦略がお互いに影響を与え合うような**相互依存関係**にあります。

7.4節と7.5節では寡占市場のなかでも、最もシンプルで分析がしやすい2つの企業が市場を占有している場合を考えましょう。このような状態を**複占市場**といいます。厳密な意味での複占市場はあまり見られませんが、市場を占めるシェアが高いという意味で事実上の2社体制となっている業界は多く見られます。例えば、

- 航空業界（ANAとJAL）
- カラオケ業界（DAMとJOYSOUND）
- パソコンのOS業界（マイクロソフトとアップル）
- 衛生陶器業界（TOTOとLIXIL）
- ピアノ業界（ヤマハと河合楽器製作所）

などです。

複占市場の分析は、品質面や機能面で製品が差別化されているかどうかによって結果は大きく変わってきます。差別化されていない財を**同質財**、差別化されている財を**差別化財**といいます。また、生産量を戦略とするのか（**数量競争**）、価格を戦略とするのか（**価格競争**）によっても分析は変わります。**図7-3**はこの分析の分類を表しています。7.4節と7.5節では、基本的なモデルとして同質財のケースを考えてみましょう。

図7-3　複占市場の分析チャート

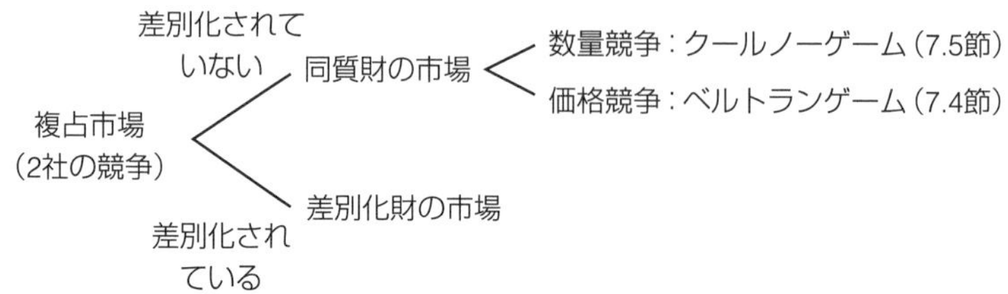

■同質財の価格競争：ベルトランゲーム

同質財の分析には数量競争と価格競争があります。数量を戦略とした企業間の競争ゲームを**クールノーゲーム**、価格を戦略としたゲームを**ベルトランゲーム**といいます[5)]。この項では、同質財の価格競争であるベルトランゲームを考えてみましょう。

財に違いがない場合、みなさんはどちらのお店（企業）で買うでしょうか。財が同じであれば、価格がより安い方の企業で買うと思います。そこで、2つの企業は消費者を奪い合うため、価格を引き下げていきます。少しでも相手の企業よりも下げることができれば、消費者を総どりすることができるからです。では、この価格競争はどこまでつづくのでしょうか。

価格の引き下げは、価格が限界費用と一致するところまでしかできません。例えば、企業の限界費用が一定の50円だとしましょう。つまり、1つの財を作るときにかかる追加的な費用が50円ということです。もし、この限界費用よりも価格を下げて、40円まで下げるとどうなるでしょうか。

価格40円 − 限界費用50円 ＝ −10円

と赤字が出てしまいます。したがって、限界費用の50円までしか価格を下げることができないのです。

生産をより安く効率的にできる企業は、限界費用をより小さくすることができ

5）クールノーゲームは、1838年にフランスの経済学者であるクールノーによって発表された分析です。また、ベルトランゲームは、1883年にフランスの経済学者ベルトランが、「企業の戦略は生産量だけではなく価格もある」とクールノーを批判して提唱されたゲームです。このように経済学は多くの批判とそれを乗り越える先人たちの知的な努力のなかで発展してきました。

ます。すなわち、限界費用の小さい効率的な企業が、より価格を下げることができ、相手企業から消費者を総どりすることができる、というわけです。安売り競争では、勝者となった企業も低い価格設定となっているため、利潤は小さくなっているでしょう。このような状況は、財が十分に差別化されていない、同質財の供給で起こるということがわかりました。

7.5　寡占への応用2：クールノーゲーム

前節では同質財の価格競争を学びましたが、ここでは数量競争の状況をより詳しくモデル分析で検討します。同質財の数量競争の例としては、石油・小麦・半導体・電気などの差別化されにくく、数量調整がしやすい競争をイメージしましょう。

生産量に応じて価格が決まるので、他社の生産量も考慮しながら自社の最適な生産量を決めるゲームが企業間で行われます。最終的に生産量はどのように決まるのでしょう？　まずそれぞれの企業の最適反応を考え、両企業が最適反応をとり合うナッシュ均衡となる生産量の組み合わせを求めましょう。

■同質財の数量競争をモデル化する

企業Aの生産量を x_A、企業Bの生産量を x_B とします。例えば $x_A=5$ などの具体的な数値が入ります。それぞれの企業は自社の利潤を最大化するためにこの x_A と x_B を戦略として決めます[6)]。また、企業が財を作るには費用がかかります。ここでは両企業の限界費用を一定の2としましょう。つまり、財を1単位作ると、追加的な費用が2かかるということです。財の生産費用は、（限界費用）×（生産量）なので、それぞれ $2x_A$ と $2x_B$ となることを確認してください。

この財の価格はどのように決まるでしょうか。価格 p と需要量 X の関係を、

$$p=-\frac{1}{2}X+20 \tag{7.1}$$

6）生産量は例えば $x_A=5.16$ や $x_A=6.21$ など小数でもよいわけです。このように切れ目なく連続してつづく戦略を「連続的戦略」といいます。今までの戦略は、「戦略A」か「戦略B」かなどと分かれていました。このような戦略を「離散的戦略」といいます。この節では、連続的戦略を扱っていることに注意しましょう。

という式で表すとしましょう。いま複占市場を考えており、この市場には2企業しかいません。よって、この2つの企業によって生産された財の合計が市場に供給されて価格が決まります。2つの企業の生産量の合計はx_A+x_Bですから、$X=x_A+x_B$という関係があります。これを上の式に代入すると、

$$p=-\frac{1}{2}\underbrace{(x_A+x_B)}_{=X}+20 \tag{7.2}$$

となります。例えば、企業Aが生産量を$x_A=5$、企業Bが生産量を$x_B=1$と決めるとします。このとき、市場には合計で$5+1=6$の財が供給されて、式(7.2)から価格$p=17$が決まるということになります。

■企業Aの最適反応関数を求める

利潤　企業Aの戦略（生産量）の決定を考えてみましょう。各企業の目的は利潤を最大にすることですから、利潤を式で表す必要があります。では利潤はどのように定義されるのでしょうか。まずは言葉で理解しておかなければなりません。利潤は、財が売れたことから得られる「収入」から、財を作ったときにかかる「生産費用」を引いて残ったものです。収入は、作って売れた「生産量」と「価格」を掛けあわせることで求められます。以上から、

(利潤)＝(価格)×(生産量)−(生産費用)

という関係があることがわかります。

それでは利潤を数式に置き換えてみましょう。企業Aの利潤をπ_Aとして、価格pと企業の生産量x_A, x_Bを使って数式に置き換えると、

$$\begin{aligned}\underbrace{\pi_A}_{\text{利潤}} &= \underbrace{p}_{\text{価格}} \times \underbrace{x_A}_{\text{生産量}} - \underbrace{2x_A}_{\text{生産費用}}\\ \pi_A &= \left(-\frac{1}{2}(x_A+x_B)+20\right)x_A-2x_A\end{aligned} \tag{7.3}$$

となります。2つ目の式は、式(7.2)の価格の式を代入していることに注意しましょう。この式には、企業Aの利潤であるにもかかわらず企業Bの生産量x_Bが入っています。つまり、企業Aの利潤は企業Bの戦略に依存しているという

図7-4　企業Aの利潤の最大化

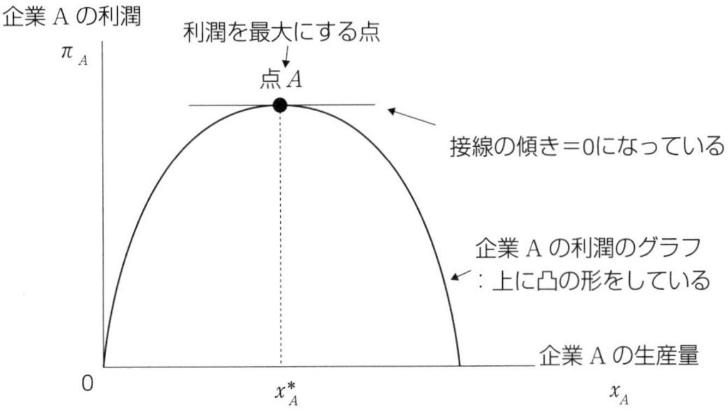

ことです。

最適反応　次に、企業Aの最適反応を求めましょう（7.2節でも各プレイヤーの最適反応を求めていたことを思い出してください）。**最適反応**は、「相手の戦略が与えられたとき、最も利得が高くなる戦略」でした。ここでは、企業Bがあるx_Bを生産するとき、企業Aが利潤を最大化するためにはx_Aをどのように決めればよいか、を考えればよいということになります。

ここで式(7.3)の企業Aの利潤を分配法則で展開すると、

$$\pi_A = -\frac{1}{2}x_A^2+\left(18-\frac{1}{2}x_B\right)x_A \tag{7.4}$$

とx_Aの二次関数で表すことができることを確認してください。x_A^2の係数の符号は負ですから、上に凸（トツ）の形となります。この利潤π_Aと生産量x_Aの関係を図に描いたものが**図7-4**です。

図を見ると、タテ軸の利潤が最も大きくなるのは点Aとなることがわかります。では、利潤が最大になるときの生産量はどこに決まるのでしょうか。それは、$x_A = x_A^*$であることが図からわかります。この利潤を最も大きくするx_A^*を求めていきましょう。

点Aでのグラフの接線の傾きに注目してください。すると、次のことに気づくはずです。

利潤が最大化しているとき、接線の傾きが水平になっている

水平ということは、接線の傾きは0ということです。接線の傾きは、π_A を x_A で微分したものです（第13章13.3節微分を参照）。よって、利潤を最大化している点Aでは次の式が成り立ちます：

$$\underbrace{\frac{\partial \pi_A}{\partial x_A}}_{\text{微分}} = 0. \tag{7.5}$$

この式の左辺は、「式(7.4)の π_A を x_A で微分した」という意味の記号です。微分の公式（$(ax^n)' = anx^{n-1}$）を使って左辺の計算をすると、

$$\frac{\partial \pi_A}{\partial x_A} = -x_A+18-\frac{1}{2}x_B = 0 \tag{7.6}$$

となります。これを“$x_A =$”の形にすると、

$$\underbrace{x_A = -\frac{1}{2}x_B+18}_{\text{企業Aの最適反応関数}} \tag{7.7}$$

という式が出てきます。この式は、企業Bの生産量が x_B と与えられたときに企業Aが利潤を最大化するような企業Aの生産量 x_A を表しています。例えば、企業Bが $x_B = 4$ を生産すると、企業Aは $x_A = 16$ を生産することを代入によって確認してください。これを企業Aの**最適反応関数**と呼びます。

■企業Bの最適反応関数を求める

利潤　次に企業Bの戦略の決定を同じように考えましょう。企業Bの利潤を π_B として、利潤 π_B を数式で表すと、

$$\begin{aligned}\pi_B &= p\times x_B-2x_B \\ &= \left(-\frac{1}{2}(x_A+x_B)+20\right)x_B-2x_B\end{aligned} \tag{7.8}$$

となります。

最適反応　次に、企業Bの最適反応を求めましょう。企業Bは企業Aがx_Aを生産するとき、利潤最大化のためにx_Bをどのように決めるでしょうか。企業Aのときと同じように、企業Bの利潤（式(7.8)）を分配法則で展開すると、

$$\pi_B = -\frac{1}{2}x_B^2 + \left(18 - \frac{1}{2}x_A\right)x_B \tag{7.9}$$

と今度はx_Bの二次関数で表すことができます。やはりx_B^2の係数の符号は負ですから、上に凸（トツ）の形です。したがって、企業Aのときと同じように、企業Bの利潤が最大化するのは利潤関数の頂点となります。よって、そのときの生産量を求めればよいということになります。頂点では（接線の傾き）＝0となっていました。接線の傾きは、式(7.9)のπ_Bをx_Bで微分したものですから、利潤を最大化している点で次の式が成り立ちます。

$$\frac{\partial \pi_B}{\partial x_B} = 0 \leftrightarrow -x_B + 18 - \frac{1}{2}x_A = 0 \tag{7.10}$$

これを“$x_B =$”の形になおすと、

$$\underbrace{x_B = -\frac{1}{2}x_A + 18}_{\text{企業Bの最適反応関数}} \tag{7.11}$$

と求めることができます。これで企業Bの**最適反応関数**を得ることができました。

■ナッシュ均衡となる生産量を求める

これまでにお互いの最適反応を求めてきました。企業Aの最適反応が式(7.7)、企業Bの最適反応が式(7.11)です。これらの最適反応の式を使って、ナッシュ均衡となる生産量を求めていきましょう。

両プレイヤーの最適反応を図示したものが**図7-5**です。タテ軸にx_A、ヨコ軸にx_Bをとっています。企業Bの最適反応は、軸に合わせるために、“$x_A =$”の形になおしていることに注意しましょう[7)]。

この直線上の点が、それぞれの企業の最適反応となっています。例えば、図の「企業Aの最適反応のグラフ」をみてください。$x_B = 4$のときに、最適反応とし

図 7-5　最適反応からナッシュ均衡を求める

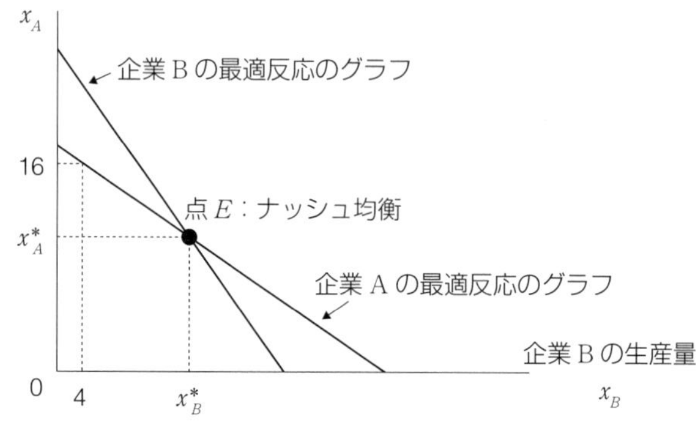

て $x_A = 16$ の生産を行うことがわかります（式(7.7)に代入）。

ここで、2 つの最適反応が交わる点 E に注目します。この点 E は企業 A の最適反応の直線の上にあるので、企業 A は最適反応をとっていることがわかります。一方、企業 B の最適反応の直線上にある点でもあるので、企業 B もまた最適反応をとっています。すなわち、この点 E では両企業が最適反応をとり合っているのです。

両プレイヤーが最適反応をとり合っている戦略（生産量）がナッシュ均衡でした。したがって、この点 E における生産量の組み合わせ（x_A^*, x_B^*）は、ナッシュ均衡となる生産量の組み合わせ、ということです[8)]。

では、この寡占ゲームにおけるナッシュ均衡となる生産量の組み合わせを具体的な数値として求めてみましょう。そのためには、グラフの交点 E の座標を求めればよいわけです。交点の座標は、2 つの式(7.7)と式(7.11)の連立方程式を解けば求めることができます[9)]。したがって、（x_A^*, x_B^*）＝（12, 12）と求まりま

7）つまり、$x_B = -\frac{1}{2}x_A + 18$ を変形して、$x_A = -2x_B + 36$ にしてグラフに描いています。また、両企業の最適反応をみると、「傾き」と「切片」のある一次関数になっています。したがって、最適反応は直線で書き表すことができます。

8）企業 A は企業 B の生産量が x_B^* であれば x_A^* から異なる生産量に逸脱するインセンティブはなく、企業 B は企業 A の生産量が x_A^* であれば x_B^* から異なる生産量に逸脱するインセンティブはないため、安定した均衡であることがわかります。

す。以上から、ナッシュ均衡において、両企業は12の生産を行うことがわかりました。

■価格と利潤を求める

それではナッシュ均衡における企業の利潤と価格を求めてみましょう。まずは、価格からです。式(7.2)の価格の式に $(x_A^*, x_B^*) = (12, 12)$ を代入すればよいですから、

$$p = -\frac{1}{2}(12+12)+20 = 8$$

と決まります。つづいて、利潤を求めます。式(7.3)の企業Aの利潤に、価格 $p=8$ と $x_A^*=12$ を代入すると、

$$\pi_A = 8\times 12-24 = 72$$

と求めることができます。同様にして、式(7.8)から企業Bの利潤を求めると、

$$\pi_B = 8\times 12-24 = 72$$

となります。ナッシュ均衡が求まることで、均衡での価格と両企業の利潤を求めることができました。

■カルテルと比較する

これまでの議論では企業Aと企業Bはライバル企業であり、協力はしないことが前提でした。しかし、両企業が手を結んで協調をするかもしれません。このように両企業が協調することを**カルテル**といいます。

ここでは、両者が争わずに生産量についてカルテルを結ぶケースを考えましょう。両企業の利潤の和を最大にするような生産量を決めて、生産量も利潤も均等に半分に分けるとします。このカルテルによって、両企業で競争をするよりも利

9）$x_A = -\frac{1}{2}x_B+18$ を $x_B = -\frac{1}{2}x_A+18$ に代入すると、$x_B = -\frac{1}{2}\left(-\frac{1}{2}x_B+18\right)+18$ となります。これを解くと、$x_B = 12$ となります。これを $x_A = -\frac{1}{2}x_B+18$ に代入すると、$x_A = 12$ が求められます。

潤は高まるのでしょうか。その場合には社会全体にとってもカルテルを結ばせる方が望ましいのでしょうか。

両企業の利潤の和 Π は、

$$\begin{aligned}\Pi &= \pi_A+\pi_B=(p\times x_A-2x_A)+(p\times x_B-2x_B)\\ &= p(x_A+x_B)-2(x_A+x_B)\end{aligned} \tag{7.12}$$

となります。この式に式(7.2)の価格の式と $X=x_A+x_B$ を代入すると、

$$\Pi=\left(-\frac{1}{2}X+20\right)X-2X=-\frac{1}{2}X^2+18X \tag{7.13}$$

と求めることができます。式(7.13)は X について上に凸の二次関数なので、今までと同じように微分したものを0とおくことで、総利潤を最大にする生産量を求めます。この総利潤 Π を最大にする X は、

$$\frac{\partial \Pi}{\partial X}=0 \leftrightarrow -X+18=0 \tag{7.14}$$

となるので、$X=18$ と求められます。このときの価格を求めると、$p=-\frac{1}{2}18+20=11$ となります。両企業の生産量は均等なので、それぞれの企業が $x_A=x_B=18/2=9$ を生産します。

これらの数値を両企業の利潤にそれぞれ代入して、各企業の利潤を求めると、

$$\begin{aligned}\pi_A &= p\times x_A-2x_A=11\times 9-2\times 9=81\\ \pi_B &= p\times x_B-2x_B=11\times 9-2\times 9=81\end{aligned} \tag{7.15}$$

となり、カルテルを結んだときのそれぞれの企業利潤は81であることがわかりました。企業がお互いに協力しない場合の利潤は72なので、カルテルを結ぶことで利潤が81へと上がっています。

どうして各企業の利潤が上がったのでしょうか。価格を比べると、競争をするときが価格8であったのに対して、カルテルのときには価格11と高くなっています。つまり、カルテルを結ぶことで価格がつりあがっているのです。この価格の上昇は、安い価格で買い物をしたい消費者にとっては不利益になることを意味し

ています。そこで、カルテルは消費者の利益を下げて自らの利潤を高めるものとして、**独占禁止法**という法律で規制されているのです。

【練習問題】

問1　プレイヤーは、隣同士に店を構える店Aと店Bとする。店Aと店Bはお互いに顧客を奪い合う関係にあり、価格をそのまま維持するか、あるいは値下げをするかというゲーム的な状況である。この状況を、下の利得表に示す。なお、A店の利得は括弧の左側の数値、B店の利得は括弧の右側の数値となっている。このとき、(1)ナッシュ均衡となる戦略の組み合わせを求めなさい。また、(2)囚人のジレンマが生じているか否かを答えなさい。

値下げ競争の利得表

		B店	
		価格維持	値下げ
A店	価格維持	(5, 5)	(1, 9)
	値下げ	(9, 1)	(2, 2)

問2　企業Aと企業Bが同質財を市場に出荷するクールノーゲームを考えよう。企業1の生産量をx_A、企業Bの生産量をx_Bとする。企業Aの限界費用は2、企業Bの限界費用は1とする。よって、生産費用はそれぞれx_Aと$2x_B$となる。社会全体の需要曲線Dを、$p=12-(x_A+x_B)$とする。

(1)　企業Aの最適反応関数を$x_A=$の形で表しなさい。

(2)　企業Bの最適反応関数を$x_B=$の形で表しなさい。

(3)　企業Aと企業Bの均衡の生産量を求めなさい。

(4)　均衡の価格とそのときの利潤を求めなさい。

第8章　外部性と環境問題

完全競争市場などの一定の条件下では、市場に任せることで、市場均衡において効率的な資源配分が達成されます。しかし、何らかの条件が満たされない場合は、市場の失敗がおき、資源配分が非効率的となってしまいます。この1つの例が外部性の存在です。本章では、外部性の引き起こす具体的な問題の1つである環境問題についてみていきます。8.1節では、川上にある工場が川に汚水を捨てることで水質汚染を引き起こし、川下の住民が悪影響を受ける例を中心に外部性をみていきます。8.2節では、外部性があるときのさまざまな費用について紹介します。8.3節では、外部性に対する政府の3つの政策として、直接規制、課税、補助金を取り上げます。最後に、8.4節では、財産権を設定すると、ある条件下で政府の介入なしに交渉により効率的な資源配分が達成されるコースの定理について説明します。

8.1　外部性とは

以下では公害の例として、川上にある工場が川に汚水を捨てることによって水質汚染を引き起こし、川下の住民が悪影響を受ける例を中心に外部性をみていきます。このとき、川上の工場は市場を介して消費者に生産した財を売却することで利益を得ます。一方で、生産に伴い発生した汚水が川に廃棄されることで河川の水質汚染が発生し、川を利用する住民の健康などに悪影響を及ぼします。このように、ある経済活動が他者に何らかの悪影響を及ぼすことを**外部不経済**と呼びます。一方、この外部不経済とは逆に、ミツバチが花の蜜を集めることで果樹の受粉が行われて良い果実が生産される養蜂場と果樹園の関係など、ある経済活動が他者に何らかの好影響を与えることを**外部経済**と呼びます。そして、これらを含めて他者に何らかの影響を与えることをまとめて**外部性**と呼びます。なお、財は英語でグッズ（goods）と呼ばれますが、ゴミや汚染物のように増えるほど効用などにマイナスの影響が出るため正の価格が付かないものは**バッズ**（bads）と呼ばれます。

完全競争市場などの一定の条件下では、市場に任せることで、市場均衡において効率的な資源配分が達成されます。しかし、何らかの条件が満たされない場合は、市場の失敗がおき、資源配分が非効率的となってしまいます[1)]。外部性の存在は、まさにこの市場の失敗の例として知られており、その典型的な例が公害などの環境問題です。

外部性は、(1)**技術的外部経済**、(2)**技術的外部不経済**、(3)**金銭的外部経済**、(4)**金銭的外部不経済**の4つに分類することができます。技術的外部経済や技術的外部不経済は市場の取引を介さずに他者に好影響や悪影響を与えることを意味します。さきほどの養蜂場と果樹園の例は技術的外部経済の例であり、川上の工場の汚染で川下の住民が健康被害を受ける例は、まさに技術的外部不経済の例となります。一方で、金銭的外部経済、金銭的外部不経済は市場の取引を介して他者に好影響や悪影響を与えることを意味します。川の例でいうと、工場が出来たことにより雇われる従業員が増えて近隣地域での消費が増えて景気が良くなり地価上昇や住民の所得上昇が起きれば金銭的外部経済になります。一方で、工場の水質汚染により地域の人口減少が起きて宅地などの地価が低下すれば金銭的外部不経済となります。市場の失敗において特に重要となる外部性は、市場の外で発生する技術的外部経済と技術的外部不経済です。以下では、特に技術的外部不経済に注目していきます。

公害のような外部性は市場では解決しません。これは、外部性が市場の外で発生しており、取引に反映されないためです。具体的にいうと、工場は川を汚染しますが、それにより発生する費用を工場は全く負担しません。このため、工場は社会全体で見ると発生する費用を無視して行動してしまい、非効率的な資源配分が発生してしまうのです。ただ、政府が介入して何らかの政策を実施することにより、この非効率性が改善する可能性があります。具体的には、工場の生産量や汚染量を直接抑制する方法があり、過去にも実施されてきました。また、経済的

1）市場の失敗について、詳しくは本書の第5章を参照してください。

手法として、汚染の発生量に応じて課税したり、汚染の削減量に応じて補助金を与えたりする政策もあります。これらの方法の共通点は、外部性により発生する費用を市場に反映させて内部化する点です。公害問題に対しては、汚染者に補助金を与えずに汚染者が環境汚染防止費用を支払うべきであるという**汚染者負担の原則**[2)]（Polluter-Pays Principle）が1972年のOECD委員会により提唱されましたが、これはまさに外部性の内部化を意図したものといえます。

8.2　私的限界費用と社会的限界費用

以下では技術的外部不経済に注目します。改めて、川上の工場の水質汚染が川下の住民に悪影響を与える場合を考えていきます。まず、工場による財の生産には費用がかかりますが、このように生産者が自ら支払う費用を以下では**私的費用**と呼びます。このとき、工場の生産活動が原因で水質汚染が発生し、住民が被害を受けるという外部不経済が発生します。この外部不経済により生産者以外に発生する費用を**外部不経済**（Negative Externality：*NE*）または**外部費用**と呼び、この場合は住民が受ける被害額や汚染された川を原状回復させる費用がそれに当たります。つまり、工場の生産活動により2種類の費用が発生しますが、この私的費用と外部費用の合計を以下では**社会的費用**と呼ぶことにします。この社会的費用は、財の生産によって社会全体にかかるすべての費用の合計を表します。なお、工場は、生産活動を行う際は自分が支払う必要のある私的費用しか考慮しない点に注意してください。

以下では**図8-1**を用いて余剰についてみていきます。この図は、縦軸に価格P、横軸に生産量Qをとり、外部不経済が存在しない場合の市場を表しています。追加的に財を1単位生産するのにかかる工場の私的費用を**私的限界費用**（Private Marginal Cost：*PMC*）と定義し、私的限界費用は図のように生産が増えるほど増加する右上がりの曲線*PMC*で表されるとします。この曲線が工場の供給曲線となります。また、生産活動によりつくられた財に対する消費者の需要曲線Dは、価格が下がるほど需要量が増加する右下がりの曲線で表されるとします。

2）「汚染者負担の原則」は「汚染者支払い原則」とも呼ばれます。これは、環境汚染による費用を生産者が支払っても、その後に生産者がその費用を価格に上乗せすることで、最終的な負担を消費者に転嫁することは許しているためです。

図8－1　外部不経済がない場合

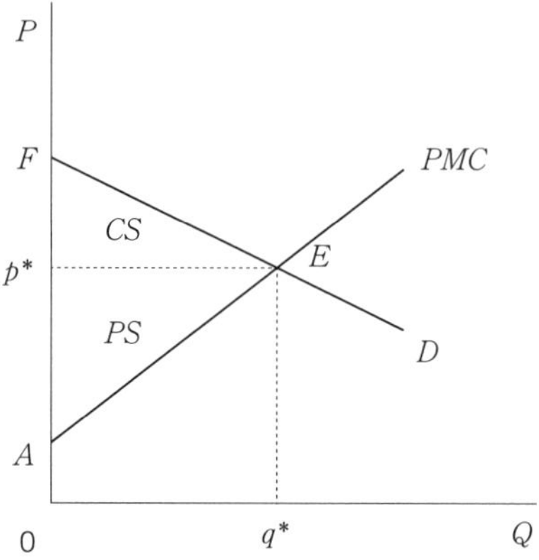

以上より、均衡点は需要曲線と私的限界費用曲線の交点である点Eで表されます。このとき、外部不経済がない場合の均衡点における消費者余剰（CS）は$\triangle EFp^*$、生産者余剰（PS）は$\triangle AEp^*$となり、社会的余剰（SS）は消費者余剰と生産者余剰の合計より

$$\triangle EFp^* + \triangle AEp^* = \triangle AEF$$

と計算できます。つまり、社会的余剰は$\triangle AEF$となります。

次に、外部不経済がある場合をみてみましょう。**図8－2**は工場の生産活動により住民に外部不経済が発生する場合を表しています。ここで、追加的に財を1単位生産するときに発生する外部費用の大きさを**限界外部不経済**（Marginal Negative Externality：MNE）または**限界外部費用**と呼ぶことにします。このとき、限界外部不経済は財の生産量が増えるほど上昇する、つまりより外部不経済が深刻になっていくと仮定しましょう。このとき、限界外部不経済を曲線MNEで表すと、図8－2のように右上がりの曲線となります。そして、社会全体の限界費用である**社会的限界費用**（Social Marginal Cost：SMC）は、私的限界費用（PMC）と限界外部不経済（MNE）の合計で表され、図8－2では私的限界費用の曲線PMCを限界外部不経済MNEの分だけ上にシフトさせた曲線SMCとして表せます。

ここで工場の行動をみていきましょう。工場は、自ら限界外部不経済を負担す

図8－2　外部不経済がある場合

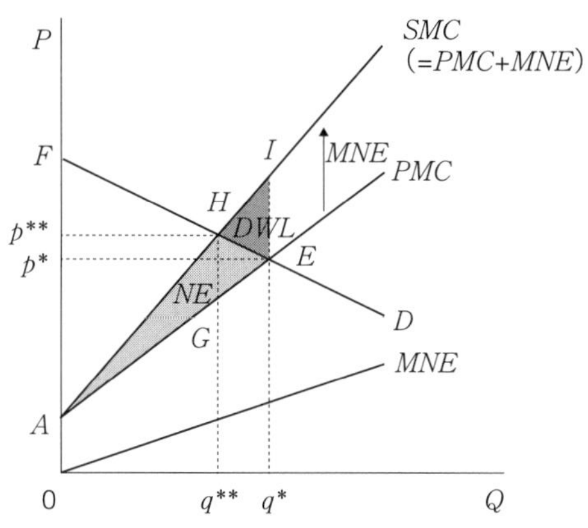

ることはないので、私的限界費用のみを考慮して利潤を最大化する生産量を決定します。そのため、工場が選択する利潤最大化をもたらす生産量は、需要曲線と私的限界費用曲線の交点である E での生産量 q^* となります。しかし、この生産量では社会的余剰は最大化されておらず、効率的とはなりません。社会的余剰が最大化される効率的な点は、需要曲線と社会的限界費用曲線の交点 H で決まる生産量 q^{**} となり、この時の社会的余剰は $\triangle AFH$ となります。このような乖離が生じる理由は、限界外部不経済が存在するためです。追加的に1単位生産量を増やすと、社会的限界費用 SMC の分だけ社会的余剰が減少し、需要曲線 D の分だけ社会的余剰が増加するため、社会的余剰の増減は SMC と D の大小関係により決まります。ここで、生産量 q^{**} からさらに生産量を追加的に増やすとき、限界外部不経済の存在のために常に SMC が D を上回っているため、生産を増やすほど社会的余剰が減少します。そして、工場が決める生産量である q^* では、社会的余剰の損失の合計額は $\triangle EIH$ の大きさまで拡大します。また、生産量 q^* のときは、消費者余剰 $\triangle EFp^*$、生産者余剰 $\triangle AEp^*$、外部費用 $\triangle AEI$ となることから、外部不経済がある場合の点 E における社会的余剰は、

$$\triangle EFp^* + \triangle AEp^* - \triangle AEI = \triangle AFH - \triangle EIH$$

となり、最大化された社会的余剰 $\triangle AFH$ から損失 $\triangle EIH$ がマイナスされる形で得られます。この損失 $\triangle EIH$ は**死荷重**（Dead Weight Loss：*DWL*）と呼ばれ

図8－3　直接規制

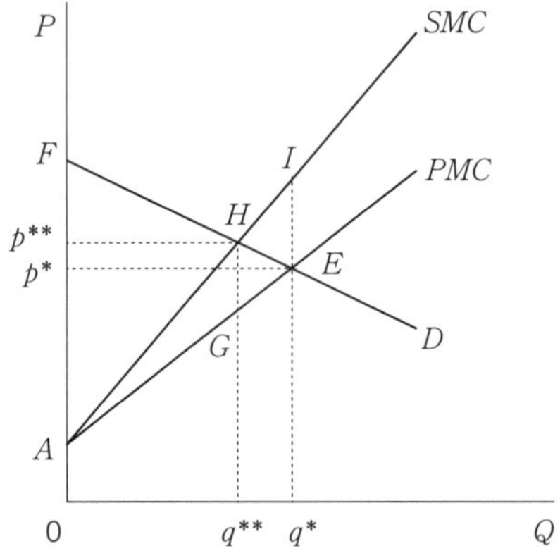

るもので、この場合は、工場が自らの利潤のみを最大化する生産量を決めたために結果として過剰生産となったため、市場で死荷重が発生してしまいます。この点 E は市場に任せると常に選ばれてしまうため、社会的余剰を最大化するためには何らかの政策を行って生産量を抑制し、社会的に望ましい生産量 q^{**} まで減らす必要があります。以下では、外部不経済に対する政策を紹介します。

8.3　外部不経済に対する政策

外部不経済が存在する場合に、外部性を内部化して社会的余剰を最大化するには、いくつかの方法が知られています。以下では、代表的な政策として、直接規制、課税、補助金をそれぞれ紹介します。

■直接規制

直接規制とは、政府が企業の生産量や汚染量を一定量に規制することで、社会的に最適な生産量を直接選ばせる方法です。これは、迅速に汚染量を減らせるという点で、公害への対策としても最もわかりやすく、現実的に用いられている方法としても知られています。以下では**図8－3**で直接規制をみていきます。政府は、工場の生産量を、需要曲線と社会的限界費用曲線の交点で決まる生産量 q^{**} に規制します。このとき、需要曲線から価格は p^{**} に決まり、消費者余剰は

図 8 - 4　課税

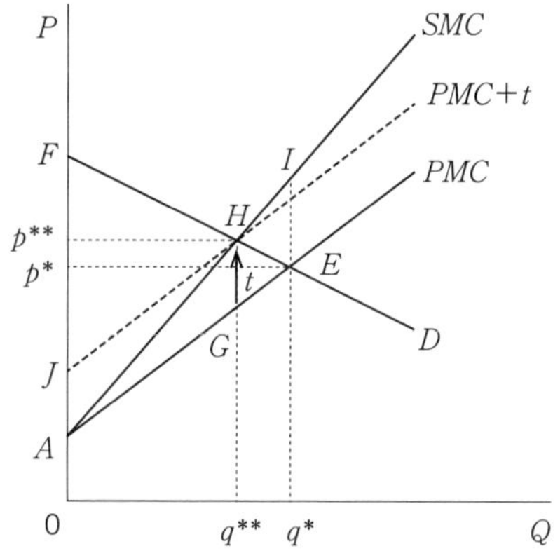

$\triangle HFp^{**}$、生産者余剰は $\square AGHp^{**}$、外部費用（外部不経済）は $\triangle AGH$ となるので、直接規制における社会的余剰は

$$\triangle HFp^{**} + \square AGHp^{**} - \triangle AGH = \triangle AFH$$

となり、最大化された社会的余剰 $\triangle AFH$ と同じ大きさになります。ただ、直接規制の実行のために、政府は最適な生産量を知るために各企業の私的限界費用や限界外部不経済などの正確な情報が必要であり、特に技術力の異なる企業が多数存在する市場では効率的な直接規制を行うことは難しいとされています[3)]。

■課税

政府は外部不経済を内部化するための他の方法として、よく知られている経済的手法が生産量または汚染量に対する課税です。以下では、生産量 1 単位あたりに一定の税額をかける**従量税**を考えることで、社会的に最適な生産量に企業の生産を誘導する方法をみていきます。

図 8 - 4 では、最適な生産量 q^{**} と価格 p^{**} は点 H で決まります。ただ、この

3）近年、地球温暖化防止のため、温室効果ガス排出削減の効率的手法として用いられている排出量取引は、初期に総排出量を複数の国家・企業等に割り当て、市場でその排出量を売買させることで、温室効果ガス総排出量を一定量に規制するという意味で、直接規制をより経済的手法として発展させた方法といえます。

とき生産量 q^{**} における私的限界費用は点 G であり、価格 p^{**} よりも低いため、このままだと企業は生産量を増やしてしまいます。そこで、政府は生産量 q^{**} における価格 p^{**} と私的限界費用の差額だけ従量税 t を課税することで、企業の私的限界費用曲線を上にシフトさせて点 H を通る形にすることができます。これにより企業は価格と課税後の私的限界費用が等しくなる生産量として、自ら生産量 q^{**} を選ぶようになります。このとき、従量税 t の大きさは、生産量 q^{**} における限界外部不経済の大きさと等しくなりますが、このような税は最初に提唱した経済学者の名前をとって**ピグー税**と呼ばれます。このピグー税のもとでは、消費者余剰は $\triangle HFp^{**}$、外部費用（外部不経済）は $\triangle AGH$ となり直接規制とは変わりませんが、生産者余剰は $\triangle JHp^{**}$ と減少します。その代わりに $T = t \times q^{**}$ で得られる政府税収 T が $\square AGHJ$ となり、ピグー税における社会的余剰は政府税収も考慮すると

$$\triangle HFp^{**} + \triangle JHp^{**} - \triangle AGH + \square AGHJ = \triangle AFH$$

となり、最大化された社会的余剰 $\triangle AFH$ と同じ大きさになります。なお、実際の政策においては、政府税収を何らかの形で消費者や生産者に再分配することになりますが、外部費用を受けた被害者に税収を再分配することで、外部不経済を受けた経済主体に対する救済となるので、最終的に損する人が社会からいなくなるという観点では優れているといえます。ただ、政策の実行のためには、ピグー税でも限界外部不経済などの情報を正確に知る必要があり、さらに企業の大幅な負担増のために大企業からの強い反対もあるため、炭素税などの例はあるものの、現実では政策としての実行が難しい場合もたびたびみられます。

■補助金

政府が外部性を内部化する別の経済的方法として、生産量または汚染量を減らした場合にその量に応じて**補助金**を与えるという方法があります。社会的に最適な生産量を達成するためには、生産量を１単位減らすときに、ピグー税と同じ金額を補助金として与えることで達成できます。

図８-５で補助金についてみてみましょう。補助金実施前の企業の生産量は q^* になります。ここから生産量を減らすと、企業は需要曲線 D で表される価格から私的限界費用 PMC をマイナスした大きさだけ損失が発生します。ただ、ここ

図 8－5　補助金

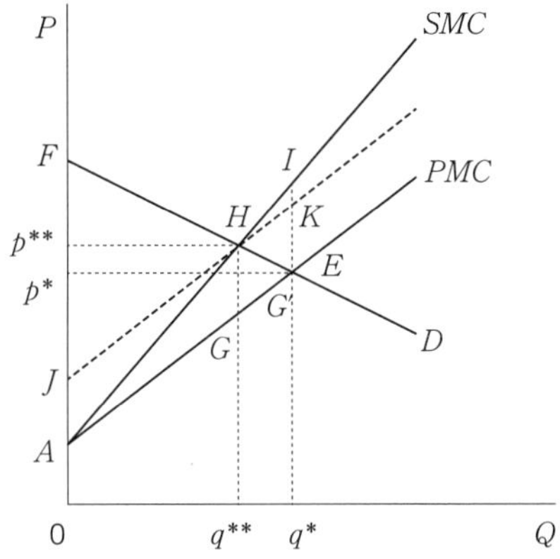

で生産量 1 単位あたりの補助金を社会的に最適な生産量 q^{**} における限界外部不経済 GH に設定すると、企業の行動は変化します。このとき企業は生産量を q^{*} から q^{**} まで減らす場合、損失よりも常に大きな金額だけ補助金をもらえるため、生産量を q^{**} まで生産量を減らすことになり、このとき補助金を合計 □$GEKH$ だけ獲得できます。また、生産量 q^{**} のときは財の売却で □$AGHp^{**}$ だけ利潤を得ているので、最終的な生産者余剰は □$AGHp^{**}$＋□$GEKH$ となります。このとき消費者余剰は △HFp^{**}、外部費用（外部不経済）は △AGH となり、これまでとは変わりませんが、政府支出が □$GEKH$ とマイナスになるため、補助金実施時の社会的余剰は

$$\triangle HFp^{**}+(\square AGHp^{**}+\square GEKH)-\triangle AGH-\square GEKH=\triangle AFH$$

と最大化されることがわかります。ただし、このとき政府は補助金の財源をどこかで確保する必要があります。現実的に、生産者への補助金の財源をその生産者への課税で賄うことは難しいと考えられるので、消費者への何らかの課税によって補助金の財源を賄う可能性は十分に考えられます。つまり、実質的には消費者余剰が他の政策と比べて減少するおそれがあります。

■政策の比較

外部不経済の内部化について、これまで 3 つの政策をみてきましたが、情報が

ある場合はすべての政策について社会的に最適な生産量が達成されることが確認されました。いずれかの政策の導入により、死荷重は無くなり、その分だけ社会的余剰は増加します。一方で、いずれの政策の場合も、消費者余剰は実施前の△EFp^*から実施後の△HFp^{**}に減少します。ただ、公害問題においては外部不経済を受ける側は消費者であることが多いため、政策の導入によって消費者が損するとはもちろん言えない点に注意する必要があります。

なお、生産者余剰については、政策ごとに大きな違いが生じます。最も生産者余剰が少ないのはピグー税の場合で、生産者余剰は△JHp^{**}になります。ピグー税と比べると税の支払いのない直接規制は生産者余剰が□$AGHp^{**}$となるので、□$AGHJ$の分だけ社会的余剰が増加します。さらに、補助金の場合は生産者余剰が□$AGHp^{**}$＋□$GEKH$となり、補助金収入□$GEKH$の分だけ直接規制よりさらに生産者余剰が増加するので、３つの政策の中で最も生産者余剰が高くなる政策になります。そういった意味で、この中では補助金が最も企業に受け入れられやすい政策ですが、これは同時に政府の支出が最も大きい政策でもあるので、補助金の実施については財源なども考慮して慎重に行う必要があるでしょう。

8.4　コースの定理

これまでは、外部性については市場では解決せず、何らかの政府の政策で内部化する必要があるということを示してきました。ただ、特殊な場合においては、政府が介入しなくても最適な資源配分が達成される場合もあることが近年知られるようになりました。ある条件下で、財産権の所在が明確であるならば、外部性が存在する場合でも、当事者間の交渉により最適な資源配分が自ずと達成されます。この結果は、1991年にノーベル経済学賞を受容した経済学者のロナルド・コース教授が1960年に発表した論文で最初に示したことから、**コースの定理**と呼ばれています。

以下では、コースの定理について、これまでと同様に川上の工場と川下の住民の例で考えてみましょう。**図８-６ａ**はこれまでと同様の市場に関する図です。ここで、以下では財産権として、２つの場合を考えます。まず、財産権を住民の権利とし、「住民が川の水質汚染のない環境で暮らす権利」がある場合を考えます。次に、財産権を企業の権利とし、「工場が自由に生産活動を行い水質汚染し

図８－６ａ　限界便益と限界外部不経済

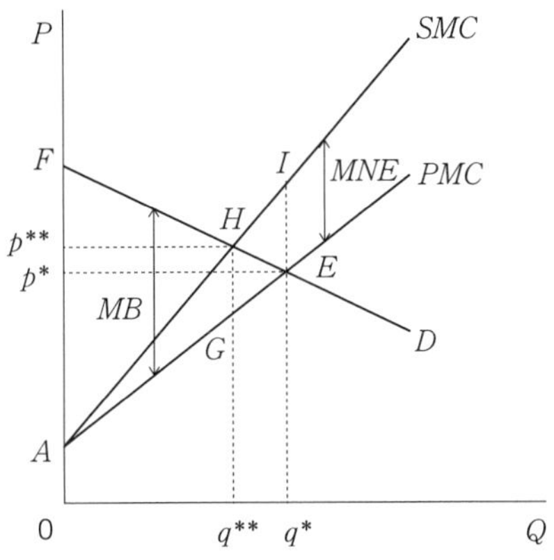

図８－６ｂ　住民に権利がある場合

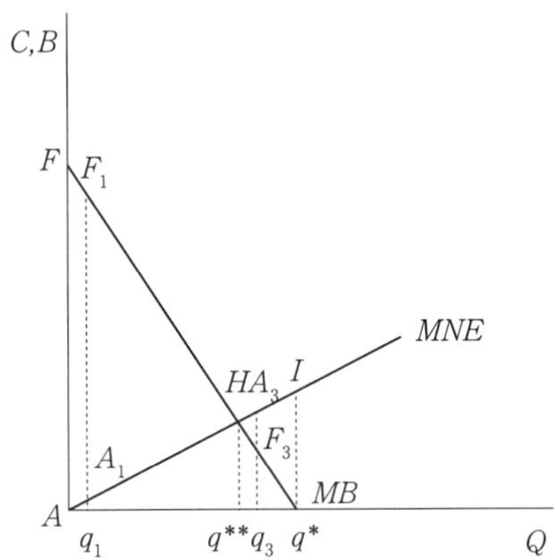

てもよい権利」がある場合をみていきます。

まず、住民が川の水質汚染のない環境で暮らす権利を持つ場合について図８－６ｂでみてみましょう。この図は図８－６ａに対応した図で、右下がりの曲線は需要曲線 D と私的限界費用 PMC の差を表す限界便益曲線 MB、右上がりの曲線は限界外部不経済 MNE を表します。この場合、工場が生産量を１単位増やすと限界便益 MB の分だけ得をしますが、一方で外部不経済を受ける住民は限界外部不経済 MNE の分だけ損をすることになります。このとき、工場が生産を行う

図８－６ｃ　工場に権利がある場合

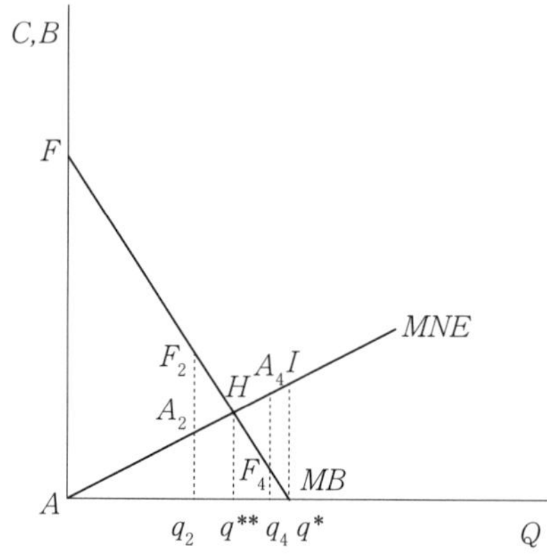

と水質汚染を引き起こして住民の権利を侵害してしまうため、住民の許可なしには工場は全く生産できません。このため最初の生産量はゼロとなり、左下の点 A が交渉の出発点となります。ここで企業は住民と交渉して、住民の受ける被害額である限界外部不経済の分だけ補償金を支払いながら生産量を増加させることを考えます。具体的に生産量 q_1 のときをみてみましょう。このとき、企業は生産量を１単位増やすことで F_1q_1 の限界便益を得ることができます。一方で企業は同時に限界外部不経済の分だけ補償金 A_1q_1 を支払う必要があるので、最終的には F_1A_1 の分だけ企業は得をすることになります。このように、企業は生産量を１単位増やすとき MNE の分だけ支払いが必要ですが、それにより MB だけ得をすることになるので、MB が MNE を上回っている限り、補償金を支払いながら生産量を０から増やし続けた方が得になり、最終的には MB と MNE が等しくなる生産量 q^{**} まで生産量を増やすことになります。なお、q^{**} より生産量を増やしてしまうと、企業は損をしてしまいます。具体的には、生産量 q_3 のとき、限界便益は F_3q_3 ですが、限界外部不経済は A_3q_3 なので、A_3F_3 の分だけ損が発生してしまいます。このため、生産量を q^{**} より増やすことはありません。つまり、住民が権利を持つ場合、企業と住民の自主的な交渉により、最適な生産量 q^{**} が自ずと達成されることになります。

次に企業に権利があり、工場が自由に生産活動を行い水質汚染してもよい場合を図８－６ｃでみてみましょう。このとき、工場が生産を行うと水質汚染を引き起こしますが、自由に生産する権利があるため、限界便益が正である限り生産量を増やし続け、最終的には生産量 q^* まで生産量を増加させることになり、右下の点 q^* が交渉の出発点になります。このとき住民は外部不経済を減らすため、企業に対して、補償金を支払うことで生産量を減らしてもらうように自主的に交渉を働きかけます。具体的に生産量 q_4 のときをみてみましょう。このとき、企業の生産量を１単位減らしてもらうことで、住民は限界外部不経済を A_4q_4 だけ減らすことができます。一方で企業に同時に限界便益の分だけ補償金 F_4q_4 を支払う必要があるので、最終的には F_4A_4 の分だけ住民は得をすることになります。このように、企業に生産量を１単位減らしてもらうとき MB の分だけ住民による支払いが必要ですが、それにより MNE だけ住民の損失が減って得をすることになるので、MNE が MB を上回っている限り、補償金を支払いながら生産量を q^* から減らし続けてもらった方が得になり、最終的には MB と MNE が等しくなる生産量 q^{**} まで生産量が減ることになります。なお、q^{**} より生産量を減らしてしまうと、住民は損をしてしまいます。具体的には、生産量 q_2 のとき、限界便益は F_2q_2 ですが、限界外部不経済は A_2q_2 なので、A_2F_2 の分だけ限界便益を補填する補償金支払い額が限界外部不経済を上回り損が発生してしまいます。このため、生産量を q^{**} より減らすように働きかけることはありません。つまり、企業が権利を持つ場合でも、企業と住民の自主的な交渉により、最適な生産量 q^{**} が自ずと達成されることになります。

このように、コースの定理により、住民の環境に対する権利か、工場の生産する権利か、いずれか１つの財産権さえ認められているならば、当事者間の自主的な交渉によって社会的に最適な生産量が自ずと決定されます。ただ、どちらが権利を持つかによって補償金を支払う経済主体も変化するため、所得配分には大きな違いが生じることになりますので、現実の環境問題においてはより所得の少ない住民側の権利が優先されることが多くなりますし、そもそも所得効果によって限界便益に変化が生じる場合はコースの定理が成り立たない恐れがあります。また、交渉をする前提として限界便益や限界外部不経済の正確な情報を当事者間で共有することが必要ですが、実際の環境問題においてはその推定は難しい場合も多くみられており、例えば公害などでこのような交渉を行うことは難しいでしょう。

コースの定理の前提としてよく知られている条件が、「取引費用はゼロ」というものです。さきほど紹介した例では、企業と住民の間の交渉は非常にスムーズで、一瞬で生産量が調整されて補償金が支払われることが暗に前提とされていました。しかし、実際の公害問題ではそのようなスムーズな交渉は難しく、一つひとつの交渉が時間をかけて行われ、場合によっては裁判にもなり長期間かかり、弁護士費用や移動費用などの多額の費用が双方にかかることになります。このため、コースの定理は公害などの重大な環境問題では成り立たず、自ずと解決されることもなかったため、政府による介入が必要とされることになりました。

コラム　外部経済とネットワーク外部性

本章では、技術的外部不経済の例を中心に考えてきました。このコラムでは技術的外部経済の例についてみていきたいと思います。現代ではインターネットなどのネットワークが非常に重要な役割を果たしていますが、ネットワークと技術的外部経済にも密接な関連性があります。具体的にみてみましょう。

例えば、皆さんはスマートフォンなどの携帯電話を持っていると思いますが、もし世界で自分１人だけが携帯電話を持っているとしたら、それにはどれだけ価値があるでしょうか。電話をかける相手もいなくなり、価値は非常に低くなると考えられます。一方で、スマートフォンを他の人も持てば、携帯電話の通話で待ち合わせもできますし、メールのやりとりもできますし、アプリを通じてインターネット上などでさまざまなコミュニケーションをとることもできます。このように、利用者数が増えるほど財の効用の上がることをネットワーク外部性と呼びます。

現代社会ではネットワーク外部性はさまざまな点で重要です。例えば、アプリを販売する企業側からすると、最初に利用者数を一気に増やすことでアプリの価値が高まるため、宣伝に加えて基本無料化やクーポン配布など新規利用者数の増加を促すためにさまざまな努力を行います。利用者側にとっても、似た機能であれば利用者数の多いアプリの方が自分にとって得になるので、そのようなアプリを利用することになります。もちろん、より機能に優れたアプリであれば利用者数はより増加するでしょう。結果として、日本中・世界中で少数のアプリに利用者が集中し、そのアプリを運営する企業は巨大化して力を持つようになります。

なお、技術的外部経済がある場合も、市場に任せた場合は最適な資源配分とはならず、過少生産となるので、技術的外部不経済とは逆に生産量の増加を促す政策が必要となります。例えば、インターネットなら政府が補助金を出して光回線の導入を推進させるなどが政策の例となります。

【練習問題】

逆需要関数 $p=50-2q$、私的限界費用 $PMC=10+2q$、限界外部不経済 $MNE=q$ のときを考える。

問1　均衡取引量 q^* と社会的に最適な生産量 q^{**} をそれぞれ計算しなさい。

問2　ピグー税を計算しなさい。

第９章　公共財

この章では、市場の失敗の原因の１つである公共財について学びます。

“公共財とは何か”という問に対して、政府[1)]が供給する財やサービスを公共財と考えている人も多くいます。しかし、経済学では財・サービスの性質により公共財かどうかを区別しています。

公共財の持つ性質を分析すると、市場では公共財の最適な供給が困難なことがわかります。これは資源が最適に配分されないことを示しています。そこで、資源を最適に配分するために政府も公共財を供給します[2)]。

以下、公共財の持つ性質、市場が公共財の最適数量を供給できない理由、政府による公共財の供給について学びます。

9.1　公共財の性質

この節では、公共財の性質を説明します。その後、その性質による公共財の分類について、例を挙げて説明します。

財やサービスが公共財かどうかは、供給者によって決められるのではなく、財・サービスそれ自体の持つ性質で決まります。その性質とは、消費の競合性と消費の排除性の２つです。競合性がありかつ排除性も備えている財を私的財、両方とも備えていない財を純粋公共財、どちらか一方を備えていない財を準公共財と分類しています。

1）この章での「政府」は、国と地方公共団体（県市町村）の両方を含みます。

2）政府の経済活動を財政といいますが、財政の３機能の１つがこの資源配分機能です。他の機能には、所得の再分配と景気の安定があります。

■消費の競合性・非競合性

パンを１枚食べる状況を思い浮かべてください。自分１人で食べるのであれば、１枚全部を食べることができます。食べる人が１人増えて２人で１枚のパンを食べるならパンを分け合う必要がありますので、１人分の量は、１人で食べる場合の量よりも少なくなります。このように誰かが消費すると他の誰かの消費量が減ることを、消費は競合するといいます。そして、財やサービスの持つこのような性質を**消費の競合性**といいます。食べ物や飲み物、衣服など日常生活で消費する多くの財やサービスには、消費の競合性が備わっています。

これに対して、複数の人が消費しても１人の消費量が変わらないことを、消費は競合しないといい、そのような財・サービスの性質を**消費の非競合性**といいます。

消費が競合しない財やサービスにはどのようなものがあるでしょうか。身近なものとして、花火大会で打ち上げられる花火を挙げることができます。桜の季節の花見もそうでしょう。これらは、複数の消費者全員が同じ量を消費できるという共通点を持っています。このことを**等量消費**といいます。

一般道も消費が競合しない財です。しかし、通行量が道路の許容範囲を超えると消費の競合性が発生します。次のような状況を思い浮かべてみてください。道路が空いているなら、通行する自動車が１台増えたとしても、自動車はそれまでと同じように走行することができます。これは、一般道に消費の競合性がないから起きる現象です。しかし、道路がとても渋滞している場合、その道路には消費の競合性が発生しているため、新たな車両がその道路を通行できないこともあります。

同じような例として、バスや電車があります。バスも電車も満員になるまでは新たな乗客を受け入れることができます（消費の競合性はありません）が、満員になると消費の競合性が発生し、誰かが下車しない限り新たな客を乗せることはできません。

■消費の競合性・非競合性と追加消費の実現に必要な費用

ここでは、消費者が１人増えるときの費用について考えてみましょう。

まず消費する財に競合性が備わっているケース（例えば、パン）を考えます。Ａさんがパンを１つ食べようとしているとき、追加でＢさんもパンを食べることになったとしましょう。このとき、Bさんもパンを食べられるようにするためには、もう1つパンを調達するか、Aさんが食べる予定のパンを分け合うかのどちらかを行う必要があります。もし、パンを1つ追加調達するならその費用はパンの価格です。また、AさんとBさんで1つのパンを分け合う場合、BさんのためにAさんは消費量を減らします。よって、消費が減ることで失われるAさんの効用がこの場合の費用といえます。

しかし、消費が競合しない財であれば、新たに消費者が追加されたとしても他の消費者の消費量は減りません。例えば、打ち上げ花火を観る人が1人増えても、他の見物人はそれまでと同じように花火を観ることができます。このことから、消費が競合しない財の消費に消費者を追加するための費用はゼロといえます。

消費の競合性がない財・サービスは、消費者数が増えるほど消費者全体の効用が増えます。例えば、打ち上げ花火を観る人数が10人から1人増えるとき既に観ていた10人の効用は減らないので、花火を観る人全員の効用の和は追加の1人の効用分が増加します。このように、費用はゼロで新たな消費者を追加することができ、社会全体の効用が増えるのですから、追加の消費を拒む理由はありません。つまり、消費が競合しない財は、追加の消費者に価格ゼロでの消費を認めることが、最適な消費量を実現する方法といえます。

■消費の排除性・非排除性

財やサービスを消費するときには、多くの場合、対価を払います。これは、対価を払わないと消費できないと言い換えることもできます。このような対価を払わない人に消費させないことを、消費から排除するといい、それが可能である財・サービスの性質を**消費の排除性**といいます。消費の排除性を備えている財やサービスを対価を払わずに消費すると盗人になってしまいます。

これに対して、消費の排除性がない、または、排除するためには莫大な費用がかかるために消費から排除することが不可能な性質を**消費の非排除性**または**消費の排除不可能性**といいます。この性質を備える財やサービスは、対価を払うことなく消費できます。

対価を払うことなく消費できる財やサービスを挙げてみてください。息をするときに吸う空気を挙げた人もいるかもしれません。空気が無料で消費できるのは、空気が（普通に暮らしている地上では）自由財だからです。

表9－1　競合性の有無、排除性の有無による財の分類

	排除性あり	排除性なし
競合性あり	①私的財 ・飲み物・食べ物 ・医療や教育（メリット財）	②コモンズ（準公共財） ・水産資源 ・一般道（混雑している）
競合性なし	③クラブ財（準公共財） ・ケーブルテレビ ・有料道路	④純粋公共財 ・国防・司法・警察 ・一般道（空いている） ・民放地上波テレビ

消費の排除性がない（消費の非排除性を備えている）財・サービスには、一般国道が挙げられます。他にも国防や司法などがあります。これらは、対価（この場合には税金）を払わない人に対して、通行禁止や国防サービスの供給停止などの対策を講じることができないという性質を備えた財・サービスです。

■私的財、純粋公共財、準公共財

消費が競合するかどうかと消費を排除できるかどうかで財やサービスを分類してみましょう。

次の4つに分類することができ、カテゴリーごとに私的財、コモンズ、クラブ財、純粋公共財と呼ばれています。コモンズとクラブ財も公共財ですが、純粋公共財に対して、準公共財といわれます。

①私的財：消費が競合する＆消費を排除できる

②コモンズ：消費が競合する＆消費を排除できない

③クラブ財：消費が競合しない＆消費を排除できる

④純粋公共財：消費が競合しない＆消費を排除できない

表9－1にはカテゴリーに該当する例をいくつか挙げています。その内容は、純粋公共財、コモンズ、クラブ財、メリット財の順に、次以降の項で説明します。

■純粋公共財

一般道に排除性も競合性もないことは先に説明しました。国防と司法に消費の競合性がないことは次のように説明できます。国防が提供するサービスは領土や領海、領空を防衛することですから、地域内の人口が増えても、1人が享受する

サービスに変化はありません。司法についても同様なことがいえます。(警察や民放地上波テレビに消費の競合性がないことや消費の排除性がないことを説明してみてください。)

消費の競合性も排除性も備えていない純粋公共財は、消費者余剰の最大化の視点からは、価格ゼロでの消費が好ましいといえます。価格がゼロですから供給者は収入を得ることができません。よって、民間企業による供給は困難なことがわかります。

コラム　テレビ局の商品は…

「テレビ局は何を売っていると思いますか」と問いかけると、「テレビ番組」という答えがかえってきます。番組をテレビで観ることは消費の非競合性と非排除性を備える純粋公共財ですから、それを商品として売っても番組制作に必要な費用を回収することは難しいでしょう。しかし、100以上の民間地上波テレビ局が存在し、事業として成立しています。

民放テレビ局の売上構成比をみると、広告主が支払うコマーシャル(CM) 放映が上位にきています。あるテレビ局では売上の8割以上がCM放映による収入です。視聴者は民放テレビ局に支払いをしていませんから、テレビ局の主な顧客は広告主といってもいいでしょう。

広告主はCM放映それ自体を買っているのでしょうか。CMの価格を手がかりに考えてみましょう。テレビCMの価格は条件によりさまざまですが、1回15秒の放映で200万円から300万円はするようです。同じCM映像であっても、視聴人口の多い地域にあるテレビ局でのCMや、視聴率の高い番組や時間帯でのCMにはより高い価格がついています。

これらのことから、広告主は人がCM放映を観ることに対価を支払っていると考えられます。よって、民間地上波テレビ局の商品は“テレビの視聴者”といえます。

■コモンズ (Commons)

コモンズとは共有地のことですが、ここでは共有資源の意味でも使います。

共有地が牧草地だとしましょう。共有地ですから、誰でも牛を放牧することができます[3)]。牛は牧草を食べますが、牧草には消費の競合性が備わっています。このとき、消費の排除性がなく競合性を備える牧草はどうなるでしょうか。

共有資源である牧草には消費の排除性がないので、牛をもう１頭放牧するための費用はゼロです。よって、利益を最大にするためにより多くの牛が放牧されることでしょう。その結果として牧草は食べ尽くされ、共有地で牛を放牧していたすべての人に損害が及びます。これを**共有地の悲劇**といいます。

水産資源も共有資源です。魚を例に考えてみましょう。魚は共有地である海を泳いでいるときには誰のものでもありませんが、釣り上げたときにはじめて誰かのものになります。魚を捕ることに排除性はありませんが魚には競合性があります。共有地の悲劇を起こさないために誰か１人が漁獲量を減らしても、その減少分は他の誰かの漁獲量になってしまいますから、誰も漁獲量を減らそうとはしません。その結果、乱獲による魚の大幅減少が起きてしまいます。

共有資源の使用者には、その使用量を増やすことのインセンティブはあります。一方、魚の例でみたように、資源確保のために使用量を制限したり減らしたりする必要性が理解されたとしても、使用者全員で実施しないと実効性はありません。これが共有地の悲劇が起きる原因といえます。しかし資源が私有財産であれば、資源枯渇の問題は起きません。先に挙げた牧草が、共有地ではなく私有地であれば、牧草地の所有者は牧草が無くならないように牛の数を調整するでしょう。

私有財産にすることが難しい場合には、資源の枯渇を回避するために何らかの規制をかける必要があります。水産資源を例にとると、漁業権[4)]が設定されていたり、漁法に制限がかかっていたり、禁漁期間が設定されています。

■クラブ財

クラブ財とは、対価を支払った人だけが消費する競合性のない財・サービスです。会員制の集まりをクラブといいますが、対価を支払った人の集まりをクラブとみなして、クラブ財と呼んでいます。

ケーブルテレビや有料道路は料金を払わないと利用できませんから、消費の排除性があるといえます。しかし、ケーブルテレビは利用者数が増えても、それま

3）これは消費の排除性がないことを示しています。
4）特定の水域で漁業を営む権利です。

でと変わらずテレビ番組を観ることができます。また、有料道路も渋滞が発生していないなら、通行する自動車の数が増えても何の問題もなく走行できます。よって、この２つには消費の競合性がないといえます。

消費の競合性がないので消費の増加に対応する費用はゼロです。限界費用がゼロと同じことですから民間企業による供給は困難な要素があります。しかし、排除性があるため事業継続の収入を得ることができますから、民間企業も供給しています。

有料道路には、東名高速道路をはじめとする高速自動車国道の他に民間企業が提供する有料道路も複数あります。一例として、箱根ターンパイク株式会社は、箱根や伊豆でドライブを楽しむための道路や、小田原と湯河原間を結ぶ国道の渋滞を回避するための道路を有料で提供しています。

■メリット財

メリット財とは、何らかの社会的理由で政府によっても供給される私的財です。例としては、医療や介護、住宅、教育などが挙げられます。

教育を例にして、政府が供給する理由を考えてみましょう。幼稚園・保育園から大学まで、教育機関には公立と私立の両方があります。義務教育は国民の義務ですから、国民がその義務を果たせるように政府は公立小学校や公立中学校を設置運営しています。しかし、それ以外の公立学校は異なる目的を持って設置運営されています。

授業や講義は、ある程度の人数までであれば消費の競合性はありません。しかし、教育課程を修了したことの証である卒業証書は一人ひとりに与えられますので、この視点からは教育には消費の競合性があるといえます。義務教育以外の学校では授業料を支払わなくてはなりませんから、消費の排除性があるといえます。

教育は私的財といえますので、市場を通じて供給されるなら最適な数量が実現します。しかしこの場合、所得の多寡によって消費できる教育の量が左右されてしまいます。教育は、所得が低いからその消費を諦めることも致し方ないという類いのサービスではありません。このような理由から、政府による教育サービスの提供がなされています。

9.2　公共財と市場の失敗

この節では、まず消費の非競合性・消費の非排除性と市場の失敗の関係を説明します。続いて、公共財の社会的需要曲線を導出し、公共財がある場合のパレート最適である条件を求めます。その後、自発的に公共財を供給するときにこの条件が満たされないことを説明します。

■消費の非競合性・非排除性と市場の失敗

消費が競合しない財・サービスは、それが一度供給された後で新たに消費しようとする（追加的な）消費者が支払うべき費用（価格）はゼロです[5)]。よって、最適な消費量になるのは、限界効用ゼロの消費者も消費するとき[6)]であることがわかります。しかしこの場合、供給者は事業を継続するために必要な収入を得られないこともあるでしょうから、市場を通じた最適量の供給は非常に難しいといえます。

もし、クラブ財であるケーブルテレビのように価格が設定されていたらどうなるでしょうか。供給者は新たな消費者からも対価を受け取ることができるので事業は継続できるでしょう。しかし、ケーブルテレビを視聴することで得られる限界効用が価格より小さい消費者は、ケーブルテレビに加入しないでしょう。これは、消費者が望む消費量よりも小さいことを示しています。

このことから、消費の非競合性を備える財に正の価格を付けると、消費量が最適量より小さくなるという結果をもたらすことがわかります。

消費の非排除性は、対価を払うことなく消費ができるという財・サービスの性質です。このとき、自己の効用を最大化しようとする合理的な消費者は、対価を払おうとはしません。このことを**フリーライダー（ただ乗り者）問題**といいます。

合理的な消費者はフリーライダーとして行動しますから、供給者の収入はゼロになります。その結果、誰もそのような財・サービスを供給しようとはしませんから、消費の排除性がない財・サービスは、市場では供給されないことになりま

5）9.1節の「消費の競合性・非競合性と追加消費の実現に必要な費用」の項を参照してください。

6）価格が所与のとき、効用を最大にする消費者は、価格=限界効用となるように消費量を決めます。

す。

■公共財の社会的需要曲線

この項では、公共財の社会的需要曲線は、個人の需要曲線を縦方向に足すことで求められることを説明します。

需要曲線は、財・サービスの消費量とその消費から得られる限界効用の大きさの関係を示しています。純粋公共財である民放地上波テレビ（以下、テレビと記します）の量を番組数で表すこととします。なお、どの番組も観たい内容であると仮定します。

ＡとＢの２人からなる社会を例として考えてみましょう。

テレビは純粋公共財ですから、ＡとＢは同じ番組を消費できます。よって、番組が１つ供給されると、ＡにもＢにもいくらかの限界効用が発生します。このことから、１つの番組がもたらす社会全体の限界効用は、ＡとＢの限界効用を足しあわせた大きさとなります。番組が１つ追加されたときにも同じことがいえますから、社会的需要曲線は個人の需要曲線を縦に足しあわせたものであることがわかります。

一般的に消費量が増えるに従って限界効用は逓減しますので、テレビに対する個人の需要曲線は右下がりの曲線です。ＡとＢの需要曲線を、$p_A = a - bq_A$、$p_B = a - bq_B$（$a>0$、$b>0$）としましょう。公共財の特徴である等量消費は、$q_A = q_B$と表せますので、個人の需要曲線は、数量を$Q(= q_A = q_B)$として、

$$p_A = a - bQ \tag{9.1}$$

$$p_B = a - bQ \tag{9.2}$$

と書き換えることができます。ある数量のときの社会全体での限界効用の大きさ（P）は、ＡとＢの限界効用の和ですから、$P = p_A + p_B$です。この式に、式(9.1)と式(9.2)を代入してまとめると、ＡとＢの２人からなる社会における公共財の社会的需要曲線

$$P = 2a - 2bQ \tag{9.3}$$

が得られます（図９-１）。

図9－1　公共財の社会的需要曲線

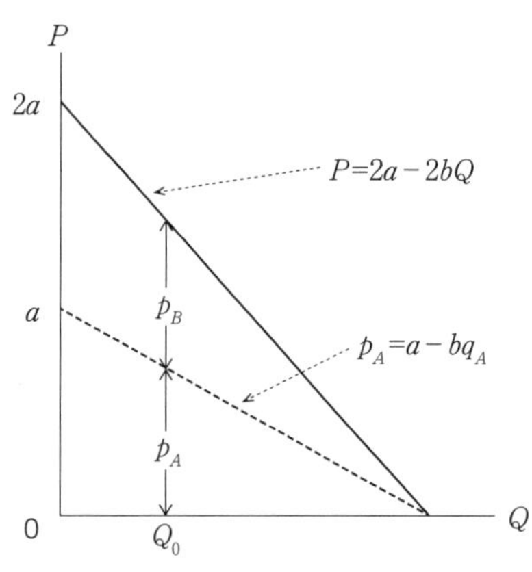

図9－2　公共財の最適供給

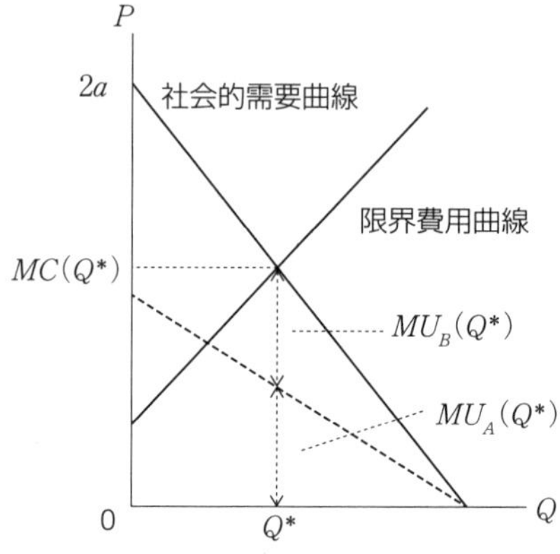

■公共財がある場合の最適条件

公共財の最適供給量は、社会的需要曲線と供給曲線の交点から求められます。**図9－2**はAとBの2人からなる社会における公共財の最適供給量（Q^*）を示しています。交点では、限界費用と個人の限界効用の合計が等しくなっていることは、

$$MC(Q^*) = MU_A(Q^*) + MU_B(Q^*) \tag{9.4}$$

と表されます[7)]。

社会の構成員をAとBの2人に限定し、公共財だけに着目し得られた式(9.4)を解釈し直してみましょう。

式(9.4)での限界費用は、公共財をもう1単位供給するための費用で、その大きさは金額で表示されています。この費用を、金額ではなく、公共財をもう1単位供給するために犠牲にした私的財の数量で表すことが可能です。これを**限界変形率**（Marginal Rate of Transformation：*MRT*）といいます。例えば、“限界費用が100円”ということを、100円分の生産要素を利用して生産できる私的財の量として表すということです。また、式(9.4)右辺の限界効用は限界代替率（*MRS*）で置き換えることができます。そこで、*n* 人からなる社会を構成する人

7）供給曲線の高さは限界費用の大きさを表し、社会的需要曲線の高さはAさんとBさんの限界効用の合計を表します。

に1からnまでの番号を付けて添字で表すと、式(9.4)は

$$MRT(Q^*) = MRS_1(Q^*) + \cdots\cdots + MRS_n(Q^*) \tag{9.5}$$

となります。これを**公共財の最適供給についてのサミュエルソン条件**といいます[8)]。

■公共財の自発的供給

ある消費者が自発的に購入した公共財が他の消費者への供給になっている場合、消費者による公共財購入のことを公共財の自発的供給といいます。2人の消費者（AさんとBさん）が公共財を購入する場合、その購入量（供給量）と費用負担はどうなるでしょうか。

AとBの購入量をそれぞれq_A、q_Bとすると、2人の購入量を合計した数量

$$Q = q_A + q_B$$

が、AとBのそれぞれが消費できる公共財の量です。この数量Qが式(9.4)を満たすなら、自発的供給によって最適な供給量が実現することがわかります。公共財を1単位追加する費用を一定（$MC = c$）として分析してみましょう。

AとBも、相手の購入量によって自分の購入量を変更するでしょう。もし、Bがまったく購入しない（$q_B = 0$）のであれば、Aにとっての最適購入量は$c = MU_A$となるq_A^*です。このとき、$c \geqq MU_B(q_A^*)$なら、q_A^*はBにとって最適な量（等号の場合）か最適レベルを超えた量（不等号の場合）ですから、Bの購入量はゼロのままで、$Q = q_A^*$となります。一方、$c < MU_B(q_A^*)$なら、Bは追加購入することでBの最適消費量に近づけることができます。Bが追加購入するときのQはAにとっての最適消費量(q_A^*)を超えますので、AはQが自分の最適消費量となるように購入量を減らすでしょう。そして、$c = MU_B$となるまでBの追加購入は続き、その数量は$Q = q_B^*$です。

このようにして、公共財を自発的に供給するとき、AとBのそれぞれが消費できる公共財の量は、$Q = q_A^*$か$Q = q_B^*$となります。このQを式(9.4)に代入すると、

8）式(9.4)は、式(9.5)に条件を付け加えた特殊解です。

$$c < MU_A(q_A^*) + MU_B(q_A^*)$$
$$c < MU_A(q_B^*) + MU_B(q_B^*)$$

が得られます。どちらの式も等号が成り立っていませんので、$Q = q_A^*$ も $Q = q_B^*$ も最適な数量とはいえません。右辺の限界効用は数量が増えるに従い低下しますから、等号が成立する最適な自発的供給量（購入量）は $Q = q_A^*$ や $Q = q_B^*$ に比べて大きいことがわかります。

以上により、公共財を自発的な供給に委ねた場合には、社会的に最適なレベルより過小な量が供給されると結論できます。なお、消費者間で交渉したとしても、どの消費者にもフリーライダーとして行動するインセンティブがあり、必要な公共財の量や負担できる費用の大きさについて本当のことを表明しているかどうかを確かめる方法がないため、社会的に最適な量は供給されないことがわかっています。

9.3 政府による公共財の供給：リンダール・メカニズム

市場以外の公共財供給手段として政府による供給があります。１つの方法としてリンダール・メカニズムを簡単に紹介します。

リンダール・メカニズムは、消費者ごとに公共財の費用負担率を提示し、全員の需要量が等しくなったらその量を供給するというものです[9)]。次の４つのステップで構成されます。

ステップ１）

○政府は一人ひとりに公共財の費用負担率を提示する。

ステップ２）

○消費者は、提示された負担率をもとにして、自分の効用が最大になるように公共財の需要量を決め、それを政府に通知する。

ステップ３）

○政府は、消費者全員の需要量が等しいかどうかを確認する。

○等しい場合はステップ４）に移動。

○等しくない場合、政府は通知された需要量の平均を計算し、平均値と通知

9）負担率の合計は１、公共財と私的財の限界変形率は１という仮定を置いています。

図9-3　リンダール・メカニズム

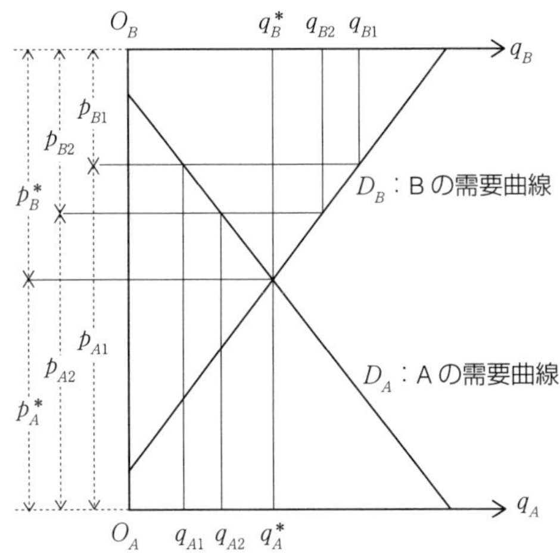

した需要量の大小によって、消費者ごとに新たな負担比率を決め、ステップ1）からやりなおす。

＊新たな負担比率を適用するルール

・平均よりも大きな需要量を通知した消費者の負担率を上げる。

・平均と同じ需要量を通知した消費者の負担率は変えない。

・平均よりも小さな需要量を通知した消費者の負担率を下げる。

ステップ4）…終了

○政府はその量を供給する。

○各消費者は“供給量×負担率”で算出される費用を負担する。

図9-3は、AとBの2人からなる社会で、このメカニズムがどのように働くかを示しています。縦軸が負担率を表し、横軸が公共財の需要量を表します。Aの需要曲線D_Aは左下のO_Aを原点として描かれています。一方、Bの需要曲線D_Bは左上のO_Bを原点として描かれています。

図9-3のストーリーは次の通りです。

1回目のステップ1）で提示された負担率（p_{A1}, p_{B1}）に対するAとBの需要量（$q_{A1}<q_{B1}$）は一致しない。そこで、ステップ3）のルールに従い新たな負担率（p_{A2}, p_{B2}）を提示しても、まだ需要量（$q_{A2}<q_{B2}$）は一致しない。3回目の負担率（p_A^*, p_B^*）提示で需要量が一致し、供給量は$Q^*=q_A^*=q_B^*$、それぞれ

の負担額は $p_A^* \times Q^*$、$p_B^* \times Q^*$ と決まり終了。

このメカニズムによって決まった公共財の供給量（Q^*）では、公共財と私的財の限界変形率がＡとＢの限界代替率の和に等しくなっています。

このことは次のように説明できます。$MRT = p_A + p_B = 1$ と仮定していました。ある数量（q）に対応する負担率（p）は限界代替率（MRS）ですから、$p_A^* = MRS_A(Q^*)$、$p_B^* = MRS_B(Q^*)$ です。これらを $MRT = p_A + p_B$ に代入すると、公共財の最適供給についてのサミュエルソン条件の式(9.5)、$MRT(Q^*) = MRS_A(Q^*) + MRS_B(Q^*)$ が得られます。図９－３にある q_{A1}、q_{A2}、q_{B1}、q_{B2} では、式(9.5)が成り立たないことを確認してください。

リンダール・メカニズムによって決まった公共財の供給量（Q^*）は、サミュエルソン条件（式(9.5)）を満たしています。よって、Q^* は最適な供給量といえます。

これで公共財の最適供給が実現するように思われるかもしれませんが、このメカニズムにも課題があります。この例ではＡもＢも正確に自分の需要量を通知しています。しかし、公共財は消費の非排除性を備えていますので、合理的な消費者は需要量を過少申告しようとします。このメカニズムには過少申告が損になるような仕組みはありませんので、フリーライダー問題は解決されていません。

【練習問題】

ＡさんとＢさんの個人の需要曲線がともに $p = 30 - \frac{1}{2}q$ で、市場の供給曲線が $p = q$ だとします。財が私的財のときと公共財のときのそれぞれについて、最適供給量を求めなさい。

第10章　不確実性と情報

本章は人々の暮らし、ないし企業活動において切っても切れない不確実性の問題を検討します。さらに、不確実性下における意思決定をもとに、新しい経済学として目覚ましく発展してきた「情報の経済学」の基礎を学びます。

10.1　不確実性とリスクへの態度

■我々は不確実性に直面している

ほとんどの選択肢には**不確実性**が伴います。この不確実性は私たちの人生をより複雑にしています。例えば、ネットで洋服を買うとき、既に持っているような似合うとわかっている洋服を買うのか、実際に着てみないと似合うかどうかはわからない憧れの洋服を買うのか。大学受験を考えて、ほぼ確実に行けそうな大学を受けるのか、あるいは判定は厳しいけれど第一志望としていた大学を受けるのか。就職で、より順調に出世し給料が少しずつでも上がっていく民間の企業なのか、失敗するリスクと引き換えに一獲千金を狙って起業を志すのか。人生は不確実性で満ちています。

以下では、「どのような結果になるのか確実にはわからないとき、私たちはどのように合理的に考えて、意思決定をすることができるのか」という問題を考えていきましょう。

■「期待値」ではわからない？　リスクに対する態度

いきなりですが、次の問題を考えてみてください。２つのくじがあります。あなたはどちらを選びますか？

●くじＡ：確実に10万円がもらえる
●くじＢ：確率1/2ではずれで８万円、確率1/2で当たりで12万円をもらえる

くじＡと比べると、くじＢにははずれのリスクはありますが、もし当たればより多くのお金をもらうことができます。ここで今までしっかり勉強をしてきた人は、次のように考えるかもしれません。「期待値をとればどちらのくじの方がもうかるか決めることができる！」。期待値とはもらえる額の平均値のことでした[1)]。では、期待値を求めてみましょう。

〈期待値を計算する〉

くじＡの期待値：$\underbrace{1}_{\text{確率}} \times \underbrace{10\text{万円}}_{\text{金銭的収入}} = 10\text{万円}$

くじＢの期待値：$\underbrace{\frac{1}{2}}_{\text{確率}} \times \underbrace{8\text{万円}}_{\text{金銭的収入}} + \underbrace{\frac{1}{2}}_{\text{確率}} \times \underbrace{12\text{万円}}_{\text{金銭的収入}} = 10\text{万円}$

期待値は同じ10万円となりました。ということは、くじＡとくじＢはどちらでもよい……いや、本当にそうでしょうか。実際には「あれ、私だったら確実なくじＡを選ぶのに」とか「いやいや、ここはリスクをとってくじＢを引きにいこう！」、「期待値が同じであればどちらでもいいな」など意見が分かれるのではないでしょうか。

このように、リスクのある選択肢にどのような態度を見せるかは人によって違うはずです。にもかかわらず期待値で考えると、「リスクに対する態度の違い」をうまくとらえることができないのです。

このとき、確実にお金がもらえるくじＡを選ぶ人は**リスク回避的**な人、リスクのあるくじＢを選ぶ人を**リスク愛好的**な人、そして期待値が同じであればどちらでもよいと考える人を**リスク中立的**な人と呼びます。

■期待効用理論

もらえる金額の期待値では、それぞれが持つリスクへの態度を説明できません。

1）例えば「さいころの出た目の10倍のお金がもらえる」といった場合の期待値は、1/6×10円＋1/6×20円＋1/6×30円＋1/6×40円＋1/6×50円＋1/6×60円=35円となります。

そこで「不確実性があるとき、人はどのように意思決定をするのか？」についての新しい理論（仮説）である**期待効用理論**を考えましょう。

期待効用理論のポイントは、「金銭的収入に対して満足度（以下、**効用**と呼ぶ）がある」という考え方を理解する、ということです。もらえる金額に対して、満足度が人によって異なり、それを効用という言葉で区別して表します。

金銭的収入にも効用がある、という考え方を導入することによって、それぞれの選択肢の効用の期待値（以下、**期待効用**と呼ぶ）を求めることができるようになります。単なる期待値ではなく、この期待効用が最も大きくなるように人々は行動するというのが期待効用理論です。具体的には次のような手順で意思決定を行います。

〈期待効用理論の考え方〉
①くじＡとくじＢという各選択肢の期待効用を計算する
②２つの期待効用の大きさを比べる
③期待効用が最大になる選択肢を選ぶ

この期待効用理論の考え方を用いて、どのようなリスクの態度を持つ人が、どちらのくじを選ぶのかを考えていきましょう。

■金銭的収入に対する効用関数

ここである金銭的収入に対する効用を考えるために、効用関数 $U(x)$ を考えましょう[2)]。ここで、x は金銭的収入を表しています。例えば、８万円もらえるとき、$x=8$(万円) で効用は $U(8)$ と表されます。同じように、10万円もらえるときの効用は $U(10)$、12万円もらえるときの効用は $U(12)$ となります。これをもとに、くじの期待効用を効用関数 $U(x)$ を用いた式で表現してみましょう。

2）通常の効用関数では、x に消費量をとっていたことを思い出してください。それに対して、期待効用理論で用いる、金銭的収入と効用の関係を表した効用関数をノイマン・モルゲンシュテルン効用関数と言って特別な名前をつけて区別しています。ノイマン・モルゲンシュテルン効用関数は基数的な効用関数となります。

図10－1ａ　リスク回避的な人の効用関数

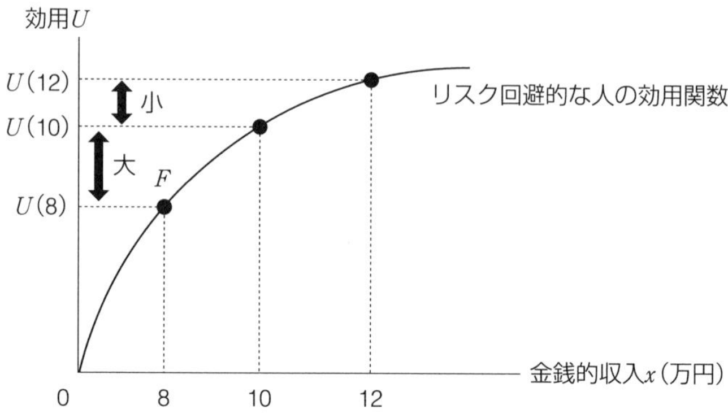

〈各くじの期待効用を表現する〉

くじＡの期待効用：確率１で10万円がもらえる

$$\underbrace{1}_{\text{確率}} \times \underbrace{U(10)}_{\text{10万円の効用}} = U(10) \tag{10.1}$$

くじＢの期待効用：確率1/2で８万円、確率1/2で12万円がもらえる

$$\underbrace{\frac{1}{2}}_{\text{確率}} \times \underbrace{U(8)}_{\text{8万円の効用}} + \underbrace{\frac{1}{2}}_{\text{確率}} \times \underbrace{U(12)}_{\text{12万円の効用}} = \frac{1}{2}U(8) + \frac{1}{2}U(12) \tag{10.2}$$

■リスク回避的な人の効用関数

まず、リスク回避的な人について考えましょう。リスク回避的な人は、リスクのあるくじＢより確実なくじＡを選びました。これを、期待効用理論の言い回しで言い換えると、「くじＢの期待効用（式(10.2)）より、くじＡの期待効用（式(10.1)）の方が大きいのでくじＡを選ぶ」となります。したがって、リスク回避的な人の頭の中を数式で表すと、

$$\underbrace{\frac{1}{2}U(8) + \frac{1}{2}U(12)}_{\substack{\text{くじBの期待効用} \\ \text{式(10.2)}}} < \underbrace{U(10)}_{\substack{\text{くじAの期待効用} \\ \text{式(10.1)}}} \tag{10.3}$$

が成り立っています。

では、このような関係を満たす効用関数はどのような形になっているのでしょ

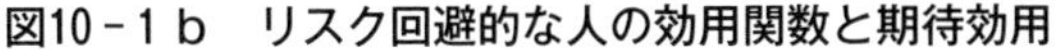

図10－1 b　リスク回避的な人の効用関数と期待効用

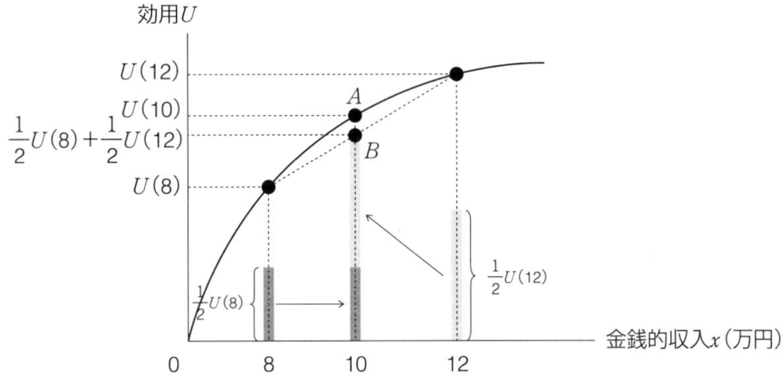

うか。**図10－1 a**を見てください。横軸に金銭的収入 x（万円）を、縦軸に効用の大きさ U をとっています。例えば、点 F は８万円もらったときの効用の大きさ $U(8)$ を表しています。

このリスク回避的な人の効用関数は**凹（オウ）関数**であるという重要な特徴があります（第13章凹関数と凸関数を参照）。凹関数のグラフは効用の上がり方がだんだん小さくなるグラフです（**逓減**）。この特徴は一体何を意味しているのでしょうか。10万円もらったときの効用 $U(10)$ を基準に考えると、12万円当たったときのうれしさ（$U(12)-U(10)$）より、くじが外れてしまい８万円になったときのダメージ（$U(10)-U(8)$）の方が大きくなります。図10－1 aでそれぞれの効用の差分を表していますので、その長さの違いを視覚的に確認してください[3)]。つまり、リスク回避的な人は、当たりでより多くの金額がもらえることよりも、失うことの方をより辛いと感じているのです。

くじＡとくじＢの期待効用は**図10－1 b**で表すことができます。くじＡは確実に10万円もらうことができるので、図中の点 A の高さである $U(10)$ がくじＡの期待効用となります。

では、くじＢはどうでしょうか。くじＢの期待効用である式(10.2)を図形で考えてみましょう。$1/2\times U(8)$ は、$U(8)$ の高さの半分を意味しています。また、

3）このことは数式でも確認できます。リスク回避的な人の期待効用の大小関係を表す式（10.3）の両辺を２倍して、移項してみましょう。すると、$U(12)-U(10)<U(10)-U(8)$ という形に変形することができます。

図10－2　リスク愛好的な人の効用関数と期待効用

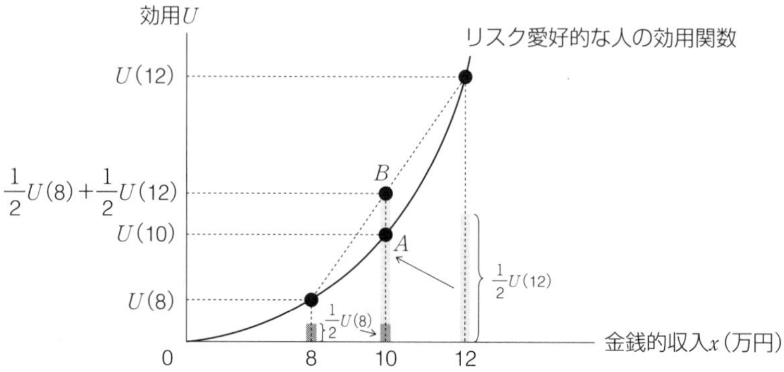

$1/2\times U(12)$は、$U(12)$の高さの半分を意味しています。この2つの図形を縦に足し合わせれば、くじBの期待効用が点Bで表されることがわかります。

くじAの期待効用である点Aと、くじBの期待効用である点Bを比べると、くじAの方が期待効用が大きいことがわかります。これは式(10.3)を表しています。リスク回避的な人の効用関数は凹関数であり、この形状の効用関数を持つ経済主体はリスクのある選択肢を嫌うことがわかりました。

■リスク愛好的な人の効用関数

リスク回避的な人の分析と同じようにして、次にリスク愛好的な人について考えてみましょう。このリスク愛好的な人は、確実に10万円がもらえるくじAよりも、8万円に下がるリスクはあるものの12万円がもらえる可能性があるくじBを選ぶ人でした。これを期待効用理論で言い換えると、「くじAの期待効用（式(10.1)）より、くじBの期待効用（式(10.2)）の方が大きいのでくじBを選ぶ」となります。このことを効用関数$U(x)$を用いて表すと、

$$\underbrace{\frac{1}{2}U(8)+\frac{1}{2}U(12)}_{\substack{\text{くじBの期待効用}\\ \text{式(10.2)}}} > \underbrace{U(10)}_{\substack{\text{くじAの期待効用}\\ \text{式(10.1)}}} \qquad (10.4)$$

となります。リスク回避的な人と不等号の向きが異なり、リスクのあるくじBの方が期待効用が高いことを確認してください。

では、リスク愛好的な人の効用関数の形はどのようになっているのでしょうか(**図10－2**)。リスク愛好的な人の効用関数のグラフの特徴は、**凸（トツ）関数**になっているということです（第13章凹関数と凸関数を参照)。凸関数のグラフは、だんだんと効用の上がり方が増加していきます（**逓増**）[4]。先ほどのリスク回避的な人の効用関数が凹関数であったこととセットで理解しましょう。

リスク愛好的な人のくじAとくじBの期待効用を図10－2で確認してみましょう。図中の点Aは金銭的収入が10万円のときの効用 $U(10)$ を表しています。点Bは $U(8)$ の高さの半分（1/2）と、$U(12)$ の高さの半分（1/2）を足し合わせたくじBの期待効用 $1/2\times U(8)+1/2\times U(12)$ を表しています。

この図を見ると、くじBの期待効用である点 B の方が、くじAの期待効用である点 A よりも高くなっています。したがって、凸の効用関数を持つ人はリスク愛好的であり、リスクのある選択肢をより好むことがわかりました。

■リスク中立的な人の効用関数

最後に、期待値が同じであればどちらでもよいと考える**リスク中立的**な人について考えてみます。この章の最初に計算したように、このくじの期待値はどちらも10万円でした。リスク中立的な人は、2つのくじの期待値が同じであれば、同じ期待効用を得る人です。このことを期待効用理論でいうと、「くじBの期待効用（式(10.2)）と、くじAの期待効用（式(10.1)）は同じなので、無差別である」となります。数式で表すと、

$$\underbrace{\frac{1}{2}U(8)+\frac{1}{2}U(12)}_{\substack{\text{くじBの期待効用}\\ \text{式(10.2)}}} = \underbrace{U(10)}_{\substack{\text{くじAの期待効用}\\ \text{式(10.1)}}} \tag{10.5}$$

と、両くじの期待効用が等しくなっているのです。

では、リスク中立的な人の効用関数の形はどうなっているでしょうか。リスク中立的な人の効用関数は直線となります。**図10－3**を見てください。リスク中立

4）リスク愛好的な人の選好関係（どちらをより好ましいと思うか）を表す式(10.4)の両辺を2倍して、移項すると、$U(12)-U(10)>U(10)-U(8)$ という形に変形できます。これは10万円の効用 $U(10)$ を基準とすると、10万円を失って8万円になるよりも12万円もらう方がよりうれしいということを意味しています。図10－2でもこの式が成り立つことを確認してみましょう。

図10－3　リスク中立的な人の効用関数と期待効用

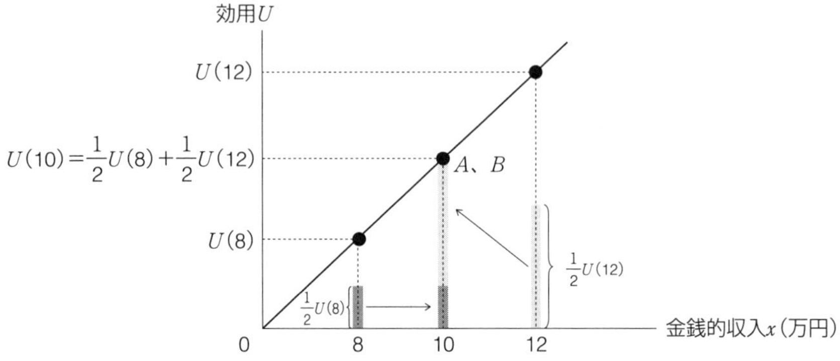

的な人はくじAの期待効用（A点）と、くじBの期待効用（B点）が一致しますが、このことを満たす形は直線となるのです。点Aは10万円もらったときの効用$U(10)$を表しています。同時に、くじBの期待効用$1/2 \times U(8)+1/2 \times U(12)$を表す点$B$にもなっています。

10.2　リスクプレミアム

■リスク回避的な人のリスクプレミアム

本節ではリスクへの対処について学びましょう。いま、リスク回避的な人が小さな金塊を譲り受けたとします。この金塊の価格は確率1/2で８万円、確率1/2で12万円に変動します。リスク回避的な人がこの金塊を売るとしたら、いくらの値段で売ることになるでしょうか。金塊を売るということを経済学的にいうと、「金塊というリスクのある資産を、確実な金銭的収入に換える」ということになります。

まず、リスク回避的な人にとっては、リスクのある資産の期待値と同じ金額を手に入れることは、そのリスクのある資産を持つことよりも望ましくなります（式（10.3）を参照)。この金塊の期待値は10万円（$1/2 \times 8+1/2 \times 12=10$万円）だったことを思い出してください。したがって、価格10万円であれば必ず売却することを選びます。

リスク回避的な人は、リスクのある資産を持っていることを嫌っており、「少

図10－4　リスク回避的な人のリスクプレミアム

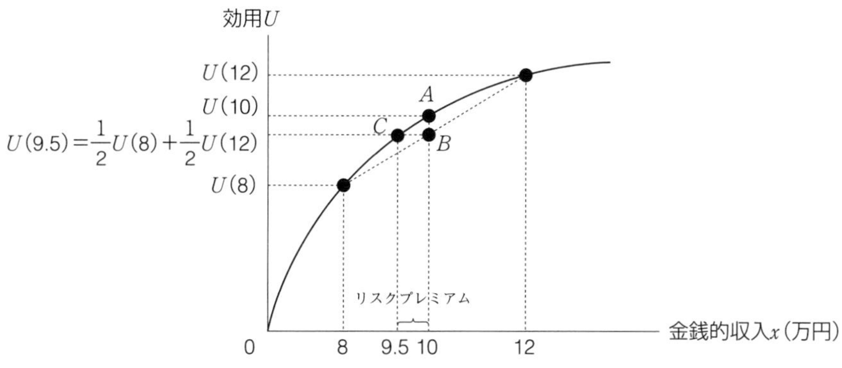

しくらい10万円より安くなったとしても手放して確実なお金に換えておきたい！」と思っています。例えば、9.9万円でも、9.8万円でも売ってもいいと考えるかもしれません。ここでは、期待値の10万円よりも5000円だけ安い9.5万円までなら売るとしましょう。すなわち、確実にもらえる金額（9.5万円）の効用は、不確実な資産である金塊の期待効用とちょうど無差別になります。

「確実にもらえて、リスキーな資産と等しい価値になる額」ということで、この9.5万円を**確実性等価**といいます。効用関数$U(x)$で確実性等価を表現すると、

$$\underbrace{\frac{1}{2}U(8)+\frac{1}{2}U(12)}_{\text{金塊の期待効用}} = \underbrace{U(9.5)}_{\text{確実な9.5万円の期待効用}} \tag{10.6}$$

となります。

以上から、このリスク回避的な人は「リスクを回避するためなら、5000円のお金を放棄してもいい」と考えていることがわかりました。このリスクのある資産と引き換えに失ってもいい金額である5000円を**リスクプレミアム**といいます。リスクプレミアムを式で表すと、

リスクプレミアム ＝ リスクのある資産の期待値－確実性等価

となります。よって、このケースでのリスクプレミアムは、

10万円（期待値）－9.5万円（確実性等価）＝5000円

図10－5　リスク愛好的な人のリスクプレミアム

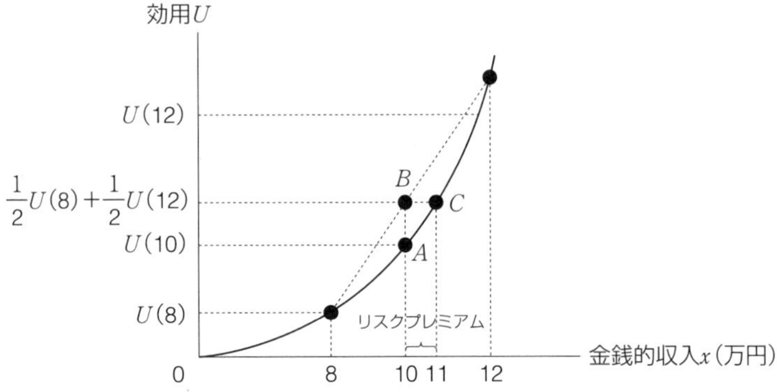

と求められます。リスク回避的な人にも程度の差がありますが、リスクをより回避したい人は、9.5万円どころか９万円で売ってもいいと言うかもしれません。そのときのリスクプレミアムは１万円となります。よって、リスク回避的な人であるほど、リスクプレミアムは大きくなるのです。

続いて、リスクプレミアムをグラフ上で確認してみましょう。**図10－4**を見てください。リスクのある資産である金塊の期待効用はB点でした（$1/2\times U(8)+1/2\times U(12)$）。$B$点から左の方に水平線を伸ばし、効用関数と交わった点を点Cとします。このときの横軸の値は9.5万円になっており、点Cは9.5万円を確実にもらえたときの効用$U(9.5)$にもなっていることがわかります。リスクプレミアムは、リスクのある資産の期待値である10万円から、この資産と等しい価値をもつ確実に得られる金額である確実性等価の9.5万円を差し引いたものです。したがって、図中の10万円－9.5万円の差がリスクプレミアムを表しています。

■リスク愛好的な人のリスクプレミアム

では、リスク愛好的な人のリスクプレミアムはどのように考えられるでしょうか。リスクのある資産に対してより高い価値を見出しているので、反対に期待値の10万円よりも高い金額がつかなければ売ることはないでしょう。例えば10.1万円、10.2万円と考えていき、11万円になったところで「よし売ろう」と考えたとします。このとき、リスクのある資産の期待効用と、確実にもらえる11万円が無差別になります（それぞれ**図10－5**の点Bと点Cで表されています）。したがっ

て、確実性等価は11万円です。このことを数式で表すと、

$$\underbrace{\frac{1}{2}U(8)+\frac{1}{2}U(12)}_{\text{金塊の期待効用}} = \underbrace{U(11)}_{\text{確実な11万円の期待効用}} \tag{10.7}$$

となります。公式に代入するとリスクプレミアムは、

10万円（期待値）−11万円（確実性等価）＝ −１万円（<0）

と計算できます。リスク愛好的な人は、期待値よりも高い額が確実性等価になります。したがって、リスク愛好的な人のリスクプレミアムは負となることに注意しましょう。

なお、リスク中立的な人は、効用関数が直線であり、期待値と確実性等価が一致しています。したがって、リスクプレミアムは０となります（図を実際に書いてチェックしてみましょう）。

■リスクを配分する取引：保険の経済学的意味

以上で学んだ確実性等価やリスクプレミアムの考え方から、リスクに対する態度が違う人々の間で資産の取引が自発的に生じることがわかります。

いま、リスク回避的な人がリスクのある資産である金塊を持っており、9.5万円なら売ってもいいと考えているとしましょう。そこで、リスク中立的な企業（質屋など）がその金塊を9.7万円で買うことにします。リスク中立的なこの企業は、金塊を期待値の10万円と評価しているので、それを3000円も安い価格で買えるため買い取りを行うのです。

この取引によって、リスク回避的な人は、リスクのある資産を無事手放すことができ確実な9.7万円が手に入りました。一方、リスク中立的な企業は10万円と評価していた金塊を9.7万円で買うことができました。このリスク配分の取引に関わるすべての人が得をしている、つまり厚生が改善されていることに着目しましょう。

以上のように、リスクのある資産は、リスク回避の程度が相対的に小さい人のもとに自発的に配分されていきます。これは、各経済主体のリスクに対する態度が違うことから生じます。では、このような経済主体の取引としてどのようなも

のがあるでしょうか。

リスク配分の取引の代表例として、**保険**があります。生きているとさまざまなリスクに直面します。ひょっとすると自動車事故を起こしてしまうかもしれませんし、突然地震や火事が生じてしまうかもしれません。なるべくこのようなリスクは回避したいですよね。そこで、そのリスクをリスク中立的な保険会社に引き受けてもらうのです。例えば、保険料を毎月確実に支払うことで、もし事故や火事が起こったら全額保険会社に負担してもらうということです。私たちはリスク回避的であるがゆえに保険に加入し、よりリスク回避の程度が小さい保険会社にリスクを配分しています。さらにその取引は社会全体の厚生を高める仕組みになっているのです。

10.3　情報の非対称性

私たちはミクロ経済学を学ぶ上で、まず**完全競争市場**を仮定して議論をすすめてきました。しかし現実は複雑なので、それらの仮定が成り立たない場合もあります。本節で考える状況は、完全競争市場での仮定の１つである「(4)買い手も売り手も財・サービスに係わる情報はすべて共有している」（第１章）が成り立たないときです。この仮定は**完全情報**と言われています。実際には、取引する相手の行動や財やサービスの品質がよくわからないというような完全情報が満たされない状況は多いでしょう。このように、一方の当事者は情報を持っているが、もう一方はその情報を持っていないことを**情報の非対称性**といいます。

情報の非対称性といったときの、「情報」は２つの種類に分けることができます。

(1)**隠れたタイプ**：取引相手の能力や商品の品質などがわからない
(2)**隠れた行動**：相手の努力の程度などの行動がわからない

それぞれの情報に応じて生じる問題が異なってきます。情報の非対称性があるとどんな問題が起こるのか、それを解決するためにはどうすればよいのかについて考えていきましょう。

■逆選択問題：隠れたタイプ

逆選択　ここでは、品質や能力といったタイプ情報について情報の非対称性があるケースを考えます。そこで中古車市場を例としてこの問題のエッセンスを理解していきましょう[5)]。

中古車市場には「**レモン**」が混じっているかもしれません。レモンというのは英語の俗語で、「品質の悪い車」という意味をもっています。問題は買い手である私たちには品質の良い中古車なのか、はたまたレモンなのかがわからないという点にあります。売り手は自分で今まで乗ってきた車ですから、エンジンの不具合や走り出すと耳障りな音がするなどの情報を知っています。つまり、この中古車市場には、買い手と売り手のあいだに品質というタイプ情報の非対称性があるのです。

このとき一体なにが起こるでしょうか。いま、品質の良い車と品質の悪い車がそれぞれ50%ずつ市場にあるとして、買い手と売り手の立場から考えてみます。

【買い手】

買い手は品質の良い車には100万円の価値があり、品質の悪い車の方は60万円の価値しかないと考えています。このとき、買い手には、車の品質の区別がつきませんから、**期待値**として支払ってもいいと思える額（**支払い意思額**）を決めることになります。つまり、

$$0.5\times100\text{万円}+0.5\times60\text{万円}=80\text{万円}$$

となり、買い手は80万円までしか出さないということがわかります。

【売り手】

売り手は①品質の良い車を持つ売り手と、②品質の悪い車を持つ売り手の２種類に分けられます。

①品質の良い車を売ろうとしている売り手は車の価値を90万円と評価しているとしましょう。つまり、売り手は90万円以上ならば売ってもいいと考えているの

5）中古車市場における逆選択問題は、経済学者ジョージ・アカロフによって最初に理論化されました。アカロフはこの問題を明らかにした功績として2001年にノーベル経済学賞を受賞しています。

表10－1　隠れたタイプ情報の例

	情報を持つ主体	情報を持たない主体	隠れたタイプ情報
ネットでの中古品売買	売り手	買い手	財の品質
就職活動	学生	企業	生産性
自動車保険	運転手	保険会社	運転スキル
外食産業	店のオーナー	消費者	味や素材の品質
婚活	男性	女性	年収や能力

です。しかし、実際の買い手の支払い意思額は80万円です。したがって、品質の良い車を所有している売り手は車を売ることをやめてしまうのです。

②品質の悪い車を持つ売り手は車の価値を50万円と評価するとします。この売り手にとっては、買い手の支払い意思額は80万円なので「レモンが高値で売れるぞ！」と市場に品質の悪い車を供給するでしょう。

このようにタイプが隠れた情報となるとき、市場から品質の良い財・サービスがなくなり、レモンばかりとなってしまいます。これを、**逆選択**（アドバース・セレクション）といいます[6)]。

中古車市場以外にも、タイプ情報が隠される状況は多くありますので**表10－1**に挙げておきます。いわゆるフリマアプリでの中古品の売買も、出品者がどのような使い方をしたのか、修理歴はあるのかといった情報が隠されている可能性が高く、情報の非対称性が存在すると考えられます。

逆選択への対処　逆選択が発生することで市場が非効率となり、経済活動に支障が生じます。では、逆選択に対処するにはどうすればよいのでしょうか。

(1) **シグナリング**：情報を持つ側が、「自分のタイプは他のタイプとは違う」ということを行動をもって示すことをシグナリングといいます。みなさんはなぜ大学進学を選んだのでしょうか。シグナリング理論はその答えの一つを教えてくれ

6）本来、市場とは品質の良いものが評価されて残っていくメカニズムを持っています。これはいわば、進化論で有名なチャールズ・ダーウィンの「自然選択（自然淘汰）」の原理です。しかし、タイプ情報に非対称性があると、逆に品質の悪いものが品質の良いものを駆逐していくのです。これが逆選択（逆淘汰）と呼ばれる所以となっています。

表10－2　隠れた行動情報の例

	プリンシパル	エージェント	依頼内容
アルバイト	店長	アルバイト店員	売り上げアップ
医療	患者	医者	ケガの治療
企業統治	株主	経営者	企業価値アップ
政治	国民	政治家	国家の運営
自動車保険	保険会社	運転手	注意深い運転

ます。労働市場における学歴の意味を考えてみます[7)]。企業側は学生のみなさんの仕事の能力（生産性）がわかりません。ここに情報の非対称性があります。そこで、みなさんは自分の能力（タイプ情報）を示す必要があります。受験勉強という多大な努力コストを負担し大学を卒業するという行動を示すことで、みなさんの能力を企業に知らせることができるのです。

検定試験の資格をとることもシグナリングといえます。他にも、中古車販売においては、返品や返金の保証をつけるという行動は、品質の悪い車の保有者にとってはコストがかかりすぎてしまう対応になるので選ぶことはできないため、シグナリングとなります。また、いわゆる「婚活」では、男性は高級車に乗るなどの行動をとることで、年収というタイプ情報の非対称性を解消しているのかもしれません。

(2) 情報の開示：情報の非対称性を解消するために最も直接的な方法は、情報の開示でしょう。そのために法律によって強制的に開示させることも重要です。例えば、株式や保険などの金融商品は消費者にとって複雑な場合がありますが、**金融商品取引法**により商品の仕組みやそのリスクを明文化しなければなりません。また、**消費者契約法**では、買い手と売り手の情報の非対称性に着目し、買い手が不利な契約は取消しができます。これは売り手に情報開示のインセンティブを与えるものです。

■モラルハザード：隠れた行動

モラルハザード　次に、相手の努力の程度といった行動情報がわからないというケースの情報の非対称性を考えます。このような状況は、人に仕事を依頼すると

7）シグナリング理論は2001年ノーベル経済学賞を受賞したマイケル・スペンスによって提唱されました。

きに起こります。忙しくて時間がないときや、専門知識やノウハウがないときなど、私たちは他人に仕事を頼むことになります。例えば、アルバイト先の店長はすべての仕事をするのには手が足りないため、みなさんを雇って仕事をさせています。また、ケガをしたときに病院に行きますが、患者には医療に関する専門知識がないため、医者に治療を任せています。他にも**表10－2**のような例があります。

一方の主体が、一方の主体に仕事を依頼するときに生じる問題を考えた分野を、**契約理論（エージェンシー理論）**といいます[8)]。契約理論では、仕事を頼む人を**プリンシパル**（依頼人）、仕事を受ける人を**エージェント**（代理人）といいます。ここでの問題は、プリンシパルにはエージェントの行動がわからないということです。例えば、アルバイト先の店長はみなさんが本当に最大限の努力をしているのか、はたまたサボっているのかわかりません。かといって、常に**モニタリング**（監視）することもできません。

エージェントは努力にコストがかかるため、努力を嫌がります。「努力をしないこと」がエージェントにとって、自らの期待効用を最大化する最適行動になっているのです。このように、行動についての情報の非対称性がある場合、エージェントは自己利益を追求するため、プリンシパルの利害をまったく考慮しません。これを**モラルハザード**といいます[9)]。モラルハザードを簡単な例で考えてみましょう。

【アルバイトの例】

・店長のＰさん（プリンシパル）が、アルバイト学生のＡくん（エージェント）に肉まんの販売促進をお願いする。
・Ａくんは販売促進のために、お客さんに声かけをしなくてはならない。この販促活動には努力を要し、500円分の努力コストがかかる。

8）契約理論への貢献でノーベル経済学賞を受賞した経済学者として、2014年ジャン・ティロールや2016年のオリバー・ハートとベント・ホルムストロームがいます。

9）モラルハザードを直訳すると、「道徳観の欠如」となりますが、これは経済学のモラルハザードとはニュアンスが異なります。経済学では、本人の道徳観に問題があることには着目していません。あくまで、情報の非対称性を重視し、このときエージェントが自分の最適行動をとる結果として生じる問題と考えています。このような認識は、モラルハザードを解決するための方法を理論的に考えるうえで必要な理解となります。

・努力をすると、80％の確率で5000円の売り上げになり、20％の確率で1000円の売り上げになる。一方、努力をしないと20％の確率で5000円の売り上げになり、80％の確率で1000円となってしまう。
・ＰさんはＡくんに900円の時給を支払うと約束している。
・ＰさんとＡくんは共に**リスク中立的**である。

このとき、Ａくんは真面目に努力をするでしょうか。答えは、「努力しない」です。なぜなら、Ａくんが努力すると500円の努力コストがかかるので、固定給である限り「努力する」を選ぶことはないからです。

一方、Ｐさんにとっては努力をしてくれた方が望ましくなります。なぜなら、

- 努力する場合の売り上げ：0.8×5000円＋0.2×1000円＝4200円
- 努力しない場合の売り上げ：0.2×5000円＋0.8×1000円＝1800円

となり、Ａくんが努力した場合の方が売り上げは高いからです。すなわち、ＡくんはＰさんの望む行動を選ばず、両者のあいだでモラルハザードが生じているのです。

モラルハザードの対処　モラルハザードが生じる限り、仕事の依頼がうまく進みません。そうすると、経済における分業の利益が得られず、非効率となります。どうすればモラルハザードを解消することができるでしょうか。先ほどのＰさんとＡくんの例を用いて考えてみましょう。

(1) **インセンティブ報酬**：プリンシパルにとって望ましい行動をとらせるための代表的な方法として、インセンティブ報酬があります。例えば、報酬ルールを固定給から変えて、売り上げが5000円であれば1800円、売り上げが1000円であれば０円という成果に応じた報酬を考えます。このとき、Ａくんは努力をする場合と、しない場合の期待効用を比べて行動を決定します。Ａくんのそれぞれの期待効用は、

- 努力する場合の期待効用：0.8×1800円＋0.2×0円－500円 ＝ 940円
- 努力しない場合の期待効用：0.2×1800円＋0.8×0円 ＝ 360円

となります[10)]。努力する場合には、努力コスト500円を引いているのに注意してください。したがって、Ａくんにとってより期待効用の高い「努力する」を選びます。モラルハザードの要因は、情報の非対称性があることとプリンシパルと

エージェントの目的が異なることです。上の例でも、Pさんは売り上げを最大化したいと思い、Aさんは自らの期待効用を最大化したいと思っているのでそもそも目的が違うのです。インセンティブ報酬はエージェントに成功の誘因を与えることで、この「目的の不一致」を解消することにより、モラルハザードを解決する効果があります。

(2) **モニタリング**：もう1つの方法は、直接的に行動を観察することで情報の非対称性をなくすモニタリングです。PさんとAくんの例であれば、PさんがAくんの横に張りついたり、監視カメラを設置して常にAくんの行動をチェックするという行為がモニタリングにあたります。しかし、モニタリングをすると店長は他の仕事が一切できなくなりますし、監視カメラを店内中に設置するには多くの出費が必要です。実際にプリンシパルがモニタリングをするには多大なコストがかかります。

そこでモニタリングを制度に組み込み、第三者に間接的にエージェントを監視させる工夫がなされています。例えば、企業において経営者は企業価値を最大化する行動をとるよう株主に求められますが、実際には私的な便益を優先させる可能性があります（社長室を豪華にしたり、名声を高める利益度外視のプロジェクトを実施するなど）。そこで、会社法では、経営者を独立に監視する役割として監査役を設けたり、外部からの監視の目として社外取締役の設置を義務づけています。

【練習問題】

問1　いま効用関数が $U(x)=\sqrt{x}$ で表されるとする。この関数は凹関数でリスク回避的な個人であることがわかっている。60％の確率で900円、40％の確率で1600円になる金融資産を持っている。以下の問いに答えなさい。

(1)900円もらえたときの効用を求めなさい（ヒント：$U(900)$ を求めればよい）。

(2)この金融資産から得られる期待効用を求めなさい。

10）エージェントはある金額以上でなければ、そもそも店をやめてしまうかもしれません。この金額を留保効用といいます。ここでは留保効用を満たしていると考えます。詳しく述べていませんが、プリンシパルは留保効用を満たしているか（参加制約）と努力をしてくれるか否か（誘因両立制約）と報酬支払いが最小になっているかということを考えて、インセンティブ報酬を設計する必要があるのです。詳しくはより上級の契約理論のテキストを参照してください。

(3) この金融資産の確実性等価を求めなさい（ヒント：いくらを確実にもらえればこの金融資産の期待効用と等しくなるだろうか）。

(4) リスクプレミアムを求めなさい（ヒント：まずは金融資産から得られる収入の期待値を求めよう）。

問２　本章の内容を説明した次の記述のうち妥当なものを１つ選びなさい。

1. 契約理論では、プリンシパルがエージェントに仕事を依頼するが、エージェント側はプリンシパル側の行動をモニタリングすることはできないし、できたとしても大きなコストがかかる。これにより行動情報について情報の非対称性が発生し、モラルハザードが生じる。
2. 中古車市場では、品質の悪い車である「レモン」かどうかが買い手にはわからないという情報の非対称性が存在する。これにより品質の良い車が売れなくなり、レモンが市場にあふれてしまう逆選択が生じる。
3. 就職活動の際、企業は資格や学歴などを利用するが、これはタイプに関する情報の非対称性を緩和することができるため、モラルハザードを回避することができる。
4. リスク回避的な人がリスク中立的な人にリスクを配分することによって、リスク回避的な人だけが得をすることができるため厚生が改善する。

第11章　労働市場のミクロ分析

第４章では、生産者の理論を学びました。11.1節では、これを応用して、企業の利潤が最大となる労働投入量を求めます。そして、労働需要曲線が右下がりになることを説明します。また、第３章では、消費量の決定について学びました。11.2節では、これを応用して、労働者の効用が最大となる労働時間を求めます。そして、労働供給曲線が右上がりになることを説明します。これらを踏まえた上で、11.3節では、景気や人口が変化すると、時間あたり賃金（以下、本章では単に賃金と表記します）や雇用量はどのように変化するのかを分析します。また、労働市場は、他の財やサービスの市場とは異なる特徴を持っていますが、11.4節では、このことについて取り上げます。

11.1　労働需要曲線

この節では、企業の利潤が最大となる労働投入量を求めます。そして、賃金が下がると、この利潤が最大となる労働投入量が大きくなることを示します。そのことを通して、労働需要曲線が右下がりになることを説明します。

■生産量と労働投入量の関係

企業の利潤を求める前に、まずは、生産量と労働投入量の関係について考えます。ここでは、横軸に労働投入量をとり、縦軸に生産量をとります。この座標軸上において、生産量と労働投入量の関係は、右上がりの曲線で示されるということでした（**図11－1**）。両者の関係が右上がりの曲線で示される理由は、労働投入量が増えると生産量が増加するためと説明することができます。

また、一般的には、労働投入量が大きくなるに従って、生産量を増やせる余地

図11－1　生産量と労働投入量の関係

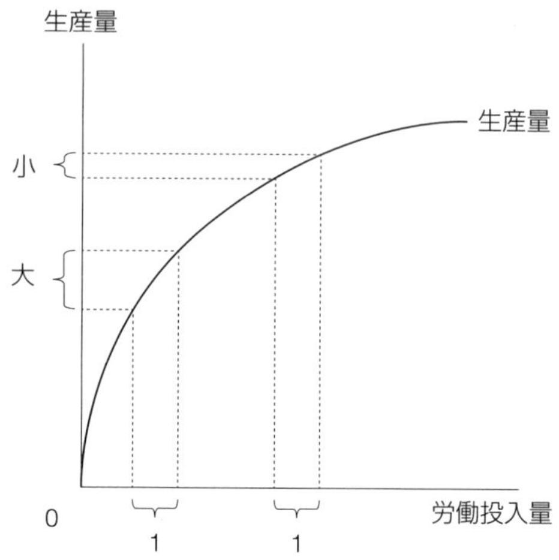

は小さくなります。そのため、すでに労働投入量が大きいときには、労働を増やしても生産量はあまり増えなくなります（図11－1）[1]。そうしたことから、労働投入量が大きくなるに従って、この曲線の傾きは緩やかになります[2]。

なお、労働投入量を1単位増やしたときの生産の増加量（正確には、限界的な増加量）を**労働の限界生産物**と呼びます[3]。この労働の限界生産物の大きさは、図11－1の生産量を表す曲線の接線の傾きと等しくなります。

■企業の利潤

次に、企業の利潤を求めます。第4章では、企業の利潤は以下の式で与えられました。

$$利潤 = 総収入 - 総費用 \quad (11.1)$$

1）一般的に、労働投入量が大きくなるに従って、労働の追加による生産量の増加は小さくなります。このことを、**限界生産物逓減の法則**といいます（限界生産性逓減の法則と呼ばれることもあります）。

2）第4章では、生産量と労働投入量の関係はS字型の曲線で示されました（図4－1）。本章では、この曲線の限界生産物逓増の部分を省略しています。しかし、いずれの場合でも、以下で導き出される結論は変わりません。

3）労働の限界生産物は、限界生産性と呼ばれることもあります。

ここで、生産物の価格を p、生産量を q、賃金を w、労働投入量を L とします。そうすると、企業の利潤は以下の式で表すことができます。

$$利潤 = pq - wL \quad (11.2)$$

企業の利潤がこの式で表される理由は次のとおりです。例えば、500円の商品を10個生産したときの企業の総収入は、500円 ×10個 ＝ 5000円となります。このように、総収入は製品価格 p に生産量 q を掛けたものとなります。そのため、式(11.1)の総収入の値は pq となります。また、例えば、時給1200円の労働者を３時間雇用したときの総費用は、1200円 ×3時間 ＝ 3600円となります[4)]。このように、総費用は賃金 w に労働投入量 L を掛けたものとなります。そのため、式(11.1)の総費用の値は wL となります。こうしたことから、企業の利潤は式(11.2)で表されることになります。

■総収入と労働投入量の関係

続いて、利潤と労働投入量の関係を明らかにするため、まずは、総収入と労働投入量の関係を明らかにします。先ほど検討したように、企業の総収入は製品価格 p に生産量 q を掛けたものとなります。したがって、図11－1の生産量 q を表す曲線に p を掛けたものが、総収入を表す曲線となります（**図11－2**）。そのため、企業の総収入と労働投入量の関係は、右上がりの曲線で表されることになります。そして、この曲線の傾きは、労働投入量が大きくなるに従って緩やかになります。

また、労働投入量を１単位増やしたときの総収入の増加量（正確には、限界的な増加量）を**労働の限界生産物価値**と呼びます[5)]。この労働の限界生産物価値の大きさは、図11－2の総収入を表す曲線の接線の傾きと等しくなります。

■総費用と労働投入量の関係

総収入と労働投入量の関係を明らかにしたので、次に、総費用と労働投入量の関係を明らかにします。先ほど検討したように、総費用は賃金 w に労働投入量 L を掛けたものとなるため、wL となります。したがって、**図11－3**において、

4）ここでは、生産要素として労働のみを使用して生産を行うものとします。

5）労働の限界生産物価値は、限界生産性価値と呼ばれることもあります。

図11－2　総収入と労働投入量の関係

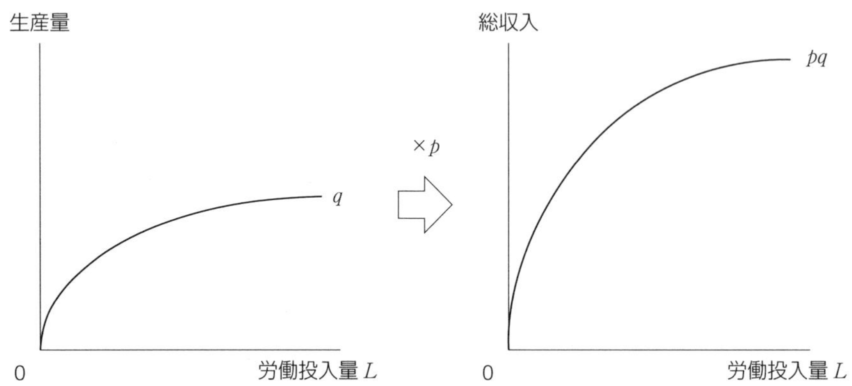

図11－3　利潤の大きさ

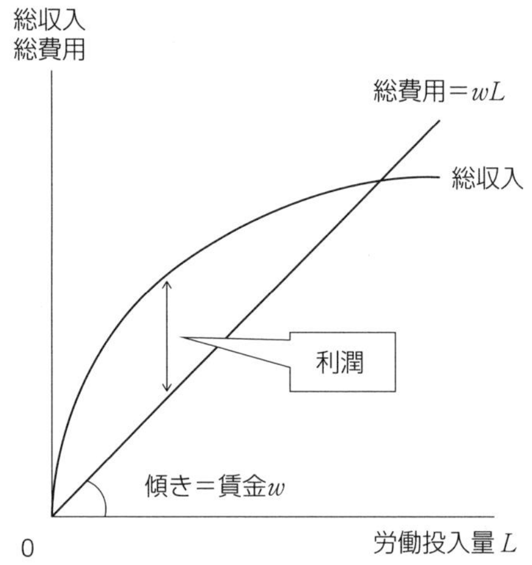

総費用と労働投入量の関係は、賃金 w を傾きとする右上がりの直線で示されることになります。

■利潤が最大となる労働投入量

以上を踏まえて、利潤について検討します。利潤は総収入から総費用を引いたものとなります。そのため、図11－3においては、総収入を表す曲線と総費用を表す直線の垂直方向の距離が、利潤の大きさとなります。

図11－4　利潤の最大化

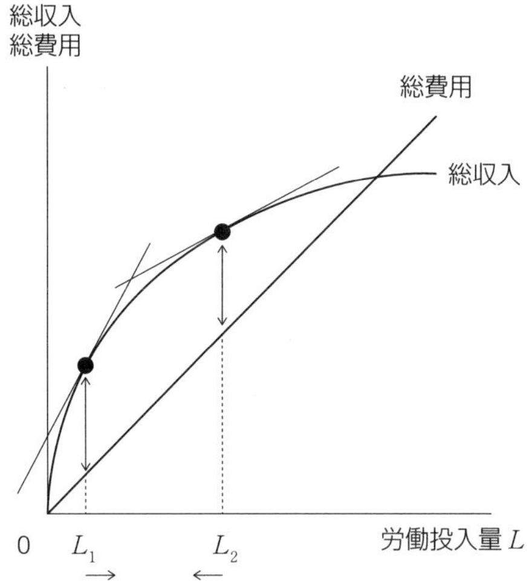

以下では、この２曲線（曲線と直線）の垂直方向の距離が最大となる労働投入量を求めます。すなわち、利潤が最大となる労働投入量を求めます。**図11－4**で示されるように、総収入の接線の傾きが総費用の傾きよりも大きいとき（労働投入量が L_1 のとき）には、労働投入量を大きくすれば、２曲線の垂直方向の差は大きくなります。それに対して、総収入の接線の傾きが総費用の傾きよりも小さいとき（労働投入量が L_2 のとき）には、労働投入量を小さくすれば、２曲線の垂直方向の差は大きくなります。したがって、結局は、総収入の接線の傾きと総費用の傾きが等しくなる労働投入量において、２曲線の垂直方向の差は最大になるということがわかります（**図11－5**）。

すなわち、以下の式を満たす労働投入量において、企業の利潤は最大となります。

$$\text{総収入の接線の傾き} = \text{総費用の傾き} \tag{11.3}$$

ここで、総収入の接線の傾きは労働の限界生産物価値を表すということでした。また、総費用の傾きは賃金に等しいということでした。したがって、利潤が最大となる条件は、

図11－5　利潤が最大となる労働投入量

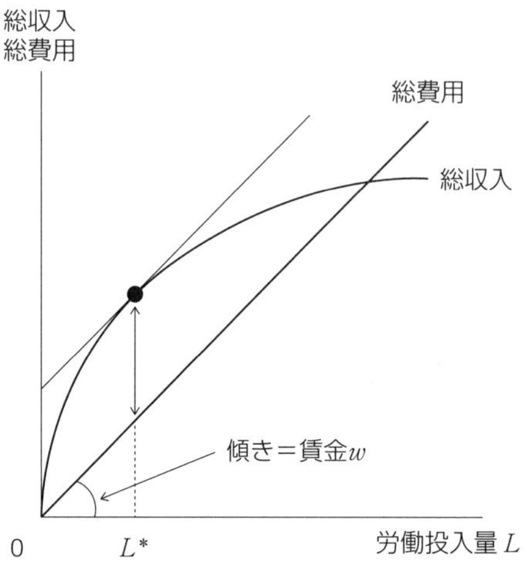

$$労働の限界生産物価値 ＝ 賃金 \tag{11.4}$$

となります。この式を満たす労働投入量が、利潤を最大化する労働投入量となります。

■労働需要曲線の導出

では、図11－5において賃金が下がると、利潤が最大となる労働投入量は、どのように変化するのでしょうか。図11－5において、総費用を表す直線は賃金wを傾きとしていました。したがって、賃金が下がると、総費用を表す直線の傾きが以前よりも緩やかになります（**図11－6**）。

そして、総費用を表す直線の傾きが緩やかになると、総収入の傾きと総費用の傾きが等しくなる労働投入量は、図11－6のL_1からL_2へと変化することになります。（総収入の傾きは労働投入量が大きくなるほど緩やかになるということでした。そのため、総費用の傾きが緩やかになると、その傾きと総収入の傾きが等しくなる労働投入量は、必ず以前よりも大きくなります。）このように、賃金が下がると、企業の利潤が最大となる労働投入量は、以前よりも大きくなります。

以上のように、賃金が下がると、個々の企業が雇用したいと考える労働量は大きくなります。したがって、賃金が下がると、労働市場全体においても、企業が

図11－6　賃金が低下するケース

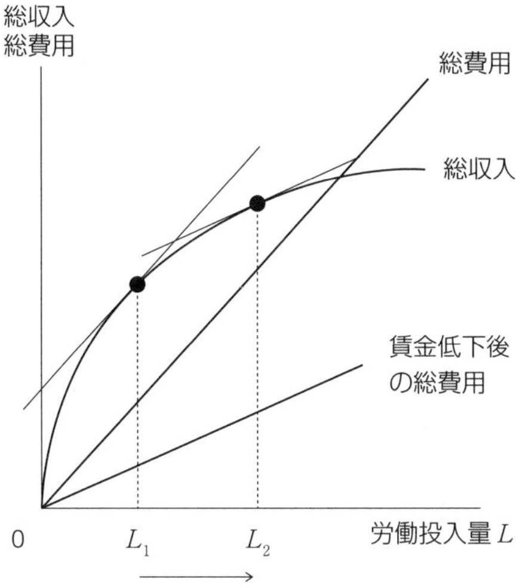

図11－7　右下がりの労働需要曲線

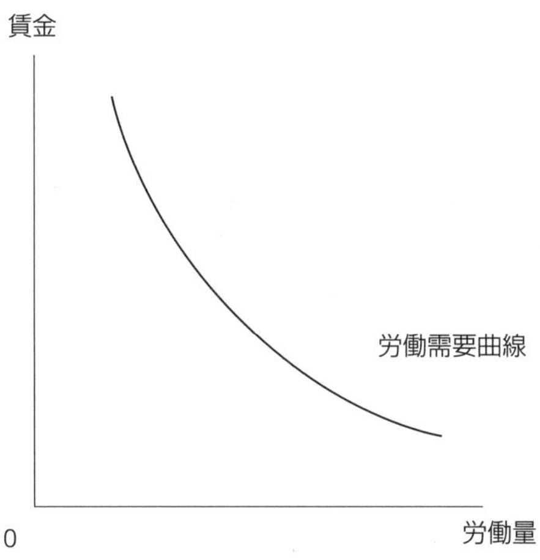

雇用したいと考える労働量の合計は大きくなることになります。そのため、横軸に労働量をとり縦軸に賃金をとる座標軸上において、労働需要曲線は右下がりになります（図11－7）。

11.2　労働供給曲線

この節では、労働者の効用が最大となる労働時間を求めます。そして、賃金が上がると、効用が最大となる労働時間が以前よりも長くなることを示します。そのことを通して、労働供給曲線が右上がりになることを示します。

■労働者の予算制約

労働者が利用可能な時間は限られています。そのため、労働時間を増やせば所得額が増えますが、余暇時間が犠牲になります。すなわち、所得額と余暇時間はトレードオフの関係にあります。そこで、この所得額と余暇時間の関係を明らかにします。

まずは、所得額と労働時間の関係から順に検討します。例えば、時給が1000円で労働時間が6時間のときの所得額は、1000円×6時間＝6000円となります。このように、所得額は賃金に労働時間を掛けたものとなります。したがって、所得額を y、賃金を w、労働時間を h で表すと、所得額と労働時間の関係は、

$$y = wh \tag{11.5}$$

と表すことができます。

ここでは、労働者は利用可能な時間を労働と余暇のいずれかに充てるものとします。また、労働者が利用可能な時間の合計を T とし、余暇時間を l とします。そうすると、労働時間 h は、利用可能な時間 T から余暇時間 l を引いた残りとなるので、

$$h = T - l \tag{11.6}$$

となります。

そこで、この式(11.6)を式(11.5)に代入すると、以下の式が得られます。

$$y = -wl + wT \tag{11.7}$$

よって、所得額 y と余暇時間 l の関係は、この式(11.7)で表されることになります。すなわち、この式(11.7)が、所得額と余暇時間を決定する際に労働者が直面する予算制約となります。そして、この式を図に示したものが労働者の予算線と

図11－8　労働者の予算線

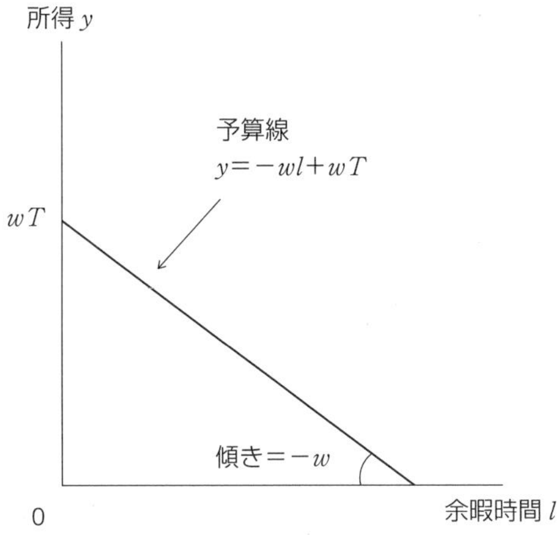

なります。

■労働時間の決定

ここでは、横軸に余暇時間 l をとり、縦軸に所得額 y をとります。この座標軸上に式(11.7)を示すと、傾きが $-w$ で切片が wT の右下がりの直線となります(**図11－8**)。この直線が労働者の予算線となります。

したがって、労働者はこの予算線上の点であれば、余暇時間 l と所得額 y について、どの組み合わせを選ぶこともできます。では、この予算線上のどの点において労働者の効用は最も高くなるのでしょうか。第3章の分析では、予算線上の点のうち、無差別曲線と接する点において効用が最も高くなるということでした[6)]。そのため、最も効用が高くなる余暇時間の長さは、**図11－9**における l^* となります。したがって、余暇時間の長さは、この図の l^* に決まることになります。

余暇時間が決まれば労働時間が決まることになります。労働時間 h は利用可能な時間 T から余暇時間 l を引いた残りとなります。したがって、労働時間の長さは $T-l^*$ に決まることになります。

6）予算線上の点のうち、無差別曲線と接する点において効用が最も高くなることについては、第3章の説明を参照してください。

図11－9　効用が最大となる余暇時間

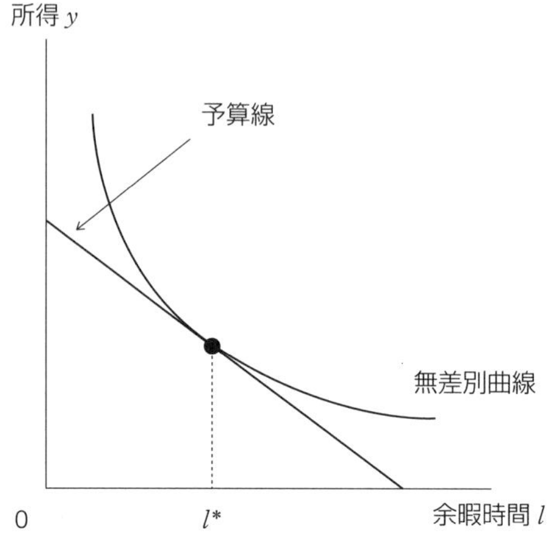

■賃金が上昇したとき

では、賃金が上がると、図11－9はどのように変化するのでしょうか。式(11.7)で示されるように予算線の傾きは $-w$ となります。したがって、賃金が上がると、予算線の傾きの絶対値が大きくなります（図11－10)。

このように予算線が変化すると、余暇時間の長さも変化することになります。これについては、2通りのケースが考えられます。1つは、賃金が上昇して予算線が変化した結果、予算線と無差別曲線の接点が左上に移動するケースです（図11－10 a）。この場合には、余暇時間は以前よりも減少することになります。もう1つは、賃金が上昇して予算線が変化した結果、予算線と無差別曲線の接点が右上に移動するケースです（図11－10 b）。この場合には、余暇時間は以前よりも増加することになります。

■代替効果と所得効果

以上のように、賃金が上昇したときに、余暇時間が減少するケースと増加するケースが起こり得るのは、賃金の上昇が余暇時間に対して2つの効果を持つからです。

1つ目は余暇時間を減少させる効果です。例えば、時給が1000円のときには、1時間の余暇をとることは1000円を諦めることを意味します。しかし、時給が

図11－10a　余暇時間の変化

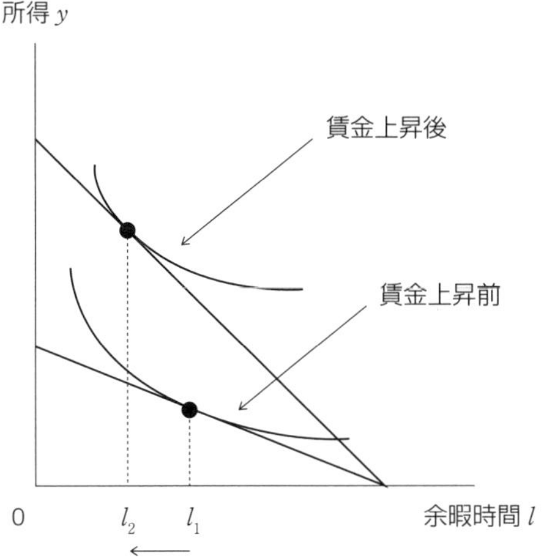

図11－10b　余暇時間の変化

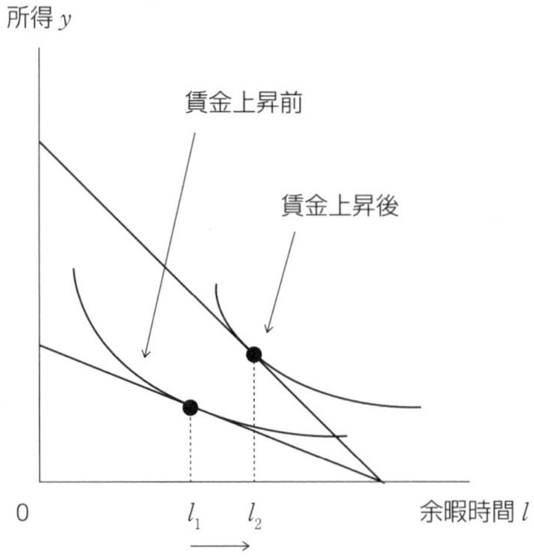

2000円に上がると、１時間の余暇をとることは2000円を諦めることを意味します。このように、賃金が上昇すると、余暇をとることの機会費用が以前よりも大きくなります。この余暇の機会費用の上昇は、余暇時間を減少させます。そのため、

表11－1　賃金上昇が余暇時間と労働時間に及ぼす効果

	余暇時間	労働時間
賃金上昇による代替効果	減少させる	増加させる
賃金上昇による所得効果	増加させる	減少させる

賃金の上昇は、余暇時間を減少させる効果を持ちます。この効果は、第3章で学んだ**代替効果**となります。

2つ目は余暇時間を増加させる効果です。通常は、余暇は上級財（所得が増加したときに需要が増える財）となります。また、賃金が上昇すると、余暇時間を減らさなくても、所得は増加することになります。この所得の増加は、余暇時間を増加させます（なぜならば、余暇は上級財であるから）。このように、賃金の上昇は、余暇時間を増加させる効果も持ちます。この効果は、第3章で学んだ**所得効果**となります。

要約すると、賃金の上昇は、代替効果を通じて余暇時間を減少させ、所得効果を通じて余暇時間を増加させます（**表11－1**）。そのため、代替効果の方が大きい場合には、賃金の上昇によって、余暇時間は減少することになります（図11－10aのケース）。反対に、所得効果の方が大きい場合には、賃金の上昇によって、余暇時間は増加することになります（図11－10bのケース）。

■労働供給曲線の導出

以上のように、賃金が上昇したときの余暇時間の変化の方向は、代替効果と所得効果のどちらが大きいかによって決まります。一般的には、賃金がよほど高くならない限りは、代替効果の方が大きくなると考えられています。したがって、賃金が上がると、余暇時間は減少することになります。すなわち、賃金が上がると、労働者が決定する労働時間の長さは以前よりも長くなります。

このように、賃金が上がると、個々の労働者が働きたいと考える労働時間の長さは以前よりも長くなります。したがって、賃金が上がると、労働市場全体でも、労働者が働きたいと考える労働時間の合計は大きくなります。そうしたことから、横軸に労働量をとり縦軸に賃金をとる座標軸上において、労働供給曲線は右上がりになります（**図11－11**の労働供給曲線の実線部分）。

ただし、賃金が非常に高いときには、所得効果の方が大きくなる可能性もある

図11－11　右上がりの労働供給曲線

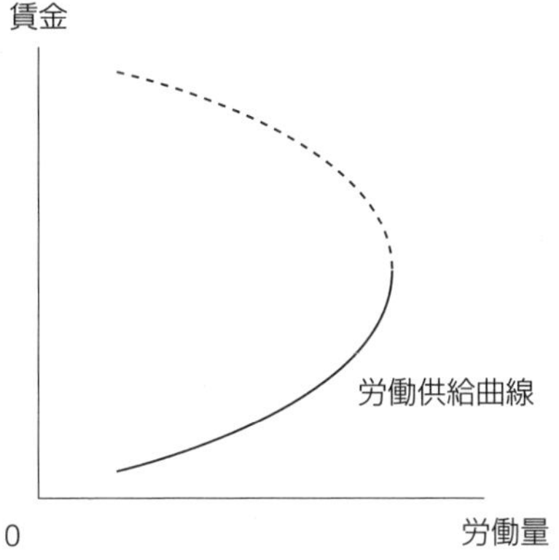

と考えられています。したがって、このときには、賃金が上がると、余暇時間は増加することになります。すなわち、賃金が上がると、労働者が決定する労働時間の長さは以前よりも短くなります。そのため、賃金が非常に高いときには、労働供給曲線は右下がりになる可能性もあると考えられています（図11－11の労働供給曲線の点線部分）[7]。

11.3　賃金と雇用量の決定

■均衡賃金と均衡雇用量

ここでは、横軸に労働量をとり縦軸に賃金をとります。この座標軸上において、労働需要曲線は右下がりの曲線となり、労働供給曲線は右上がりの曲線になるということでした（図11－12）。この２曲線の交点を均衡点といいます。そして、均衡点の賃金水準 w^* を**均衡賃金**といい、均衡点の労働量 E^* を**均衡雇用量**といいます。

いま、労働市場が完全競争市場の性質を持つものとします[8]。この場合には、賃金は均衡賃金 w^* の水準に決まると考えられます。そして、雇用量は均衡雇用量 E^* の水準に決まると考えられます。その理由は次のように説明することがで

7）賃金の水準が高くなると労働供給曲線が右下がりになる性質を、労働供給曲線の後方屈曲性といいます。また、こうした形状の労働供給曲線を、**後方屈曲型労働供給曲線**といいます。
8）完全競争市場の持つ性質については第１章を参照してください。

図11－12　賃金と雇用量の決定

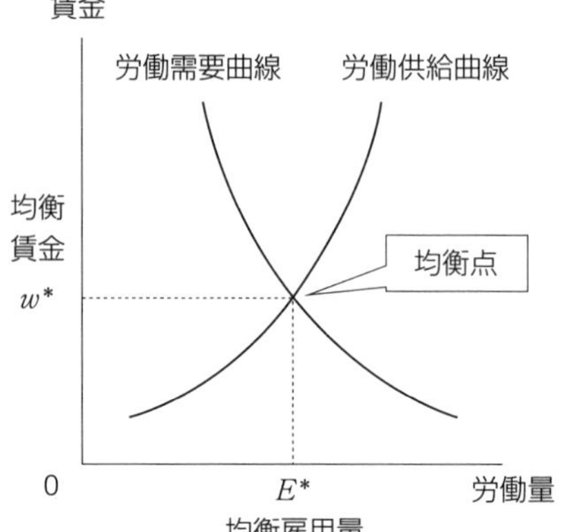

きます[9)]。

図11－12において、賃金が均衡賃金 w^* よりも高いときには、労働供給量が労働需要量を上回るので、労働市場では失業が発生することになります。そのため、賃金は次第に下がっていくことになります。反対に、賃金が均衡賃金 w^* よりも低いときには、労働需要量が労働供給量を上回るので、労働市場では人手不足が発生することになります。そのため、賃金は次第に上がっていくことになります。

このように、賃金が均衡賃金 w^* よりも高いときには、賃金は次第に下がっていき、均衡賃金 w^* よりも低いときには、次第に上がっていきます。そのため、結局のところ、賃金は均衡賃金 w^* の水準に落ち着くと考えられます。その結果、雇用量も均衡雇用量 E^* の水準に落ち着くと考えられます。

■労働需要曲線がシフトするケース

賃金が下がると労働需要量は増加するということでした。それゆえに、労働需要曲線は右下がりになるということでした。では、賃金以外の要因が変化して、労働需要量が変化した場合には、労働市場はどのように変化するのでしょうか。

ここでは、賃金以外の要因によって労働需要量が変化するケースとして、好景気により労働需要が増加するケースを考えます[10)]。好景気により労働需要が増加

9）より詳しい説明は、『トリアーデ経済学１　経済学ベーシック［第２版］』第11章を参照してください。

図11－13　労働需要曲線のシフト

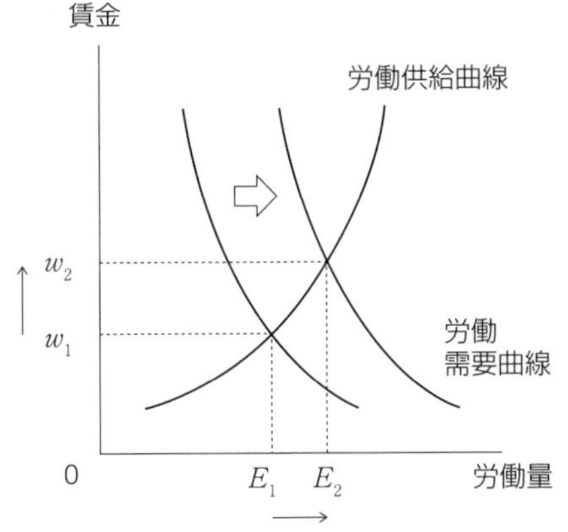

図11－14　労働供給曲線のシフト

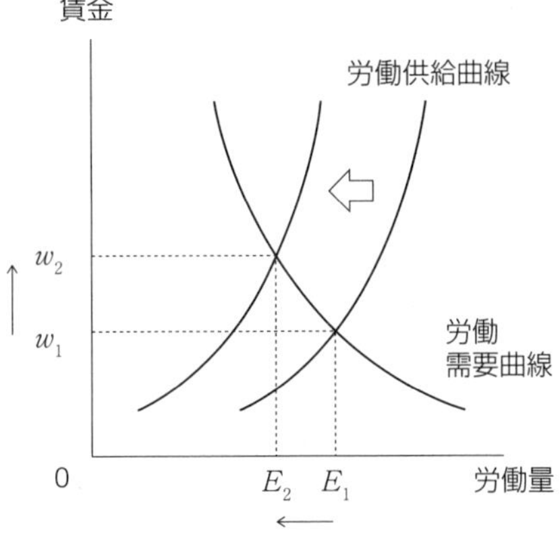

した場合には、すべての賃金水準において、労働需要量は以前よりも大きくなります。そのため、好景気によって労働需要が増加した場合には、労働需要曲線そのものが右にシフトすることになります（図11－13）。

このようにして、労働需要曲線が右にシフトすると、均衡点は右上に移動することになります。その結果、均衡賃金は図11－13の w_1 から w_2 へと上昇し、均衡雇用量も E_1 から E_2 へと大きくなることになります。したがって、好景気になると、賃金は上昇し、雇用量は増加すると考えられます。

■労働供給曲線がシフトするケース

賃金が上がると労働供給量は増加するということでした。それゆえに、労働供給曲線は右上がりになるということでした。では、賃金以外の要因が変化して、労働供給量が変化した場合には、労働市場はどのように変化するのでしょうか。

ここでは賃金以外の要因が変化して労働供給量が変化するケースとして、少子化による人口減少で労働供給が減少するケースを考えます。少子化によって労働供給が減少した場合には、すべての賃金水準において、労働供給量は以前よりも小さくなります。そのため、少子化によって労働供給が減少した場合には、労働供給曲線そのものが左にシフトすることになります（図11－14）。

10）好景気になると、財やサービスの生産量が増加します。財やサービスの生産量が増加すると、生産に必要な労働量が増加します。そのため、労働需要量は増加することになります。

このようにして、労働供給曲線が左にシフトすると、均衡点は以前よりも左上に移動することになります。その結果、均衡賃金は図11－14の w_1 から w_2 へと上昇し、均衡雇用量は E_1 から E_2 へと小さくなることになります。したがって、少子化によって人口減少が進むと、賃金は上昇し、雇用量は減少すると考えられます。

11.4　労働市場の特徴

以上では、労働市場が完全競争市場であると想定して分析を行いました。もちろん、現実の労働市場は、必ずしも完全競争市場の条件を満たしている訳ではありません。しかし、こうした分析は、経済環境が変化したときに賃金や雇用量がどのように変化するのかを大まかに知る上で有用なものとなります。

また、労働市場は他の財やサービスの市場とは異なる特徴として、以下の特徴を持っています。１つ目の特徴として、取引される対象は労働者本人ではなく、労働サービスであるという点を挙げることができます。

２つ目の特徴として、労働サービスの質は労働者の行動によって変化するという点を挙げることができます。すなわち、労働者の努力の水準によって、労働サービスの質は変化するということです。そのため、労働市場には、労働者の努力水準を下げないようにするための仕組みが必要となります。第10章で紹介されたインセンティブ報酬やモニタリングといった方法は、労働者の努力水準を下げないようにするための仕組みの一例となります。

３つ目の特徴として、労働サービスの質は教育や訓練によって高めることができるという点を挙げることができます。そうしたことから、労働市場において学歴が果たす機能や、労働者にスキルの習得を促す仕組みについても、経済学では分析の対象とされてきました。例えば、人的資本理論と呼ばれる理論では、人々や企業が教育投資や訓練投資を行い、後の生産性の向上によって、その投資を回収する仕組みについて説明されます。また、第10章で紹介されたように、シグナリング理論は、学歴が労働者の能力のシグナルとして機能しうることを指摘しています。

【練習問題】

問１　景気の悪化によって労働需要が減少すると、均衡賃金は上昇するでしょうか。あるいは低下するでしょうか。また、均衡雇用量は大きくなるでしょうか。あるいは小さくなるでしょうか。

問２　通常は、余暇は上級財であるため、労働以外からの所得が増えると、人々の余暇時間は増加します。労働以外からの所得が増加すると、均衡賃金は上昇するでしょうか。あるいは低下するでしょうか。また、均衡雇用量は大きくなるでしょうか。あるいは小さくなるでしょうか。

第12章　国際貿易

国際貿易とは、国内市場と海外市場すなわち、国境を越えた市場取引にほかなりません。ミクロ経済学は、これまでの章で説明したように、生産者と消費者の行動と経済取引と資源配分の分析がその主な内容です。国際貿易の理論は、ミクロ経済学の応用として理解できます。

この章では、国際貿易のメカニズムを説明するリカードの比較優位の原理を紹介した後、国際貿易による利益、政府が国際貿易に介入する貿易政策の評価を取り上げます。

12.1　国際貿易の発生要因：比較優位論

■比較優位の原理

国際貿易の発生原因と貿易からの利益を説明する最も基本的な理論は、リカードの**比較優位**（comparative advantage）の原理です。**リカード・モデル**は、2つの国、2つの産業、1つの生産要素からなっています。ここでは、2つの国（自国：H、外国：F）、2つの産業（半導体：I、お米：R）と1つの生産要素（労働：L）とする2部門モデルを仮定します。

自国は、1単位の半導体の生産には2の労働、お米の生産には4の労働が必要であるとします。一方、外国は、1単位の半導体には10の労働、1単位のお米には5の労働が必要です。財1単位の生産に必要な労働を**労働投入係数**と呼び、ここではaとします。生産要素が労働1つですので、賃金が与えられると、[労働投入係数×賃金＝生産費用（1単位あたりの）]になります。**表12-1**は各国における各財の労働投入係数を表しています。

労働投入係数は、財1単位の生産に必要な労働の量なので、その逆数（$1/a$）

表12－1　自国と外国の投入係数

	半導体 (I)	お米 (R)
自国 (H)	$a_I^H = 2$	$a_R^H = 4$
外国 (F)	$a_I^F = 10$	$a_R^F = 5$

は１人の労働者が生産できる量、すなわち**労働の生産性**になります。自国において、半導体１単位の生産には２人の労働が必要なので、１人の労働者は1/2の半導体を生産できることになります（外国の半導体の生産性は1/10）。この例では、自国の方が外国に比べ半導体とお米の両方において生産性が高いです。すなわち、両財の生産において自国は外国に対して**絶対優位**にあります。しかし、絶対優位では、２つの国が貿易を行う原因を説明することはできません[1)]。

では、比較優位ではどうでしょうか。比較優位は、自国の半導体とお米の投入係数の比を外国と比較することです。

$$\left[\frac{\text{半導体の投入係数}}{\text{お米の投入係数}}\right]\cdots\left(\frac{a_I^H}{a_R^H}=\frac{2}{4}\right)_{\text{自国}}<\left(\frac{a_I^F}{a_R^F}=\frac{10}{5}\right)_{\text{外国}} \qquad (12.1)$$

式(12.1)は、半導体の労働投入係数をお米の労働投入係数で割った値（＝半導体の相対的生産費用）を両国で比較したものです。この半導体の相対的費用は、自国で1/2、外国で２となり自国の方が低いことがわかります。この結果から自国は半導体の生産に比較優位を持ち、外国はお米の生産に比較優位を持つことになります[2)]。

相対的生産費用とは、**機会費用**の意味を持ちます。自国で、半導体１単位を追加生産するためには、お米の生産から２単位の労働を半導体の生産に回す必要があります。お米の生産から２単位の労働が引き抜かれると、お米の生産は0.5単位減少します。すなわち、自国において、半導体１単位生産の機会費用は0.5単位のお米です。一方、外国においては、１単位の半導体の追加生産には２単位のお米を犠牲にしなければなりません。外国においての半導体の機会費用は２単位のお米です。お米で測った半導体の機会費用は、自国＝0.5、外国＝２となり、

1）『トリアーデ経済学Ｉ　経済学ベーシック［第２版］』第７章を参照してください。
2）リカードのモデルは、相対的生産費用の差で貿易の発生原因を説明したことで比較生産費説とも呼びます。

自国の方が低いことになります。お米の機会費用は同様な計算で、自国＝2、外国＝0.5となり外国の方がお米の機会費用が低いです。以上から、自国は半導体の生産に比較優位を持ち、外国はお米の生産に比較優位を持つことになります。

比較優位の決定は、両国の生産性（投入係数の逆数）の比からも説明できます。半導体の生産において、自国は外国に比べ500％（0.5/0.1=5）に達しており、一方、お米においては125％（0.25/0.2=1.25）です。自国の生産性は、両財において外国より高いですが、半導体の方が相対的に優位です。外国は、自国に比べ、半導体は20％、お米は80％と低いです。外国はすべての財において生産性が低いですが、お米の方が半導体より相対的に優位です。この相対的に優位という概念が比較優位の核です。

以上のことから、自国は比較優位である半導体の生産に特化、輸出し、比較劣位であるお米は、生産をやめ外国から輸入する**貿易のパターン**が決まります（外国は、お米を輸出、半導体を輸入）。

■生産可能性フロンティア

自国の総労働量（L_H）を400、外国の総労働量（L_F）を1,000と仮定します。両国において、半導体の生産に投入される労働の量は、投入係数（a_I）に半導体の生産量（I）を掛けたものになります（お米は、$a_R \times R$）。労働が完全雇用されることを仮定すると、2つの財の生産に投入される労働量の合計は、一国の総労働量と等しくなります。したがって、生産に関する労働量の制約条件は、

$$a_I \cdot I + a_R \cdot R = L \tag{12.2}$$

になります。この式(12.2)をお米の生産量Rに関する式に変形すると、

$$R = -\frac{a_I}{a_R} \cdot I + \frac{L}{a_R} \tag{12.3}$$

になります。式(12.3)から、縦軸をお米の生産量R、横軸を半導体の生産量Iとする、傾きが$-a_I/a_R$の直線のグラフが描けます。縦軸の切片L/a_Rは、すべての労働をお米の生産に投入した場合、生産できるお米の量になります。同じく、横軸の切片L/a_Iは、この国で生産可能な最大の半導体の生産量になります。一定の生産要素（資源）を利用して生産可能な2つの財の組み合わせを示す曲線を、

図12－1 a　自国の生産可能性フロンティア

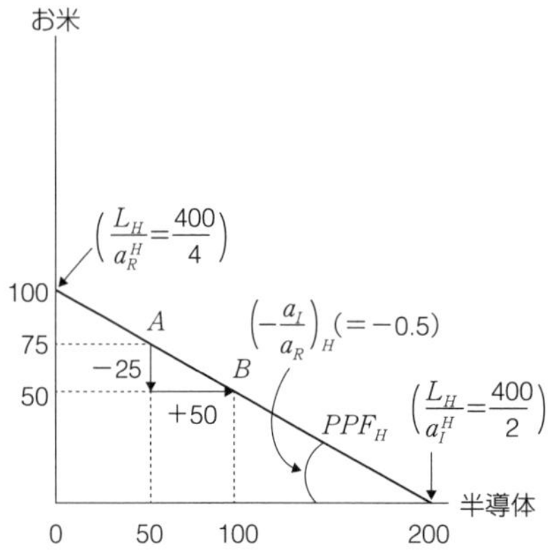

図12－1 b　外国の生産可能性フロンティア

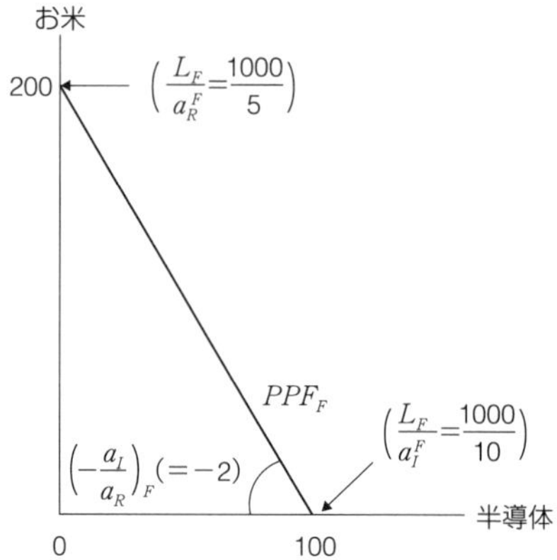

生産可能性フロンティア（Production Possibility Frontier：*PPF*、または**生産可能性曲線**）と呼びます。

図12－1 aから、自国において、お米の生産量を75単位から25単位を減らし50単位を生産した場合、半導体の生産量は、50単位から50単位の生産が増え100単位の生産となります（*A* 点から *B* 点へ）。この半導体の増加量 ＋50単位とお米の減少量 －25単位の比率0.5（絶対値）を**限界変形率**（Marginal Rate of Transformation：*MRT*）と呼びます。限界変形率とは、生産要素を１つの産業から他の産業に移動させたとき、２つの財の生産量の変化の比率を意味します。

図12－1 aと**図12－1 b**は、自国と外国の生産可能性フロンティアを示しています。また、この生産可能性フロンティアの傾きは、限界変形率になります。リカード・モデルにおいて、限界変形率は、労働投入係数の比率となりますので、２つの国の生産可能性フロンティアの違いは、傾きの違いであり、労働投入係数の比の違いであることがわかります。

12.2　国際貿易の利益

この節では、比較優位に沿って貿易が行われたとき、どのような利益が発生するのかを説明します。

今までは、財の量のみで説明しましたが、価格を考慮してみましょう。リカード・モデルでは、生産要素が労働１つなので、価格は生産費用の要素である賃金（w）によって決まります。財が２つしかない場合、当該財の価格を基準にとるときには、当該財の価格はそれほど重要な意味を持っていません。分析においては、当該財の価格に対する他財の価格の比である**相対価格**を使うのが有用です。

ここで、財の生産費用は、［賃金×労働投入係数］ですので、相対価格は、投入係数の比となります[3)]。

$$相対価格(P) = \frac{半導体の価格(= w \cdot a_I)}{お米の価格(= w \cdot a_R)} = \frac{半導体の投入係数(a_I)}{お米の投入係数(a_R)}$$

ある国が他国と貿易をしていないすなわち、国内ですべてを生産し消費している状況を自給自足経済（または、閉鎖経済）といいます。自給自足のとき、自国は50単位のお米と100単位の半導体を生産・消費、外国は100単位のお米と50単位の半導体を生産・消費しているとします。このとき、自国の相対価格は、

$$P_H = \frac{p_I^H}{p_R^H} = \frac{a_I^H}{a_R^H} = \frac{1}{2}$$

が成立します。外国の場合は、$P_F = 2/1$ となります。また、国内で生産された財が国内で消費される自給自足経済のときは、一国の「生産量＝消費量」となります。

ここで、比較優位に沿って貿易が行われるとします。自国は、お米の生産をやめ、比較優位である半導体の生産に特化し、外国はお米の生産に特化します。自国において、すべての労働を半導体の生産に特化すると200単位の半導体が生産できます。一方外国は、お米に特化した場合、200単位のお米が生産できます。したがって、世界全体の半導体の生産は、150単位から200単位に＋50単位増加、お米も＋50単位増加し200単位になります。両方の財において＋50単位の増加を**特化の利益**と呼びます（**表12－2**を参照）。

貿易前には、自国と外国で相対価格が異なっていましたが、貿易が始まると、両国は共通の相対価格を設定する必要があります。

この国際市場での相対価格とは、２つの財の交換の比率のことです。この国際

3）両産業において賃金は同じであるという条件が必要です。

表12－2　自給自足経済と貿易後の生産・消費

	貿易前		貿易後			
	生産量＝消費量		生産量		消費量	
	半導体	お米	半導体	お米	半導体	お米
自国(H)	100	50	200	0	110(+10)	90(+40)
外国(F)	50	100	0	200	90(+40)	110(+10)
世界全体	150	150	200(+50)	200(+50)	200(+50)	200(+50)

市場での相対価格を**交易条件**（Terms of Trade：*TOT*）と呼びます。貿易が成立するための交易条件（*TOT*）は、

$$自国(1/2) < TOT < 外国(2/1)$$

となります。すなわち、自国は半導体生産に特化、外国はお米の生産に特化する条件です。

ここでは、1単位の半導体と1単位のお米が交換できる、「交易条件＝1」と仮定します。これは、自国が1単位の半導体を輸出することで輸入できるお米の量のことです[4)]。

各国の効用最大化が実現できる最適消費量は、消費のパターン（効用関数と無差別曲線の形状）によって決まりますが、自国は200単位の半導体を生産し、国内で110単位を消費すると仮定しましょう。残り90単位の半導体は、外国に輸出します。90単位の半導体で交換できるお米は、交易条件＝1から90単位のお米になります。

結果的に、自国は110単位の半導体と90単位のお米を消費することになります。自給自足のときに比べ、半導体は＋10単位、お米は＋40単位だけ、数量が増加したことになります。外国では、お米は＋10単位、半導体は＋40単位となります。この数量、すなわち消費量の増加を**交換の利益**と呼びます。

貿易の利益は、生産量の増加である「特化の利益」と消費量が増加する「交換

4）交易条件は「TOT ＝ 輸出財の価格（P_X）／輸入財の価格（P_M）」で定義しています。貿易均衡状態では、「輸出額＝輸入額」が成立します。したがって、$P_X \cdot EX_Q = P_M \cdot IM_Q$ から、$P_X/P_M(TOT) = IM_Q/EX_Q$ になり、本文のように価格ではなく、輸出量・輸入量でも定義することができます。

図12－2 a　国際貿易の利益：自国(*H*)

図12－2 b　国際貿易の利益：外国(*F*)

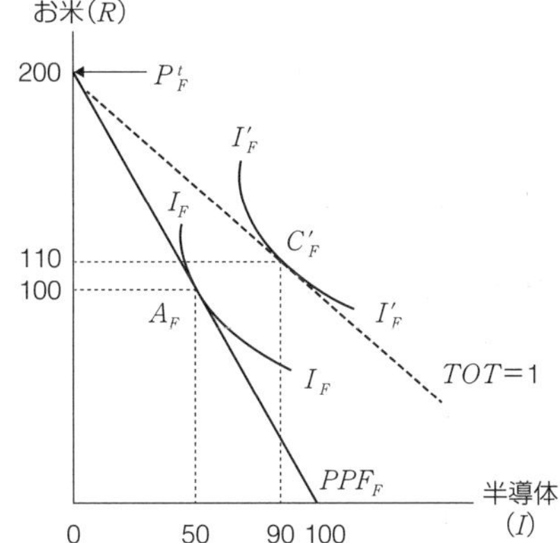

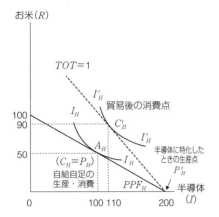

の利益」からなります。

図12－2 aと**図12－2 b**は、以上の説明を図示したものです。図12－2 aにおいて、貿易前の自国の生産 P_H（＝消費 C_H）は、点 A_H でお米50、半導体100です。

貿易開始によって自国が半導体に特化した場合、お米の生産はゼロとなり、半導体の生産量は200単位（点 P^t_H）になります。自国は、200単位の半導体を生産、国内で110単位を消費、90単位を外国に輸出し90単位のお米を輸入しますので、半導体110単位とお米90単位の消費になります（点 C^t_H）[5)]。

消費者の効用最大化は、無差別曲線を用いて説明できますが、国際貿易による利益の分析には、消費者個人の無差別曲線ではなく、消費者全体の効用（社会的厚生）を考える必要があります。ここで、各個人の選好を集計した無差別曲線が個人の無差別曲線と同じ形状で表すことができると仮定し、これを**社会的無差別曲線**と呼びます。

自国において（図12－2 a）、貿易前の生産可能性フロンティア PPF_H 線上の消費点 A_H に接する社会的無差別曲線は I_H になります。この I_H は貿易前の社会的厚生の水準を示しています。貿易の結果社会的無差別曲線は、*TOT* 線上の C^t_H 点に接する I'_H になります。無差別曲線と同様に、社会的無差別曲線も原点

5）上付きの t は、貿易後の状態を意味します。

に対して右上にあればあるほど、効用の水準が高いことになります。貿易の後の社会的無差別曲線 I'_H は、貿易前のときの I_H に比べ右上にシフトしています。したがって、貿易により社会的厚生が増加したことを意味します。

12.3　輸出効果と輸入効果

■輸入の経済効果

前節では、貿易の利益を生産量の増加と消費量の増加で説明しました。この節では、余剰の概念を使って、輸出と輸入の効果を分析します。

図12－3は、自国のお米の市場を表したものです。D はお米の国内需要曲線、S は国内供給曲線です。自給自足経済の場合、市場均衡は A 点となり、P_A は均衡価格、Q_A は均衡数量になります。このときの消費者余剰は $\triangle HAP_A$ の面積、生産者余剰は $\triangle P_AAI$ の面積になります。総余剰は、消費者余剰と生産者余剰の合計の $\triangle HAI$ の面積になります。

ここで、自国がお米の市場を開放して貿易を行うことを考えましょう。外国のお米の供給曲線は、価格 P_W で一定の水平線であるとします。P_W を国際価格と呼びますが、この国際価格であればいくらでも輸入が可能であることを意味します。国際価格 P_W が自給自足の均衡価格 P_A よりも低く設定されています。国際価格の方が国内価格より低いというのは、お米の生産において自国は比較劣位であり外国は比較優位であることを意味します。よって、自国はお米を輸入することになります。

自由貿易が始まると自国のお米の価格は P_W で決まり、この価格のもとで消費者は Q_D の消費をします。一方、生産者は Q_S の生産をします。すなわち、以前より低い価格のお米が輸入されることで、消費者は需要を増やし、生産者は生産量を減らすことになります。国内では、生産量（Q_S）より需要量（Q_D）が多くなり（超過需要）、その不足分 JK は、輸入で賄います。

自由貿易により、各主体の余剰はどのように変化したのでしょう。まず、消費者余剰は、$\triangle HAP_A$ から $\triangle HKP_W$ に増加します。これは、価格の下落による消費量の増加の結果です。一方、生産者余剰は、$\triangle P_AAI$ から $\triangle P_WJI$ に縮小します。価格の下落による生産量の減少の結果です。しかし、この経済の総余剰は、$HKJI$ の面積になり、貿易前に比べ $\triangle AKJ$ 分増加したことがわかります。この

図12－3　輸入の経済効果

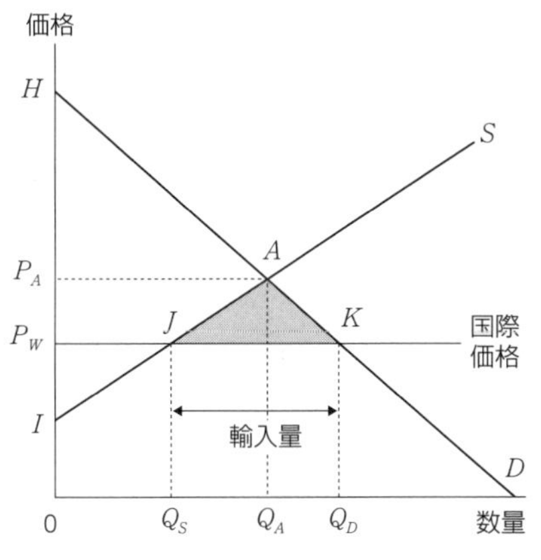

図12－4　輸出の経済効果

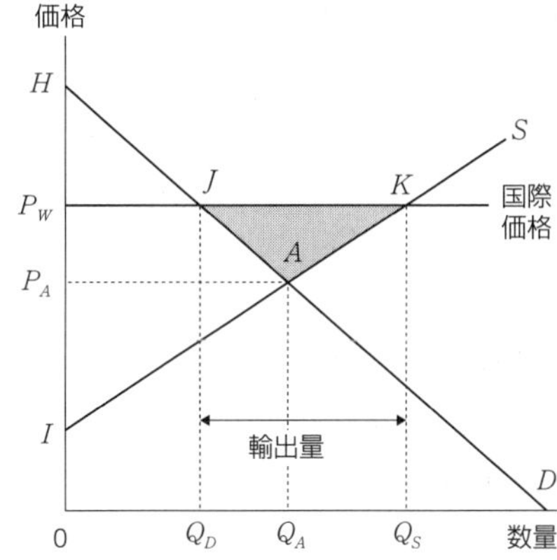

$\triangle AKJ$ が貿易による利益です。

全体としての余剰は増加しましたが、消費者余剰の増加分のなかの台形 P_AAJP_W 分は、生産者余剰が消費者余剰に転化したものであることから、消費者の利益増加は生産者の損失であるようにみえます。しかし、この部分を相殺しても $\triangle AKJ$ は自由貿易によって、新たな利益が創出されたことには間違いないです。

■輸出の経済効果

図12－4は、自国の半導体の輸出が自国に与える効果を示しています。国内の半導体の需要曲線 D と供給曲線 S が与えられていて、その交点 A は市場均衡、P_A は均衡価格、Q_A は均衡数量を示しています。自給自足経済のときの各主体の余剰は、輸入の分析と同様に、消費者余剰 $= \triangle HAP_A$、生産者余剰 $= \triangle P_AAI$、総余剰は $\triangle HAI$ の面積になります。

半導体の国際価格は P_W に与えられています。自国の自給自足経済のときの半導体の価格 P_A より、国際価格 P_W が高いため、自国は半導体を輸出します（国際価格より低い価格で生産できることは、自国が半導体生産に比較優位があることです）。

自由貿易の結果、国内の半導体価格は国際価格と等しくなります。その結果、国内の消費者は Q_D の消費、生産者は Q_S の生産をします。自給自足経済のときより、消費量は減少、生産量は増加します。国内における超過生産分の生産量と消費量の差 JK は輸出になります。

自由貿易により、各主体の余剰はどのように変化したのでしょう。消費者余剰は、$\triangle HAP_A$ から $\triangle HJP_W$ に減少します。価格の上昇による消費量の減少の結果です。一方、生産者余剰は、$\triangle P_AAI$ から $\triangle P_WKI$ に増加します。この経済の総余剰は、$HJKI$ の面積になり、自給自足経済に比べ $\triangle JKA$ 分増加します。この $\triangle JKA$ が輸出による貿易の利益です。

輸入のときとは逆に、輸出の経済効果は、消費者余剰の減少、生産者余剰の増加による総余剰の増加という結果となります。しかし、輸入の分析と同様に、増加分の $\triangle JKA$ は輸出（貿易）によって生まれた新たな利益です。

12.4　関税の効果

今までの説明は、国際貿易に対して政府の介入がない自由貿易状態でのものでした。しかし実際には、政府は直接または間接的に貿易に介入しています。貿易政策のほとんどは、自国の産業を外国からの輸入品から守ることを目的にしています。

輸入数量割当政策は、輸入の量を直接制限し国内の産業を保護する政策で直接政策といいます。一方、**関税政策**は価格を通じて輸入の量をコントロールすることで間接的政策といいます。輸入数量割当と関税政策の結果は総余剰に関して同じになります。

関税（tariff）とは、国内の産業を輸入財から守る目的で輸入財に課す税です。関税が課されると、物品税と同様に財の価格は上昇します。

自国が輸入しているお米（輸入財）に政府が t %の関税を賦課した場合、どのような効果があるのでしょうか。輸入財の国際価格が P_W の場合、自由貿易のときには、国際価格で輸入しその価格が国内価格となりますので国際価格が国内価格になりますが（$P_W = P_D$）、輸入財に t %の関税がかけられると自国のお米の価格は税率分上昇します。

$$p_D = (1+t)p_W \tag{12.4}$$

図12－5は、お米を輸入している自由貿易の状態を示している図12－3と同じ

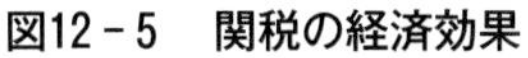

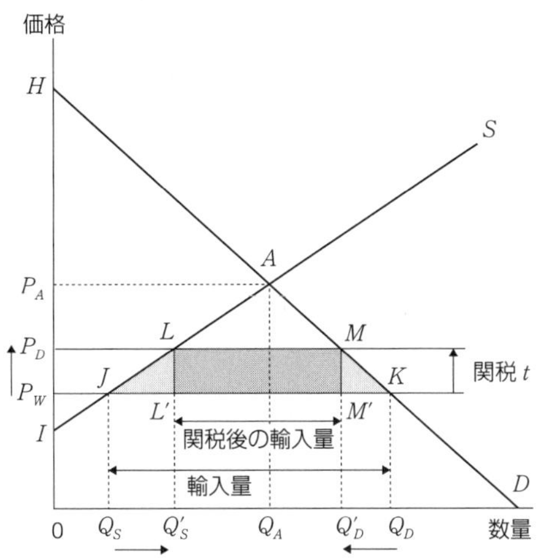

条件からスタートします。関税が課せられたことから、国内価格は、P_W から P_D に上昇します。国内価格の変化から、需要量は Q_D から Q'_D に減少します。一方、供給量は Q_S から Q'_S に増加します。よって、お米の輸入量は LM になります。

お米の国内生産量の増加、輸入量の減少という関税政策の目標は達成しています。しかし、経済的効果はどうでしょう。

まず、消費者余剰は自由貿易のときの $\triangle HKP_W$ から $\triangle HMP_D$ に減少します。価格の上昇による消費量の減少の結果です。一方、生産者余剰は、$\triangle P_WJI$ から $\triangle P_DLI$ に増加します（価格上昇の結果）。

ここで、輸入量である LM に1単位あたりの関税分の P_WP_D（$= LL'$）を掛けた □$LMM'L'$ の面積は、政府の関税収入額になります。関税は税金として政府に納めるもので、最終的には国民に再分配されることから、経済の総余剰になります。したがって、この経済の総余剰は、「消費者余剰＋生産者余剰＋再分配される関税収入」の合計になります。図12－5の、$HMLI + LMM'L'$ の面積が総余剰の大きさを表しています。この関税が課された後の総余剰は、自由貿易の総余剰より、$\triangle LL'J + \triangle MKM'$ 分減少していることがわかります。課税による減少分 $\triangle LL'J + \triangle MKM'$ を**死荷重**と呼びます。

関税は国内生産量を増加させ、輸入量は減少しますが、死荷重を発生させ総余剰は減少する結果となります。生産者の余剰は増加するが、新たな創出ではなく、消費者の余剰が転化したものです。したがって消費者の損失分の一部は生産者の利益となります。死荷重として減少する余剰の損失は、すべて消費者の損失となります。また、関税は消費者が負担するものですので、政府の関税収入は消費者の負担になります。

保護貿易政策として関税の他に、輸入数量割当制（Import Quota）政策があります。これは、輸入を減らすことで国内生産者を保護し、生産を増加させることを目標としています。

輸入数量割当制を実施した場合、輸入量が減少し、国内の価格は上昇します。その結果、国内の生産の量は増加します。

ミクロ経済分析において、価格の変化による数量の変化と数量の変化による価格の変化は同じ意味を持ちます。したがって、輸入数量割当制の経済的効果は、関税のときと同じです。間接的政策である関税と直接的政策である輸入数量割当制は、消費者余剰の減少、生産者余剰の増加、死荷重発生による総余剰の減少という同じ結果になります。

しかし、関税の場合は、関税収入が国民に再分配され総余剰になりますが、輸入数量割当制の場合は、関税収入分に相当する分が、輸入権を持った特定の輸入業者の利益（これは、総余剰に含まれます）となることに違いがあります。

政府が国内産業を保護するために政策を実施する場合、関税を選択するか輸入数量割当を選択するか決める必要があります。

最後に、国内の輸出産業を保護するための政策として、輸出補助金政策があります。政府が自国の経済成長のために、輸出を奨励する目的で、輸出財１単位あたりに補助金を与える政策です。

ここでは、補助金政策の経済的効果に関する詳細な説明は省略しますが、補助金があることから、国内の輸出財の価格が上昇することで、生産者余剰は増加、消費者余剰は減少する結果になります。生産者余剰の増加は消費者の犠牲によるものです。また、関税と同じく死荷重が発生することで、総余剰は減少します。

以上のことから、貿易に政府が介入することは自由貿易に比べ死荷重の発生により経済厚生を低下させることになります。

コラム　国際貿易政策の本質

経済学は、最適な均衡を求める学問であると言っても過言ではありません。利潤を最大化するための生産量の決定や効用を最大化するための消費量の決定も最適化のことです。右上がりの供給曲線と右下がりの需要曲線を描いてみてください。価格に対して逆の動きをする需要と供給の両方にとって最適な価格と数量を求めるのは、ミクロ経済学の核となるものです。

経済学を勉強することで、バランス感覚を持った思考ができるようになると言ったら、ちょっと大げさになりますが、少なくとも両方を考える思考訓練はできます。

しかし、貿易政策を考える際には、このバランス感覚が欠けた結論を出せる場合があります。一国が国内産業を保護する目的で高い関税を課したり、輸入制限を取ったりする政策は、相手国にとっては、輸出が制限される結果になります。また、自国の輸出を有利にするための自国通貨の切り下げは、相手国にとっては通貨の切り上げの結果となり、輸出が減ることになります。このような政策を近隣窮乏化政策と呼びます。

しかし、国際貿易は、相手国の損失が、自国の利益となるゼロサムの世界ではありません。

自国の保護貿易政策は、相手国にも自国にも経済的損失を発生させますが、自由貿易は両方の国において経済的利益を増大させます。世界経済は、1930年代の通貨切り下げ競争、関税の引き上げ競争によって世界恐慌をより悪化・長期化させたことを経験しています。

安い価格でたくさんの財を買いたいとする消費者と高い価格で売りたいとする供給者の両方にとって最適な均衡を示す市場均衡があるように、国際貿易においても最適な均衡は存在しています。必要なものは、バランス感覚を持つ思考と、自由貿易によってすべての国で利益が増加するというリカードの比較優位の原理の確認です。

【練習問題】

問１　下の表は、Ａ国とＢ国の機械と麦の投入係数を示したものです。

	機械	麦
A国	3	6
B国	10	10

⑴どちらの国が機械の生産に比較優位を持つか。

⑵貿易が成立するための交易条件（TOT）は、次のうちどれか。

① $TOT = 0.4$　② $TOT = 0.5$　③ $TOT = 0.8$　④ $TOT = 1$

問２　下の図は、牛肉の国内需要と国内供給曲線を示しています。牛肉の国際価格はP_Wですが、政府が牛肉に関税を課し、その結果、国内価格はP_Tとなっています。

⑴関税の結果、消費者余剰が変化した領域はどれか、またその変化は減少か増加かを答えなさい。

⑵関税の結果、生産者余剰が変化した領域はどれか、またその変化は減少か増加かを答えなさい。

⑶関税収入を示す領域はどれか。

⑷関税による総余剰の減少を示す領域はどれか。

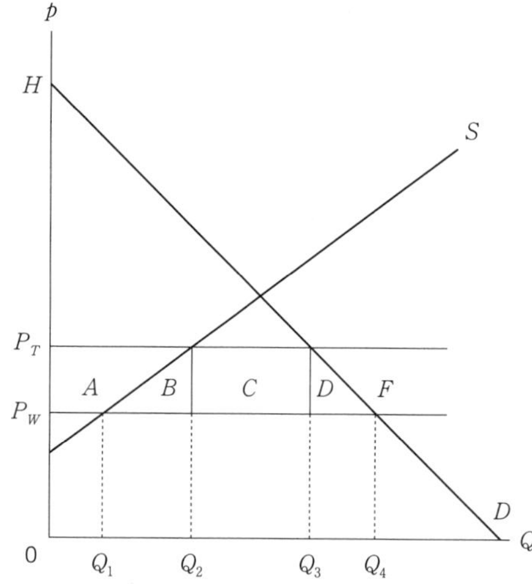

第13章　補論：ミクロ経済学で使う数学

読者の中には数学が苦手な人もいると思います。また、文系科目であるにもかかわらず、なぜ数学を使うのかという疑問をもっている読者も多いのではないでしょうか。

数学を利用する理由は、便利だからです。経済現象は手に取って確かめることができないので、その実態を把握することが難しいといえます。また、経済政策や経済理論を実社会での実験によって確認することも、気軽にできることではありません。複雑な現象や実験では確かめにくい事柄を、できるだけ正確に把握するために、数学という言語を使います。

人は言語を使って思考しますので、経済現象を日本語で記述することは非常に重要です。その上で数学を使うことにより、数学で得られている成果を利用できるため、言語のみによる分析や検討を補強することができます。

この章では、本書で使用された数学を中心に説明します。特に関数と微分に重点を置きます。

13.1　関数

■変数

関数の説明をするときには“変数”という言葉を使いますので、まず、変数を説明します。

消費者は価格に応じて消費量を決めました。価格も消費量もいろいろな数値をとります。このような、その値が変動する事柄のことを**変数**といいます。生産量や利潤も変数です。変数は、多くの場合、その英単語の最初のアルファベットの斜体で表されます。価格は price ですから、p や P を使います。需要量は

quantity of demand、供給量は quantity of supply ですから、最初のアルファベットを使って q と表記するだけでは区別ができません。そこで、q_D または Q_D、q_S または Q_S と表記します。より明確に区別するために、需要量を D、供給量を S と表記することもあります。利潤は profit ですが、ギリシャ文字の π を使っています。

変数がとる値の範囲には注意しなくてはなりません。価格 p や需要量 q_D、生産量 q_S がとる値は、ゼロ以上（非負）の範囲に限定されます。しかし、利潤 π はゼロ以上の値も負の値もとります。

■関数：一般的な説明

関数とはある変数の値と別の変数の値を対応させるルールのことです。関数を表す記号は、一般的に、f や g、h などのアルファベットやギリシャ文字の ϕ（ファイ）や ψ（プサイ）などがよく使われます。

変数 x のそれぞれの値に対して、変数 y の値が1つずつ対応するとき、“y は x の関数である” といい、$y = f(x)$ と表記します。このように関数を書いたとき、x を独立変数、y を従属変数といいます。x の値が a のときの関数 $f(x)$ の値は $f(a)$ で表されます。ルールを明示する場合には、例えば、$f(x) = 2x+10$ や $y = 2x+10$ とします。

関数を表す記号として、等号の左辺にある文字（従属変数）を使うこともあります。価格と需要量の間に何らかの関係がある場合、価格を p、需要量を D として、需要関数を

$$D = D(p) \tag{13.1}$$

と書き表す方法がこれにあたります。変数を区別するときには、添字を使います。例えば、第 i 財と第 j 財ごとに需要関数を表す場合、第 i 財の需要関数を $D_i = D_i(p_i)$、第 j 財の需要関数を $D_j = D_j(p_j)$ とします。

独立変数が複数ある関数を多変数関数といいます。独立変数が2つの場合には、

$$z = f(x, y) \tag{13.2}$$

のように表します。“第 i 財の需要量（D_i）は第 i 財の価格（p_i）と第 j 財の価格（p_j）の両方に関係する” ことを関数として表すと、$D_i = D_i(p_i, p_j)$ となります。

第3章の効用関数 $u=u(q_x, q_y)$ は、“効用の大きさ（u）は2つの財（x 財、y 財）の消費量（q_x, q_y）と関係がある”ことを表しています。

ある関数の独立変数が、別の関数の従属変数になっていることもあります。例えば、“売上高（TR）は価格（p）と販売量（q）で決まる。そして、p は q によって決まる。”というケースがこれに該当します。売上高と価格、販売量の関係は $TR=f(p,q)$ と表されます。そして、価格と販売量の関係は $p=p(q)$ ですから、$p=p(q)$ を $TR=f(p,q)$ に代入して $TR=f(p(q),q)$ と書き換えることができます。このような複数の関数から合成された関数を**合成関数**といいます。

■逆関数

変数 x と変数 y の関係を $y=f(x)$ と表現する場合、x の値に対応する y の値がルール f によって求められることを示しています。このとき、x は独立変数で y が従属変数としていますが、独立変数を y、従属変数を x として関数 $x=g(y)$ と表すこともできます。このような関数を**逆関数**といいます。

例を2つ挙げます。温度の単位にはセ氏（C）度とカ氏（F）度があります。セ氏度からカ氏度を求める関数は $F=\dfrac{9}{5}C+32$ です。この逆関数 $C=\dfrac{5}{9}(F-32)$ がカ氏度からセ氏度を求める関数です。

需要量 D と価格 p の関係は、需要関数 $D=D(p)$ で表されます。これに対して、需要量 D と価格 p の関係を $p=p(D)$ で表す関数を逆需要関数といいます。例えば、需要関数が式 $D=100-2p$ で表されるとき、逆需要関数の式は $p=50-\dfrac{D}{2}$ となります。

13.2　関数を表す式とグラフ

関数 $f(x)$ の式が、1次式の場合その関数は1次関数、2次式の場合は2次関数、分数式の場合は分数関数といいます。一般的に、式 $y=x^n$ において、n が自然数の場合は n 次式、n が負の整数の場合は分数式です。

この節では1次関数と2次関数、分数関数の代表例について、その特徴を説明します。また、$0<n<1$ のときの式 $y=x^n$ を無理式といい、無理式で表される

図13－1　市場均衡のグラフ

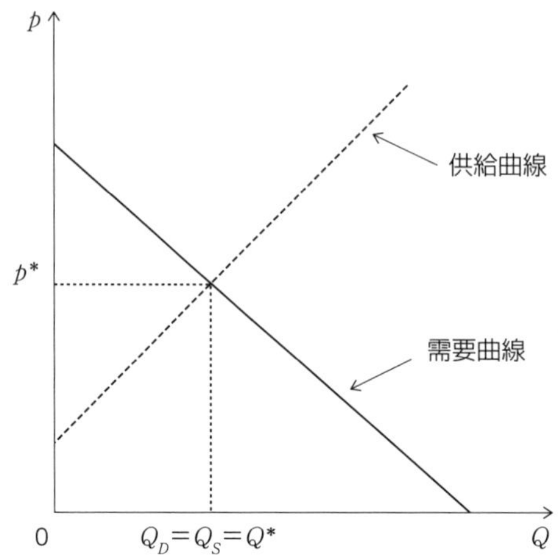

関数を無理関数といいます。無理関数の一例として $n = \dfrac{1}{2}$ である $y = x^{\frac{1}{2}}$ を紹介した後、凸関数・凹関数について簡単に説明します。

■1次関数

$y = ax + b$ で表される関数は1次関数と呼ばれ、そのグラフは直線です。需要関数や供給関数を表す際によく使われます。このとき、需要関数のグラフである需要曲線と、供給関数のグラフである供給曲線は、直線で描かれます。

通常、関数 $y = f(x)$ のグラフを描くときには、縦軸に従属変数 y をとり、横軸に独立変数 x をとります。しかし、需要関数 $D = D(p)$ や供給関数 $S = S(p)$ をグラフにする際には、縦軸に独立変数 p をとり、横軸に従属変数である D や S をとります[1)]。したがって、需要関数が $Q_D = a - bp$、供給関数が $Q_S = s + tp$（$a > 0$、$b > 0$、$s > 0$、$t > 0$）のとき、需要曲線と供給曲線は**図13－1**のように描かれます。

このとき市場均衡は $Q_D = Q_S$ とおき連立1次方程式を解いて求められます。図13－1では、需要曲線と供給曲線の交点が市場均衡点で、その座標である均衡

1）この理由は『トリアーデ経済学1　経済学ベーシック［第2版］』第2章を復習してください。

図13－2　売上最大化

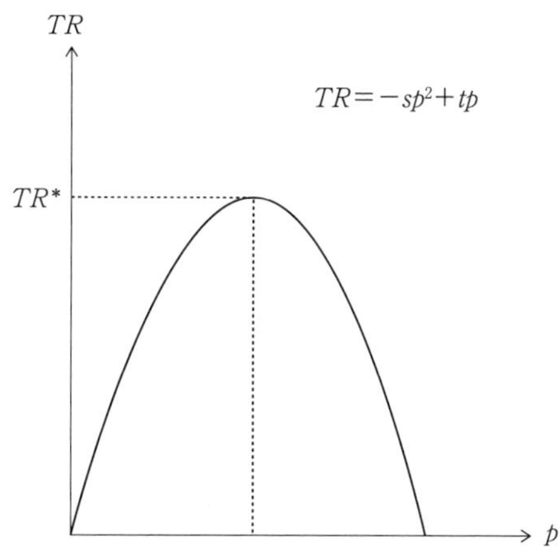

価格 p^* と均衡数量 Q^* が示されています。

■2次関数

2次関数は2次式 $y = ax^2 + bx + c(a \neq 0)$ で表される関数です。そのグラフは放物線といわれており、a が正のときは下に凸（グラフの頂点が下）、a が負のときは上に凸（グラフの頂点が上）の形状です。頂点の座標は $\left(-\frac{b}{2a}, -\frac{b^2-4ac}{4a}\right)$ ですから、x の変化する範囲（定義域）が頂点の x 座標の値を含むなら、頂点の y 座標の値が最大値または最小値になります。

この2次関数の性質を利用して経済現象を分析する例として、売上高の最大値を求める問題を紹介します。売上高（TR）は価格（p）と販売量（q）の積ですから、その式は $TR = p \times q$ です。いま、販売量が $q = t - sp$（$s > 0$、$t > 0$）で表されるとき、売上高は、$TR = -sp^2 + tp$ という2次関数として書き直すことができます。

このとき、先に記した2次関数の性質を使って、売上高の最大値を求めてみましょう。関数 TR の p^2 の係数が負ですから、TR のグラフは上に凸です。2次関数 $y = ax^2 + bx + c$ のグラフの頂点の座標 $\left(-\frac{b}{2a}, -\frac{b^2-4ac}{4a}\right)$ に $a = -s$、

$b=t$、$c=0$ を代入すると $\left(\dfrac{t}{2s}, \dfrac{t^2}{4s}\right)$ が得られます。p の定義域は $p \geqq 0$（p は非負）ですから、頂点の p の値 $\dfrac{t}{2s}$ を含みます。このことから、TR の最大値 TR^* は頂点の座標の値であることがわかり、$TR^*=\dfrac{t^2}{4s}$ が得られます（図13－2）。

■分数関数

代表的な分数関数、$y=\dfrac{a}{x}$（$a \neq 0$）について説明します。これは $y=ax^{-1}$ とも書きます。

分数関数では、定義域に特に注意する必要があります。分母が0の分数は定義されていませんので、$y=\dfrac{a}{x}$ の定義域は $x>0$ または $x<0$ です。以下では、$x>0$ での y の値の変化とグラフについて説明します。

x が正の値をとりながら0に近づくとき、y の値は無限大になります。一方、x の値が大きくなるほど y の値は正の値をとりながら0に近づきます。このような形状のグラフは x 軸と y 軸を漸近線とする双曲線といわれています。また、漸近線（x 軸と y 軸）が直交するので、直角双曲線ともいわれます。

$y=\dfrac{a}{x}$ は $xy=a$ と書き換えることができ、x と y の積が一定であることを示しています。もし、ある財の需要曲線が $p=\dfrac{a}{q}$ で表されるなら、その財の売上高は価格に関係なく一定です。

また、積の値が一定であることから、無差別曲線や等量曲線を表すときに使われることがあります。a の値が大きくなる程 $y=\dfrac{a}{x}$ のグラフは右上にシフトします（図13－3）。

■無理関数

無理関数は無理式で表される関数です。ここではその一例として $y=x^{\frac{1}{2}}$ を紹介します。$y=x^{\frac{1}{2}}$ は $y=\sqrt{x}$ とも表記され、その特徴は、x の増加に伴い y の増加分が徐々に小さくなることです。図13－4のグラフで、x が大きくなるにつ

図13－3　分数関数のグラフ

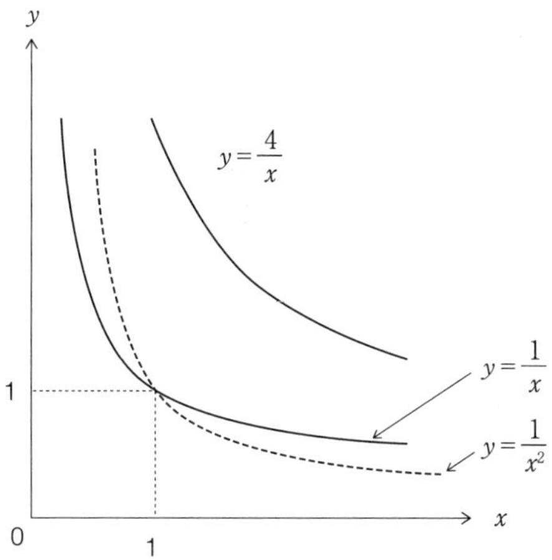

図13－4　$y = \sqrt{x}$ のグラフ

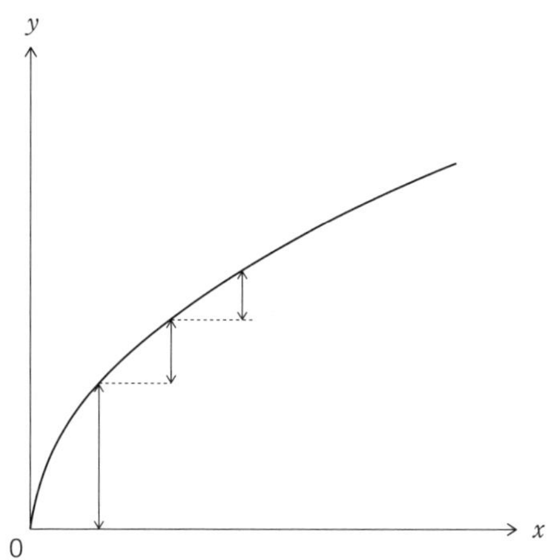

れて両向き矢印の大きさが小さくなることが、それを表します。

y を効用とし x を消費量とすると、この関数は効用関数です。先に挙げたこの関数の特徴は、限界効用逓減を表しています。

$n = \frac{1}{3}, \frac{1}{2}, 1, 2, 3$ のときの $y = x^n$ のグラフを**図13－5**にまとめています。

図13－5　$n=\frac{1}{3}, \frac{1}{2}, 1, 2, 3$ のときの $y=x^n$ のグラフ

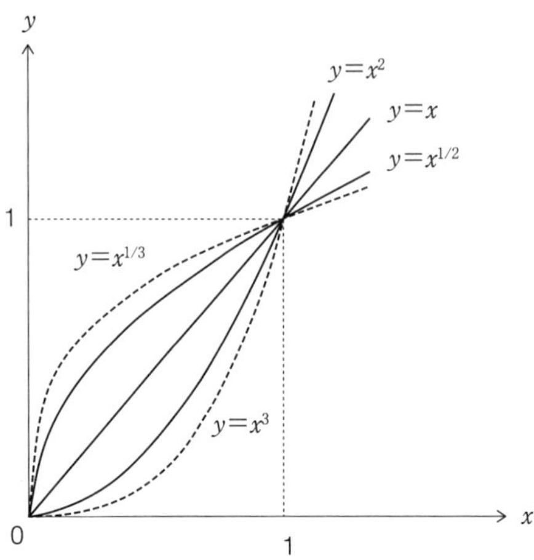

■凹関数と凸関数

関数 $f(x)$ で、定義域に含まれるどの 2 つの x の値（a, b としましょう）についても、0 以上 1 以下の t ($0 \leqq t \leqq 1$) に対して、

$$f(ta+(1-t)b) \geqq tf(a)+(1-t)f(b) \tag{13.3}$$

が成り立つとき、この関数 $f(x)$ は凹関数といわれています。

一方、

$$f(ta+(1-t)b) \leqq tf(a)+(1-t)f(b) \tag{13.4}$$

が成り立つとき、この関数は凸関数といわれています。

凹関数と凸関数の違いは、式(13.3)と式(13.4)の不等号の向きが逆であることですが、この違いをグラフで表してみましょう。**図13－6** を見てください。

式(13.3)で特徴付けられる凹関数は、関数 $f(x)$ のグラフにおいて、定義域内のグラフの上のどの 2 点を選んで結んだ線分も、グラフの下側に位置することを示しています。一方、式(13.4)は、同じようにして結んだ線分がグラフの上側に位置することを示し、このようなグラフを描く関数を凸関数といいます。

図中の △ で表される点の y 座標は $x=ta+(1-t)b$ のときの関数 $f(x)$ の値で、

図13－6　凹関数と凸関数のグラフ

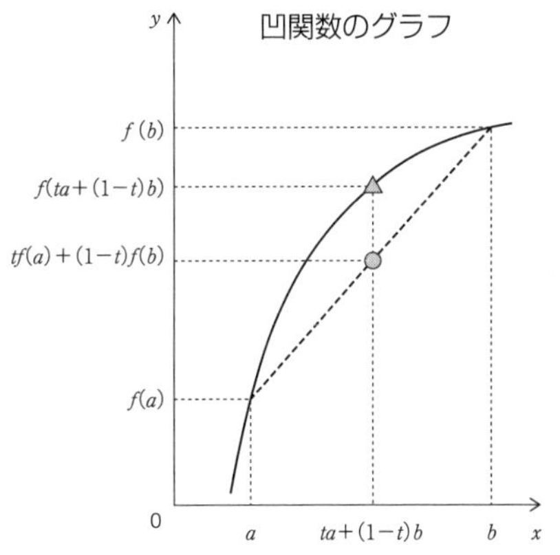

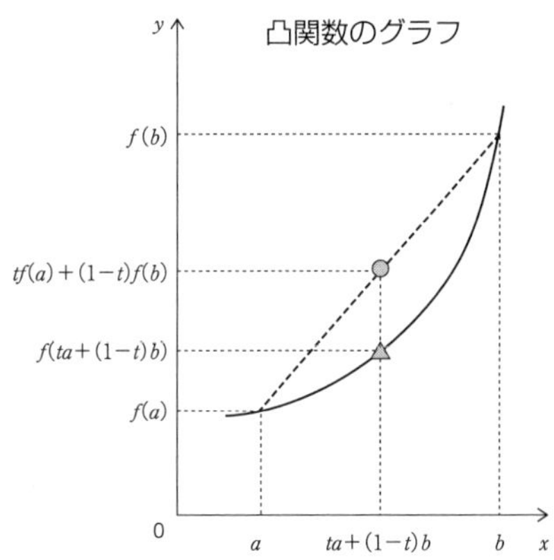

式(13.3)と式(13.4)の左辺を表しています。○で表される点は2点（$a, f(a)$）、（$b, f(b)$）を結んだ線分上の $x = ta+(1-t)b$ に対応する点を示し、その y 座標は、それぞれ式(13.3)と式(13.4)の右辺を表しています。

13.3　微分

関数 $y = f(x)$ の値の変化を調べるときに有用な方法が微分法です。この節では、基本的な微分法について説明します。

$y = f(x)$ で x が a から b に変化すると y は $f(a)$ から $f(b)$ に変化します。このとき、x の変化分は $\Delta x = b-a$、y の変化分は $\Delta y = f(b)-f(a)$ ですから、変化分の比率は $\dfrac{\Delta y}{\Delta x} = \dfrac{f(b)-f(a)}{b-a}$ です。これを平均変化率といいます。平均変化率は、**図13－7**のグラフ上の2点、点 P（$a, f(a)$）と点 Q（$b, f(b)$）を結んだ直線の傾きとして表すことができます。

Q を限りなく P に近づけると、PQ を結ぶ直線の傾き $\left(\dfrac{\Delta y}{\Delta x}\right)$ は、P での接線の傾きに限りなく近づきます（図13－7で、Q をグラフに沿って P に近づけ、PQ を結ぶ直線の傾きの変化を確認してみてください）。Q を限りなく P に近づけることは、x の変化分（Δx）を限りなく0に近づけることです。そして、P での

図13－7　平均変化率と微分係数

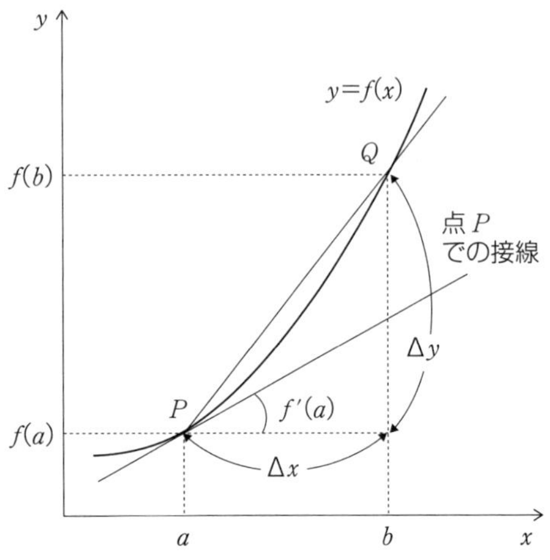

接線の傾きを $f'(a)$ と書きます。これは、Δx を限りなく 0 に近づけるとき、平均変化率は $f'(a)$ に限りなく近づくことを示しています。以上のことは平均変化率の式の右辺にある b を $b=a+\Delta x$ と置き換えた次の式で表されます。

$$\lim_{\Delta x \to 0} \frac{f(a+\Delta x)-f(a)}{\Delta x}=f'(a) \tag{13.5}$$

P がグラフ上のどの点であっても上の式は成り立ちますので、一般的に記述することができます。

$$\lim_{\Delta x \to 0} \frac{f(x+\Delta x)-f(x)}{\Delta x}=f'(x) \tag{13.6}$$

$f'(x)$ を $f(x)$ の導関数といい、y' や $\dfrac{dy}{dx}$, $\dfrac{d}{dx}f(x)$ と表記することもあります。$x=a$ における導関数の値 $f'(a)$ を微分係数といい、導関数を求めることを微分するといいます。関数 $g(x)$ の導関数は $g'(x)$ と表します。

■ $y=ax^n$ の微分

微分するときの基本的な公式は次の 2 つです。

(1) $y=$ 一定 を微分すると $y'=0$

(2) $y=ax^n$ を微分すると $y'=nax^{n-1}$ $(n\neq 0)$

この2つを使って、導関数を求めてみましょう。

① $y=x^2$

$a=1$、$n=2$ ですから、$y'=2\times 1\times x^{2-1}=2x$ です。

② $y=\dfrac{3}{x}=3x^{-1}$

$a=3$、$n=-1$ ですから、$y'=(-1)\times 3\times x^{-1-1}=-3x^{-2}$ です。

③ $y=4\sqrt{x}=4x^{\frac{1}{2}}$

$a=4$、$n=\dfrac{1}{2}$ ですから、$y'=\dfrac{1}{2}\times 4\times x^{\frac{1}{2}-1}=2x^{-\frac{1}{2}}=\dfrac{2}{\sqrt{x}}$ です。

■微分の公式

主な公式は次の6つです。

(1) $(ax^n)'=anx^{n-1}$ （n は0以外の有理数）

(2) $\{kf(x)\}'=kf'(x)$ （k は定数）

(3) $\{f(x)\pm g(x)\}'=f'(x)\pm g'(x)$ （異なる関数の和や差の微分）

(4) $\{f(x)g(x)\}'=f'(x)g(x)+f(x)g'(x)$ （関数の積の微分）

(5) $\left\{\dfrac{f(x)}{g(x)}\right\}'=\dfrac{f'(x)g(x)-f(x)g'(x)}{\{g(x)\}^2}$ （関数の商の微分）

(6) $\dfrac{dy}{dx}=\dfrac{dy}{du}\dfrac{du}{dx}=f'(u)g'(x)$ （$y=f(u)$ と $u=g(x)$ の合成関数 $y=f(g(x))$ の微分）

13.4　偏微分と全微分

独立変数が複数である関数の微分を、$z=f(x,y)$ を例に説明します。

この関数 $z=f(x,y)$ は、x と y が z と何らかの関係があることを示しています。例えば、“効用の大きさ（z）は、x 財の消費量（x）と y 財の消費量（y）によって決まる”や“生産量（z）は、労働投入量（x）と資本投入量（y）によって決まる”という状況がこれに該当します。

x や y の変化によって z が変化するとき、z の変化分は、次の 2 つの和と考えられます。

①x の変化に起因する z の変化分

②y の変化に起因する z の変化分

①は、"y の値を一定として x だけが変化するときの、z の変化分と x の変化分の比率 $\left(\dfrac{\Delta z}{\Delta x}\right)$" に "$x$ の変化分" を乗じることで求められます。変化の大きさを限りなくゼロに近づけるとき、"x の変化分" は dx で表されます。また、$\dfrac{\Delta z}{\Delta x}$ は y を定数とした z を x で微分して求められます。

このような微分を関数 $z = f(x, y)$ を x について偏微分するといい、偏導関数を

$$z_x = f_x(x, y) \tag{13.7}$$

と表記します。z_x は $\dfrac{\partial z}{\partial x}$ と表記することもあります。$\dfrac{\partial z}{\partial x}$ の読み方は "ラウンド・ディィ z、ラウンド・ディィ x" です。計算方法は13.2節で説明した内容と同じです。

$z = f(x, y)$ を x で偏微分して得られた z_x と x の微小な変化分 dx との積 $z_x dx$ が① "x の変化に起因する z の変化分" です。また、$z = f(x, y)$ を y で偏微分して同様に得られる $z_y dy$ が② "y の変化に起因する z の変化分" ですから、z の変化分（dz）は、$dz = z_x dx + z_y dy$ と表されます。これを全微分といいます。$dz = \dfrac{\partial z}{\partial x}dx + \dfrac{\partial z}{\partial y}dy$ と表記することもあります。

効用関数 $U = U(x, y)$ について考えてみましょう。$U = U_0$（効用レベルを一定）とすると、$U_0 = U(x, y)$ のグラフは無差別曲線です。このとき、U は変化しませんので $dU = 0$ ですから、無差別曲線上でのこの効用関数の全微分は、$U_x dx + U_y dy = 0$ です。この式より、$\dfrac{dy}{dx} = -\dfrac{U_x}{U_y}$ が得られます。これは、限界代替率が限界効用の比に -1 を乗じた値に等しいことを意味しています。また、無差別曲線の接線の傾き（の絶対値）は、限界効用の比であることも示しています。

生産関数 $q = F(L, K)$ についても同じことがいえます。ある生産量（$q = q_0$）での関数 F のグラフは等量曲線です。$q = q_0$ のときの等量曲線の全微分は $F_L dL + F_K dK = 0$ ですから、$\dfrac{dL}{dK} = -\dfrac{F_K}{F_L}$ が得られます。この式は、技術的限界代替率が限界生産物の比に -1 を乗じた値に等しいことを意味しています。また、等量曲線上の点での接線の傾き（の絶対値）は限界生産物の比であることも示しています。

13.5　関数の最大値と最小値

ミクロ経済学では、消費者の効用最大化行動や、生産者の利潤最大化または費用最小化などに焦点を当てています。消費者行動や生産者行動は関数として表されていますので、関数の最大値や最小値を求めたり、最大や最小になっている状況を関数で表します。

■極大点と極小点

関数 $y = f(x)$ のグラフが図13－8のように描けるとき、“関数は点 A で極大になる”、“関数は点 B で極小になる” といいます。また、A を極大点、その y 座標の値を極大値、B を極小点、その y 座標の値を極小値といいます。

極大点 A の左側ではグラフが右上がりになっています。しかし、A の右側では右下がりのグラフになっています。このことから、グラフ上の点の接線の傾きである微分係数は、A で 0 の値をとることがわかります。また、極小点 B についても同様で、B での微分係数は 0 です。

一般に、点（$x_0, f(x_0)$）が極大点か極小点であるなら、$f'(x_0) = 0$ です。しかし、逆は必ずしも成立しません。$y = x^3$ のグラフを書き、$x = 0$ での微分係数を計算して確認してみてください。この場合、$y' = 0$ ですが、$x = 0$ におけるグラフ上の点は極大点でも極小点でもありません。

$f'(x_0) = 0$ となる点（$x_0, f(x_0)$）が極大点または極小点かどうかを見分けるためには、$x = x_0$ での導関数 $f'(x)$ の値の変化をみる必要があります。そのために導関数 $f'(x)$ を x で微分した第 2 次導関数 $f''(x)$ を求めます。

図13－8において、極大点 A の左側では、グラフ上の点が A に近づくに従い、

図13－8　定義域と最大・最小、極大・極小

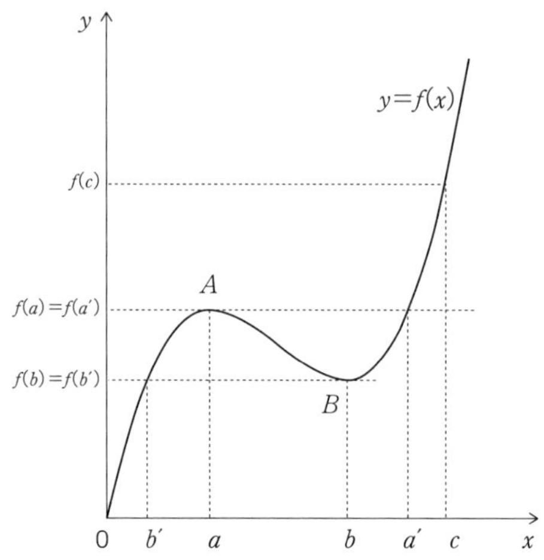

接線の傾きは正の値をとりながら0に近づきます。そして、A で0となり、A を過ぎると負になります。このように導関数 $f'(x)$ の値は A では減少するように変化しています。よって、導関数 $f'(x)$ を微分し $x=a$ での微分係数を求めると、$\frac{d}{dx}f'(a)=f''(a)<0$ が得られます。このことから、

$f'(x_0)=0$ かつ $f''(x_0)<0$ ならば、点（$x_0, f(x_0)$）は極大点

［$f(x)$ は $x=x_0$ で極大］

となります。また、極小点 B の近くでは導関数 $f'(x)$ の値は増加していますので、

$f'(x_0)=0$ かつ $f''(x_0)>0$ ならば、点（$x_0, f(x_0)$）は極小点

［$f(x)$ は $x=x_0$ で極小］

といえます。

■最大値と最小値

関数の最大値と最小値は定義域によって変わります。図13－8の関数の場合、定義域が $b'<x<a'$ なら、最大値は $f(a)$、最小値は $f(b)$ です。一方、定義域が $0\leqq x\leqq c$ なら、最大値は $f(c)$、最小値は $f(0)$ です。

このように“極大値が最大値である”また“極小値が最小値である”とはいえませんので、注意してください。

13.6　期待値

この節では、変数の値が確率的に発生する場合の基本的な考え方を紹介します。いま、変数 X のとりうる値が $x_1, x_2, \cdots, x_n$ で、X がその値をとる確率がそれぞれ $p_1, p_2, \cdots, p_n$ であるとしましょう。このとき、それぞれの確率の合計が１なら、X のとりうる値とそれに対応する確率を掛けたものの合計を変数 X の期待値（Expectation：E）といいます。

$$E = x_1p_1 + x_2p_2 + \cdots + x_np_n$$

サイコロの例で確認しましょう。サイコロを１回振ったときに出る目の期待値は、次のように計算できます。サイコロの目は１、２、３、４、５、６の６つです。それぞれの目が出る確率は1/6ですから、サイコロの目の期待値は、

$$E = \left(1\times\frac{1}{6}\right)+\left(2\times\frac{1}{6}\right)+\left(3\times\frac{1}{6}\right)+\left(4\times\frac{1}{6}\right)+\left(5\times\frac{1}{6}\right)+\left(6\times\frac{1}{6}\right) = \frac{21}{6}$$

と計算できます。

火災というリスクがある場合の建物の評価額についても期待値を計算することができます。話を簡単にするために、火災が起きない場合の建物の評価額を100とし、火災が起きたときの評価額は30になるとします。

評価額は30か100をとります。火災が起きる確率を p とすると、火災にあわない確率は $1-p$ です。このことから、評価額の期待値

$$E = 30\times p + 100\times(1-p) = 100-70p$$

が得られます。

ここで３つの評価額（30、E、100）を**図13－9**のように数直線上に並べてみましょう。火災発生時の評価額と期待値 E との差額は $70(1-p)$、E と火災が起

図13－9　期待値と内分点

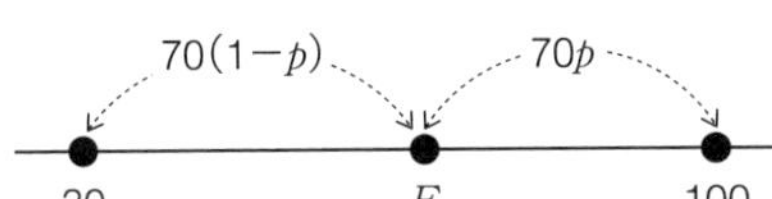

きなかったときの評価額との差額は $70p$ です。その差額の比は $(1-p):p$ ですから、E は30と100を $(1-p):p$ に内分する点であることがわかります。

【練習問題】

完全競争市場で生産する企業の総費用 y が、生産量を x として

$$y=x^3-6x^2+24x+1$$

で表されるとします。価格が60のとき、利潤を最大にする生産量 x^* と最大利潤 π^* を求めなさい。

参考文献

ミクロ経済学全体に関する文献

伊藤元重『ミクロ経済学（第3版）』日本評論社、2018年

ポール・クルーグマン、ロビン・ウェルス『クルーグマン ミクロ経済学（第2版）』東洋経済新報社、2017年

武隈慎一編著『入門ミクロ経済学』ダイヤモンド社、2005年

西村和雄・八木尚志『経済学ベーシックゼミナール』実務教育出版、2008年

R. グレン・ハバート『ハバード経済学Ⅰ入門編』日本経済新聞出版社、2014年

ハル・R. ヴァリアン『入門ミクロ経済学［原著第9版］』勁草書房、2015年

ミクロ経済学各論に関する文献

青木昌彦・伊丹敬之『企業の経済学』岩波書店、1985年

小田切宏之『企業経済学（第2版）』東洋経済新報社、2010年

神戸伸輔『入門　ゲーム理論と情報の経済学』日本評論社、2004年

酒井泰弘『リスクの経済学』有斐閣、1996年

A.C. チャン、K. ウエインライト『現代経済学の数学基礎　上・下（第4版）』彩流社、2020年

常木淳『公共経済学　第2版』新世社、2002年

堂目卓生『アダム・スミス―「道徳感情論」と「国富論」の世界』、中央公論新社、2008年

林正義・小川光・別所俊一郎『公共経済学』有斐閣、2010年

J. R. ヒックス『新版　賃金の理論』内田忠寿訳、東洋経済新報社、1965年

G. ベッカー『人的資本』東洋経済新報社、1976年（原著初版 1964年）

前田章『ゼミナール環境経済学入門』日本経済新聞出版社、2010年

練習問題　解答

第1章

問1　市場均衡では需要量と供給量が等しくなる、つまり $D=S$ となるので、その量を均衡取引量 q とする。需要関数と供給関数より $20-0.5p=2p-5$ となるので、書き換えると $25=2.5p$ となる。これより $p=10$ と均衡価格が計算できる。均衡価格を需要関数に代入すると、均衡取引量は $q=D=20-0.5\times10=15$ となる。

問2　(1)（b）　(2)（b）　(3)（a）　(4)（b）　(5)（c）　(6)（c）

第2章

問1　(1) 需要関数を変形すると、$p=-1/2q+50$ になります（$D=q$）。需要曲線の傾き（$\Delta q/\Delta p$）は $-1/2$ です。価格が10のとき需要量は80となります。

需要の価格弾力性の計算式 $E_d=-(p/q)\cdot(\Delta q/\Delta p)$ から、$p=10$、$q=80$ のときの価格弾力性は $-(10/80)\cdot(-2/1)=0.25$ になります。

「価格弾力性=需要量の変化率 / 価格の変化率」なので、価格弾力性が0.25の場合、40%の価格の変化があると、需要の変化率は10%になります。価格が下落した場合なので、「需要が10%増える」のが正解です。

(2) 需要の価格弾力性が $0.25<1$（非弾力的）なので、価格の下落の結果売り手の総収入は減少します（$p=10, q=80: TR=800$、$p=6, q=88: TR=528$）。

問2　交差弾力性は、$E_z=(\Delta q/q)/(\Delta p_z/p_z)=0.1/0.2=0.5>0$（プラス）になります。したがって、A スポーツ新聞と K 新聞は代替財（ライバル財）です。

第3章

問1　a：限界代替率、b：2財の価格比、c：下級財（劣等財）、d：凸

問2　財 X の数量 $x=10$、財 Y の数量 $y=5$

消費者均衡（効用最大のための条件）は、無差別曲線の接線の傾きである限界代替率と予算線の傾きである2財の価格の比率が等しくなることです〔$MRS=p_x/p_y$（式3.6)〕。問題では、ヒントとして2財の限界効用 $MU_X=$ Y、$MU_Y=$ X が与えられていますが、効用関数 $u=$ xy を x で微分して X 財の限界

効用、y で微分してＹ財の限界効用が求められます（数学補論を参照）。

したがって、限界代替率は、$MRS=\dfrac{MU_x}{MU_y}=\dfrac{y}{x}$ になります。

価格の比率は、$p_x=5$、$p_y=10$ ですので、$p_x/p_y=5/10$ となります。消費者均衡 $MRS=p_x/p_y$ から、

$$\frac{y}{x}=\frac{5}{10}\ \cdots\cdots①$$

が求められます。また、予算式は次のようになります。

$$5x+10y=100\ \cdots\cdots②$$

したがって、x と y は①、②の連立方程式を解くことによって求められます。解は、$x=10$、$y=5$ となります。

第4章

1）可変費用を表す式：$VC=\dfrac{1}{3}x^3-x^2+2x$ …②、固定費用：9

【解説】可変費用は生産量が変わると変化する費用です。x を含む項がこれを表します。一方、定数項は x が変化してもその値は変わらないので、固定費を表します。

2）限界費用：$MC=x^2-2x+2$ …③、平均費用：$AC=\dfrac{1}{3}x^2-x+2+\dfrac{9}{x}$ …④、

平均可変費用：$AVC=\dfrac{1}{3}x^2-x+2$ …⑤

【解説】限界費用は式①を x で微分して、平均費用は「式① $\div x$」で、平均可変費用は「$VC\div x$」で求められます。

限界費用は、生産量を１単位増やした時の総費用の増加分です。

3）最大利潤：$\pi=99$、生産量：$x=6$

【解説】まず利潤を最大にする生産量を求めます。それは「価格 ＝ 限界費用」となる生産量ですから、この等式に価格の値と限界費用の式③を代入した

$$26=x^2-2x+2\ \cdots⑥$$

を解くことで求められます。式⑥を因数分解すると $(x-6)(x+4)=0$ が得られます。$x>0$ ですから、$x=6$ が求める生産量です。

次に、$x=6$ を利潤の式「総収入－総費用 ＝ $p\times x-TC$」に代入して最大利潤が得られます。

$$\pi=26\times6-\left(\frac{1}{3}\times6^3-6^2+2\times6+9\right)$$

$= 156-(36+21) = 99$

4）価格：$p = 5$、生産量：$x = 3$

【解説】最大利潤が 0 となるのは、価格が損益分岐価格のときです。損益分岐点は平均費用曲線と限界費用曲線の交点で、「価格 = 平均費用 = 限界費用」が成り立つ点です。「平均費用 = 限界費用」に式④と式③を代入すると

$$\frac{1}{3}x^2-x+2+\frac{9}{x} = x^2-2x+2$$

が得られます。$x>0$ ですから、この式を変形し、因数定理を使い因数分解すると

$$(x-3)(2x^2+3x+9) = 0$$

となります。これより $x = 3$ が得られます。この値を式③に代入して限界費用の値を求めます。

$$MC = 3^2-2\times3+2 = 5$$

「価格＝限界費用」ですから、求める価格（損益分岐価格）は 5 です。

5）操業停止価格：$p = \frac{5}{4}$、生産量：$x = \frac{3}{2}$、$\pi = -9$

【解説】操業停止価格は平均可変費用の最小値です。平均可変費用（式⑤）のグラフは下に凸の放物線で、その頂点の座標の値が操業停止価格とそのときの生産量を示します。それらは式⑤を変形した式

$$\frac{1}{3}x^2-x+2 = \frac{1}{3}\left(x-\frac{3}{2}\right)^2+\frac{5}{4}$$

から、$p = \frac{5}{4}$、$x = \frac{3}{2}$ が得られます。利潤は 3）と同様に計算し

$$\pi = \frac{5}{4}\times\frac{3}{2}-\left\{\frac{1}{3}\times\left(\frac{3}{2}\right)^3-\left(\frac{3}{2}\right)^2+2\times\frac{3}{2}+9\right\}$$

$$= \frac{15}{8}-\left\{\frac{9}{8}-\frac{9}{4}+3+9\right\} = -9$$

$\pi = -9$ が得られます。操業停止点での利潤は「－ 固定費」ですから、計算することなく $\pi = -9$ としても正解です。

第 5 章

問 1　ある買い手が均衡価格より低い価格で財を購入しようとしたとき、売り手はその買い手に財を売りません。それは、売り手はその買い手より高い価格である均衡価格で他の多数の買い手に財を売却することで、より儲けることができるからで

す。このため、どの買い手も均衡価格以上の価格でしか買うことはできません。一方で、均衡価格であれば財の購入は可能なので、もし均衡価格を上回る価格の財を買っても、財の品質は同質ですから、単に損をするだけです。つまり、買い手は自ら均衡価格で財を購入することになります。

問2

(a) 図5－3 a参照(1)$\triangle IE_1H$(2)台形HE_1FG(3)なし(4)台形IE_1FG(5)$\triangle E_1E_0F$

(b) 図5－3 b参照(1)台形ICE_2H(2)$\triangle HE_2G$(3)なし(4)台形ICE_2G(5)$\triangle CE_0E_2$

(c) 図5－4参照(1)$\triangle IE'J$(2)$\triangle HFG$(3)□$JE'FH$(4)台形$IE'FG$(5)$\triangle E'EF$

第6章

問1　②

【解説】独占的競争で短期において独占企業のように振る舞うことができるのは、製品差別化されており、価格支配力を持つからです。

問2　②と③

【解説】①について、独占企業の利潤最大化条件は、限界収入と限界費用が一致することでしたので誤りです。④について、独占と違い、独占的競争では長期的に市場への参入・退出が自由に行われます。これにより各企業の経済学上の利潤は0になるので誤りです。

問3　(1) $MR = -2Q+20$、(2) $MC = 2Q$、(3) 生産量は5、独占価格は15

【解説】

(1) まず、総収入TRを求めます。総収入は価格×生産量なので、$TR = P \times Q$となります。これに市場の需要関数を代入すると、$TR = (20-Q)Q = -Q^2+20Q$と求められます。これをQについて微分すればMRが求められます(第13章微分の公式(1) $(ax^n)' = anx^{n-1}$を用いています)。

〈一言〉本文中でも説明したように、$MR = -2Q+20$は、市場需要関数$P = -Q+20$の傾きが2倍になっただけになっていることを確認しておきましょう。

(2) 総費用関数$TC = Q^2+5$をQについて微分すればMCが求められます。本文とは違い、線形の限界費用となっています。

(3) 独占企業の利潤最大化条件は「限界収入MRと限界費用MCが一致する」でした。よって、$-2Q+20 = 2Q$とおくことができます。これを解くと、$Q^* = 5$と求めることができます。このときの独占価格Pは市場需要関数で決まりますので、$Q^* = 5$を市場の需要関数$P = -Q+20$に代入すれば、$P^* = 15$になります。

〈一言〉限界収入と限界費用が一致するところで生産量が決定される様子を図でもわかるようにしておきましょう。

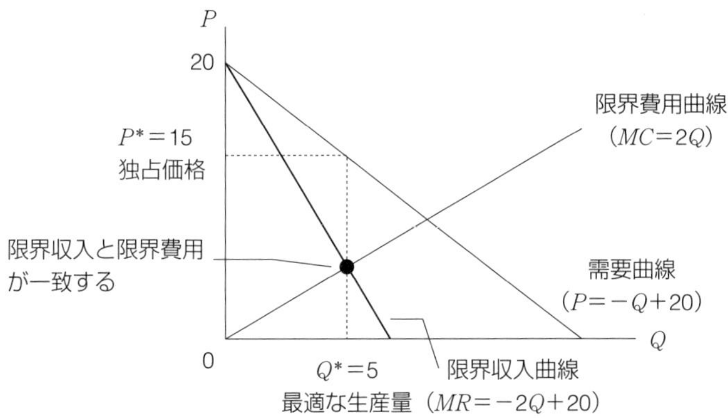

第7章

問1　(1) ナッシュ均衡は、A店が「値下げ」、B店が「値下げ」である。(2) 囚人のジレンマが生じている。

【解説】(1)について、最適反応をそれぞれのプレイヤーで求め、下線を引くと以下の図となる。両者が最適反応を取り合っているのは「値下げ」戦略を取り合う組み合わせである。なお、A店、B店ともに「値下げ」戦略が支配戦略となっている。(2)について、「価格維持」「価格維持」の方がナッシュ均衡に比べてパレート優位であり、囚人のジレンマが生じている。

		B店	
		価格維持	値下げ
A店	価格維持	5, 5	(1, 9)
	値下げ	(9, 1)	(2, 2)

値下げ競争の利得表

問2　(1) $x_A=-\frac{1}{2}x_B+5$

【解説】企業Aの利潤をπ_Aとすると、$\pi_A=px_A-2x_A=[12-(x_A+x_B)]x_A-2x_A=-x_A^2+10x_A-x_Bx_A$となります。これを企業Aの生産量$x_A$で微分して0とおくと、$-2x_A+10-x_B=0$。$x_A$で整理すると、企業Aの最適反応関数が求められます。

(2) $x_B=-\frac{1}{2}x_A+\frac{11}{2}$

【解説】企業Bの利潤をπ_Bとすると、$\pi_B = px_B - x_B = [12-(x_A+x_B)]x_B - x_B = -x_B^2 + 11x_A - x_Ax_B$と求められます。$\pi_B$を企業Bの生産量$x_B$で微分して0とおくと、$-2x_B + 11 - x_A = 0$となり、これを$x_B$で整理すると、企業Bの最適反応関数が導出されます。

(3) 企業Aの生産量は3、企業Bの生産量は4。

【解説】(1) (2)の最適反応曲線の交点を連立方程式により求めればよいので$x_A = 3, x_B = 4$となります。

(4) 均衡価格は5、企業Aの利潤は9、企業Bの利潤は16。

【解説】この時の価格は需要関数に代入すれば、$p = 12-(3+4) = 5$と求められる。このときの両企業の利潤は、$\pi_A = px_A - 2x_A = 5\times3-6 = 9$、$\pi_B = px_B - x_B = 5\times4-4 = 16$と、それぞれの企業の利潤関数に価格と生産量を代入することで導出できます。

第8章

問1 均衡取引量q^*は需要曲線と私的限界費用曲線の交点で計算されるので、$p = PMC$、つまり$50-2q^* = 10+2q^*$より$q^* = 10$となる。社会的に最適な生産量q^{**}は、需要曲線と社会的限界費用曲線の交点で決まり、社会的限界費用は$SMC = PMC + MNE = (10+2q)+q = 10+3q$となるので、$p = SMC$、つまり$50-2q^{**} = 10+3q^{**}$より$q^{**} = 8$となる。

問2 ピグー税は社会的に最適な生産量q^{**}における限界外部不経済MNEと等しくすればいいので、この場合は$q^{**} = 8$より$MNE = q^{**} = 8$となり、ピグー税は8となる。

第9章

私的財の場合24、公共財の場合30

市場の需要曲線は、

私的財の場合が$p = 30-\frac{1}{4}q$ ……①

公共財の場合が$p = 60-q$ ……②

となる。

私的財の場合は、$p = q$と①より、その最適供給量24が得られる。

公共財の場合は、$p = q$と②より、その最適供給量30が得られる。（もし、フリーライダーが発生するなら、$p = q$と$p = 30-\frac{1}{2}q$より、供給量は20となる。）

第10章

問1　(1) 30

【解説】効用関数 $U(x)=\sqrt{x}$ に $x=900$ を代入すればよいので、$U(900)=\sqrt{900}=\sqrt{30^2}=30$ となる。

(2) 34

【解説】期待効用を求めると、$0.6\times\sqrt{900}+0.4\times\sqrt{1600}=0.6\times30+0.4\times40=34$ となる。

(3) 1156

【解説】(2)からこの金融資産の期待効用は34であるから、$U(\hat{x})=\sqrt{\hat{x}}=34$ を満たす $\hat{x}$ が確実性等価である。$\sqrt{\hat{x}}=34\leftrightarrow\hat{x}^{\frac{1}{2}}=34\leftrightarrow\hat{x}=34^2$ なので、$\hat{x}=1156$ となる（下図を参照）。

(4) 24

【解説】リスクプレミアムは「リスクのある資産の期待値－確実性等価」で求められる。リスクのある資産の期待値を求めると、$0.6\times900+0.4\times1600=1180$ である。確実性等価は(3)から1156であったから、リスクプレミアムは $1180-1156=24$ となる（下図を参照）。

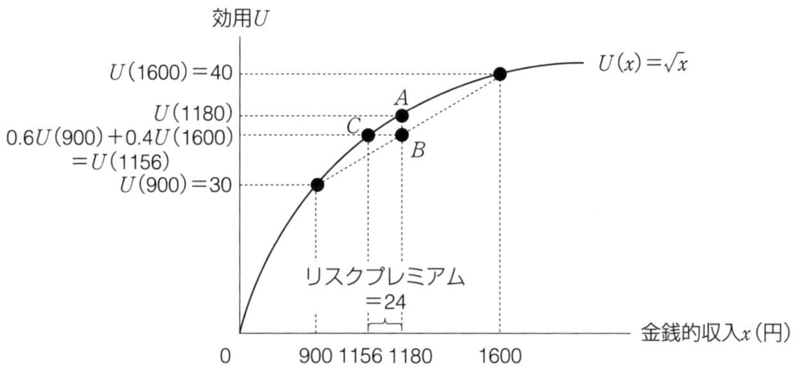

問2　2番

【解説】1番は「プリンシパル側」が「エージェント側」のモニタリングができない場合に情報の非対称性が発生するので誤り。3番は「モラルハザード」となっているので誤り。正しくは「逆選択」である。4番はリスク回避的な人「だけ」でなく、両者ともに得をし厚生が改善するので誤り。

第11章

問１　景気の悪化によって労働需要が減少すると、労働需要曲線が左にシフトします（図11-13の逆のケース）。その結果、均衡賃金は低下し、均衡雇用量は小さくなります。

問２　労働時間 ＝ 利用可能な時間 － 余暇時間となります。そのため、労働以外からの所得が増えて余暇時間が増加すると、労働供給量は減少することになります。したがって、この場合には、労働供給曲線が左にシフトすることになります（図11-14と同じケース）。その結果、均衡賃金は上昇し、均衡雇用量は小さくなります。

第12章

問１　(1)「機械／麦」のＡ国とＢ国の比較、$(3/6)_A<(10/10)_B$ から、Ａ国は機械の生産に比較優位、Ｂ国は麦の生産に比較優位をもつ。

(2) 貿易が成立する TOT の範囲は、両国の投入係数の比の間です。

$(3/6=0.5)A<TOT<(10/10=1)B$ ですので、答えは③$TOT=0.8$

問２　(1) 消費者の余剰は $A+B+C+D$ 分減少（解説省略）

(2) 生産者の余剰は A 分増加

(3) 関税収入は C

(4) 関税による死荷重は $B+D$ であり、死荷重分総余剰は減少

第13章

$x^*=6$、$\pi^*=215$

利潤は価格×生産量－総費用だから、利潤の式は

$$\pi=60x-x^3+6x^2-24x-1 \cdots\cdots ①$$

となる。この式をグラフにすると、求める最大利潤は式①の極大値であることがわかる。

式①を x で微分すると

$$\pi'=-3x^2+12x+36$$

が得られる。そこで、$\pi'=0$ となる x を求め、その x が式①の極大値をもたらすかどうかを調べる。

まず、利潤の導関数の値が0となる x を求める。

$$-3x^2+12x+36=0$$

を解くと、$x=6$、-2 を得る。$x\geqq 0$ だから、$x=-2$ は解ではない。$x=6$ をπの

第 2 次導関数に代入してその値が負であれば、極大値である。

　π の第 2 次導関数

$$\pi'' = -6x+12$$

に、$x = 6$ を代入すると

$$\pi'' = -24<0$$

となるので、$x = 6$ が極大値をもたらす生産量であることがわかる。$x = 6$ を式①に代入すると

$$\pi^* = 215$$

が得られる。

索　引

あ 行

か 行

さ　行

た　行

な　行

は　行

ま　行

や　行

ら 行

人 名

執筆者一覧（執筆順）

金　栄緑（キム・ヨンロク）　　熊本学園大学経済学部教授
編者。序章、第２、３、12章執筆　　国際経済学

坂上　紳（さかうえ・しん）　　熊本学園大学経済学部准教授
編者。第１、５、８章執筆　　環境経済学

大山佳三（おおやま・けいぞう）　　熊本学園大学経済学部講師
第４、９、13章執筆　　公共経済学

熊谷啓希（くまがえ・けいき）　　熊本学園大学経済学部准教授
第６、７、10章執筆　　法と経済学

米田耕士（よねだ・こうじ）　　熊本学園大学経済学部准教授
第11章執筆　　労働経済学

●編著者紹介

金　栄緑（キム・ヨンロク）

1967年生まれ、中央大学校（韓国）経済学科卒業、大阪府立大学大学院経済学研究科博士前期・博士後期課程修了。現在、熊本学園大学経済学部教授、経済学博士。専攻：国際経済学。著書：『トリアーデ経済学1　経済学ベーシック［第2版］』（共著、日本評論社、2021年）ほか。

坂上　紳（さかうえ・しん）

1980年生まれ、慶應義塾大学経済学科卒業、慶應義塾大学大学院経済学研究科博士前期・博士後期課程修了。現在、熊本学園大学経済学部准教授、経済学博士。専攻：環境経済学。著書：『シリーズ環境政策の新地平7　循環型社会をつくる』（共著、岩波書店、2015年）、『トリアーデ経済学1　経済学ベーシック［第2版］』（共著、日本評論社、2021年）ほか。

トリアーデ経済学 2

ミクロ経済学入門［第2版］

2015年8月20日　第1版第1刷発行
2021年9月30日　第2版第1刷発行

編著者――金栄緑・坂上紳
発行所――株式会社日本評論社
〒170-8474　東京都豊島区南大塚3-12-4　電話　03-3987-8621（販売）、8595（編集）
https://www.nippyo.co.jp/ 振替　00100-3-16
印　刷――精文堂印刷株式会社
製　本――株式会社難波製本
装　幀――菊地幸子

Printed in Japan, ISBN978-4-535-54018-7